忻州市统计局　编

忻州统计年鉴 2011

XIN ZHOU STATISTICAL YEARBOOK

（总第4期）

中国统计出版社
China Statistics Press

（京）新登字041号

图书在版编目（CIP）数据

忻州统计年鉴. 2011/忻州市统计局 编
—北京：中国统计出版社，2011.7
ISBN 978-7-5037-6265-9/C.2498

Ⅰ. ①忻…
Ⅱ. ①忻…
Ⅲ. ①统计资料-忻州市-2011-年鉴
Ⅳ. ①C832.253-54

中国版本图书馆CIP数据核字（2011）第141481号

忻州统计年鉴-2011

作　　者/ 忻州市统计局
责任编辑/ 陈越月
E - mail/ yearbook@stats.gov.cn
责任校对/ 师林凤
封面设计/ 李柏
出版发行/ 中国统计出版社
通信地址/ 北京市西城区月坛南街57号
邮　　编/ 100826
电　　话/ (010)63376907
印　　刷/ 山西力新印刷科技开发有限公司
经　　销/ 新华书店
开　　本/ 890×1240毫米 1/16
字　　数/ 943千字
印　　张/ 33.69
印　　数/ 1-1500册
版　　别/ 2011年7月第1版
版　　次/ 2011年7月第1次印刷
书　　号/ ISBN 978-7-5037-6265-9/C.2498
定　　价/ 300.00元

忻州统计年鉴—2011

编辑委员会

主　　任： 高　毅

副 主 任： 张志芬　杨建生　王所文　韩利成
李彤杲　郭焕康　冀宝生　张建生
丁丽霞

编　　委：（以姓氏笔画为序）

马　敏　马晓勤　王志刚　王俊梅
孔艳丽　刘桂娥　李全英　李晓龙
李喜田　张　苗　张兰元　张志军
张培云　杨巧玲　苗　彦　周立荣
岳红艳　范海艳　赵　桓　赵　静
宣所军　项艳萍　徐丽霞　郭美英
康晓东　宿清梅　崔新星　董兰亭
韩俊秀

编辑工作人员

总 编 辑： 高　毅

副总编辑： 郭焕康

编辑人员： 马晓勤　师林凤　周　媛　乔志勇

编者说明

一、《忻州统计年鉴》是一部全面反映忻州市国民经济和社会发展情况的资料性年刊。《忻州统计年鉴2011》收录了全市和各县、市、区、各乡镇、各部门2010年经济、社会、科技等方面的统计数据。

二、全书内容共分为18个篇章，即：1、综合；2、人口、从业人员和劳动报酬；3、固定资产投资；4、能源消费与库存；5、物价；6、人民生活；7、农村经济；8、工业；9、建筑业；10、交通运输、邮电通讯业；11、批发零售贸易和餐饮业；12、对外经济贸易和旅游业；13、财政、金融和保险；14、教育、科技；15、文化、体育、卫生、环保；16、县市区篇；17、乡镇篇；18、企业篇。为了方便读者使用，各篇章末附有《主要统计指标解释》，对主要指标的的涵义、统计范围和统计方法以及历史沿革做了简要说明。

三、本年鉴的指标口径范围，基本上以国家现行的统计报表制度为准。资料来源于统计年报；部门资料来自于抽样调查和有关部门。

四、凡以前发表过的统计数字与本年鉴不一致的，请以本年鉴为准。

五、本年鉴中所使用的度量衡单位，均采用国际统一标准计量单位。

六、本年鉴中部分数据合计数或相对数由于单位取舍不同而产生的计算误差，均未作机械调整。

七、年鉴符号使用说明：

“空格”表示该项统计指标数据不足本表最小单位数、数据不详或无该项指标数据；

“#”表示其中的主要项。

土地面积

土地面积	万平方公里	2.55
平原	万平方公里	0.27
丘陵	万平方公里	0.92
山地	万平方公里	1.36

土地面积构成（%）

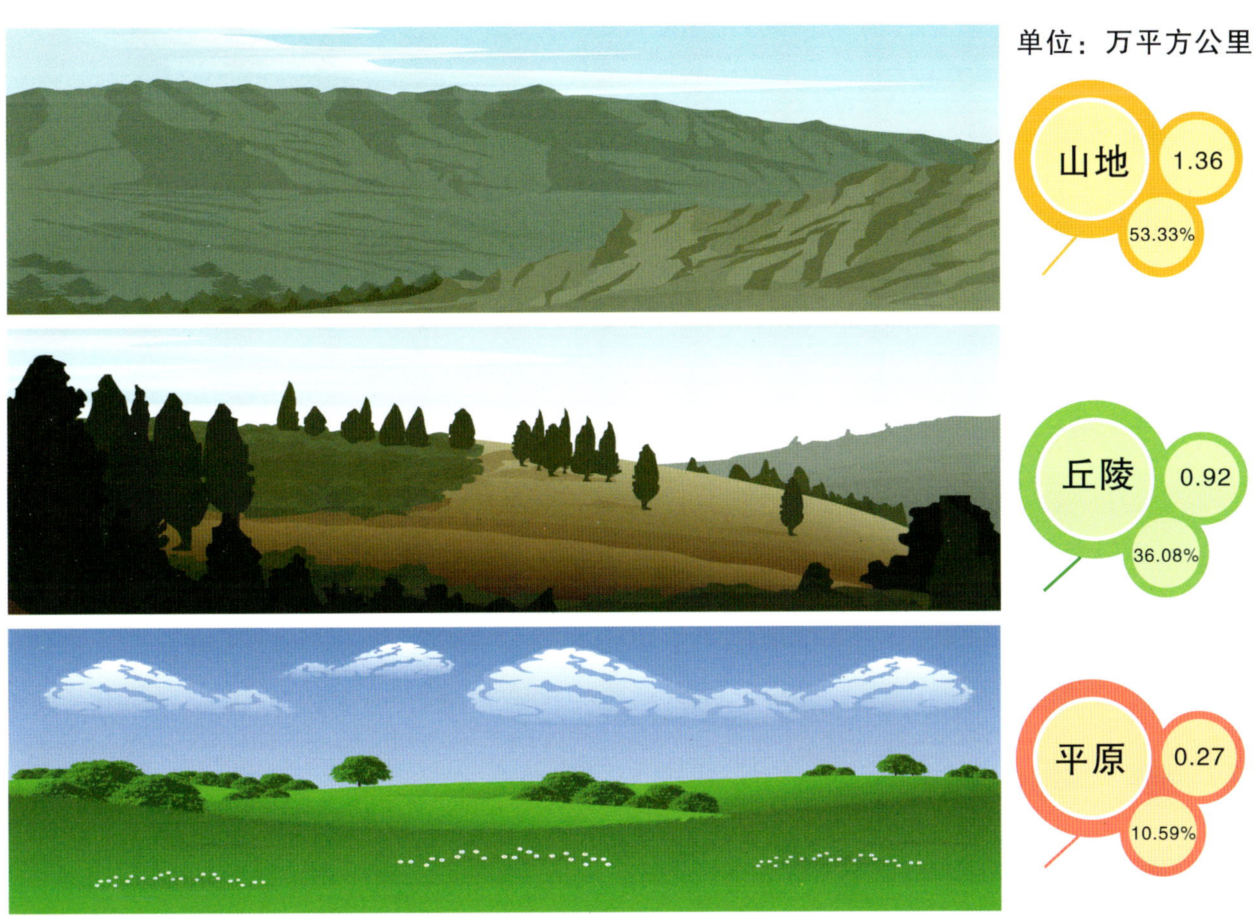

地区生产总值（亿元）

规模以上工业增加值（亿元）

农林牧渔业总产值（亿元）

全社会固定资产投资（亿元）

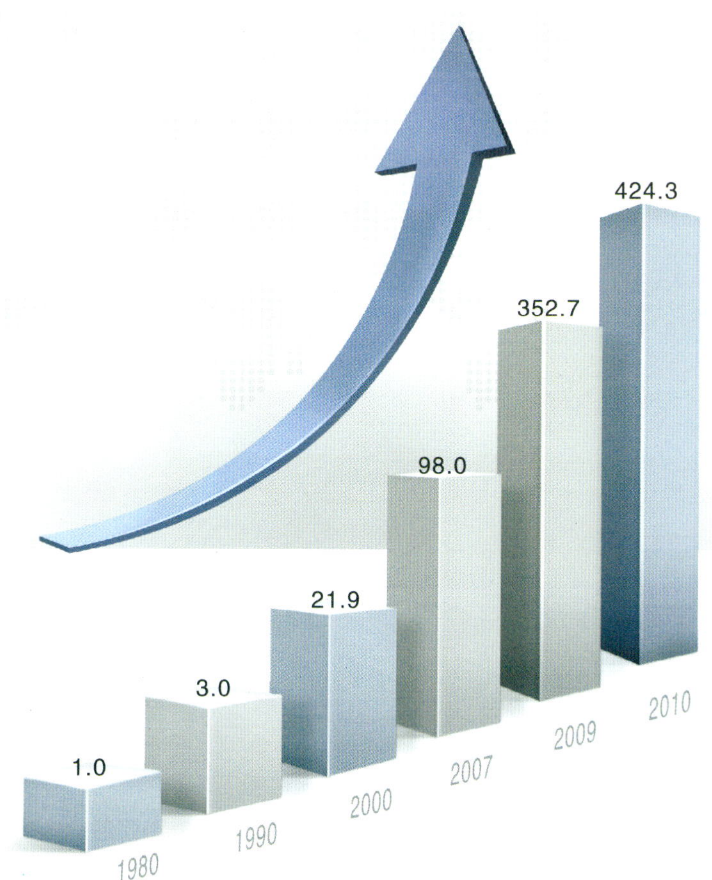

社会消费品零售总额（亿元）

2.5
1978
3.3
1980
6.5
1985
11.7
1990
24.7
1995
37.2
2000
64.4
2005
89.1
2007
112.9
2008
133.7
2009
170.0
2010

外贸进出口总额（万美元）

12654
2010
10242
2009
15817
2008
10169
2007
6200
2006
4002
2005
4524
2004
2649
2003
1715
2002
2095
2001
1747
2000

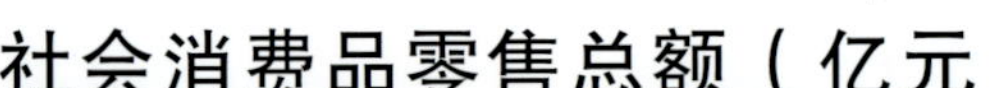

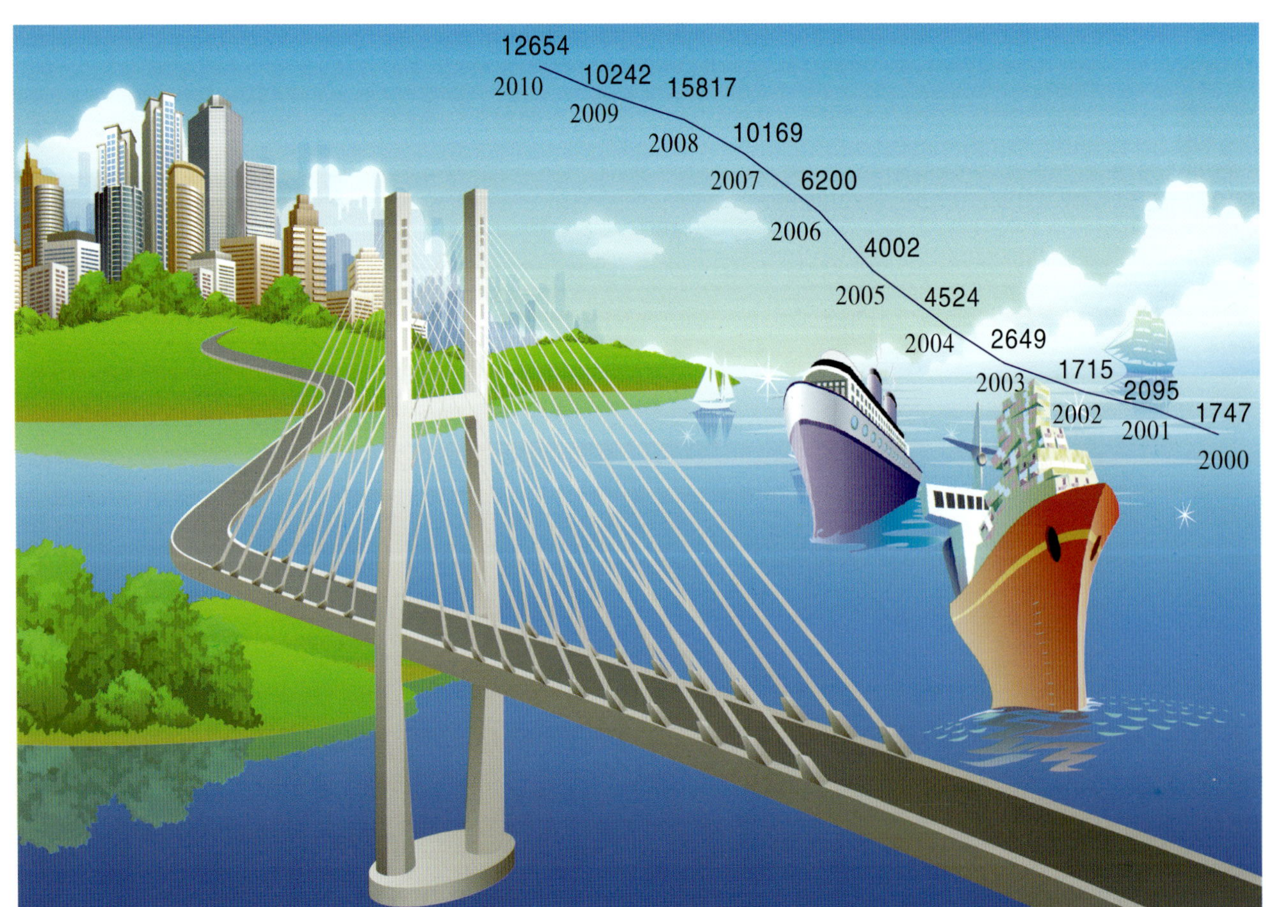

财政总收入（亿元）

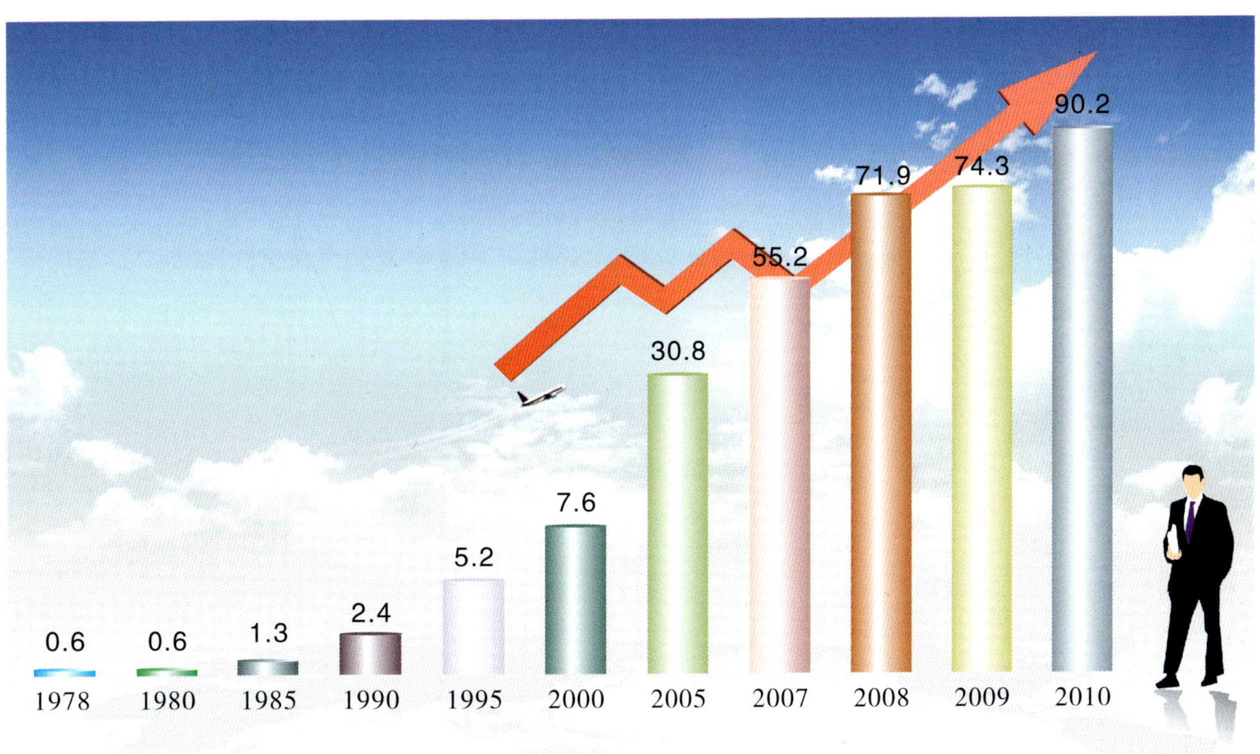

城乡居民收入（元）

旅游外汇收入（万美元）

1.0
1980
7.0
1985
31.0
1990
260.0
1995
370.0
2000
1389.1
2005
2803.5
2007
3504.4
2008
3960.0
2009
5080.0
2010

目　　录

一、综　合

二、人口、从业人员和劳动报酬

三、固定资产投资

六、人民生活

七、农村经济

八、工业

九、建筑业

十、交通运输、邮电通讯业

十一、批发零售贸易和餐饮业

十二、对外经济贸易和旅游业

十三、财政、金融和保险

十四、教育、科技

十五、文化、体育、卫生、环保

十六、县市区篇

十七、乡镇篇

十八、企业篇

综合篇

ZHONG HE PIAN

资料整理人员

马　敏　师林凤

1-1 行政区划（2010年）

县（市、区）	乡	镇	街道办事处	村民委员会
	126	59	6	4893
忻府区	秀容街道办事处 长征街道办事处 新建路街道办事处 播明镇 奇村镇 三交镇 庄磨镇 豆罗镇 董村镇 曹张乡 高城乡 秦城乡 解原乡 合索乡 阳坡乡 兰村乡 紫岩乡 西张乡 东楼乡 北义井乡			
定襄县	晋昌镇 河边镇 宏道镇 杨芳乡 南王乡 蒋村乡 神山乡 季庄乡 受录乡			
五台县	台城镇 台怀镇 耿镇镇 豆村镇 白家庄镇 东冶镇 沟南乡 东雷乡 高洪口乡 门限石乡 陈家庄乡 建安乡 神西乡 蒋坊乡 灵境乡 阳白乡 茹村乡 石咀乡 金岗库乡			
代　县	上馆镇 阳明堡镇 峨口镇 聂营镇 枣林镇 滩上镇 新高乡 峪口乡 磨坊乡 胡峪乡 雁门关乡			
繁峙县	繁城镇 砂河镇 大营镇 下茹越乡 杏园乡 光裕堡乡 集义庄乡 东山乡 金山铺乡 柏家庄乡 横涧乡 神堂堡乡 岩头乡			
宁武县	凤凰镇 阳方口镇 东寨镇 石家庄镇 薛家洼乡 余庄乡 涔山乡 化北屯乡 西马坊乡 新堡乡 迭台寺乡 圪廖乡 怀道乡 东马坊乡			
静乐县	鹅城镇 杜家村镇 康家会镇 丰润镇 堂尔上乡 中庄乡 双路乡 段家寨乡 辛村乡 王村乡 神峪沟乡 娘子神乡 娑婆乡 赤泥洼乡			
神池县	龙泉镇 义井镇 八角镇 东湖乡 太平庄乡 虎北乡 贺职乡 长畛乡 烈堡乡 大严备乡			
五寨县	砚城镇 小河头镇 三岔镇 前所乡 李家坪乡 孙家坪乡 梁家坪乡 胡会乡 新寨乡 韩家楼乡 东秀庄乡 杏岭子乡			
岢岚县	岚漪镇 三井镇 神堂坪乡 高家会乡 李家沟乡 水峪贯乡 西豹峪乡 温泉乡 阳坪乡 大涧乡 宋家沟乡 王家岔乡			
河曲县	文笔镇 楼子营镇 刘家塔镇 巡镇镇 鹿固乡 前川乡 单寨乡 土沟乡 旧县乡 沙坪乡 社梁乡 沙泉乡 赵家沟乡			
保德县	东关镇 义门镇 桥头镇 杨家湾镇 腰庄乡 韩家川乡 林遮峪乡 冯家川乡 土崖塔乡 孙家沟乡 窑洼乡 尧圪台乡 南河沟乡			
偏关县	新关镇 天峰坪镇 老营镇 万家寨镇 窑头乡 楼沟乡 尚峪乡 南堡子乡 水泉乡 陈家营乡			
原平市	北城街道办事处 南城街道办事处 轩煤矿区街道办事处 东社镇 苏龙口镇 崞阳镇 大牛店镇 闫庄镇 长梁沟镇 轩岗镇 新原乡 南白乡 子干乡 中阳乡 沿沟乡 大林乡 西镇乡 解村乡 王家庄乡 楼板寨乡 段家堡乡			

1-2 历届市人民代表大会代表人数

项　　目	计量单位	第一届 (2001)	第二届 (2006)
代表总数	人	343	353
#女代表	人	88	86
占代表总数	%	25.7	24.4

1-3 历届市政治协商会议委员人数

项　　目	计量单位	第一届 (2001)	第二届 (2006)
委员总数	人	266	327
#女代表	人	65	89
占委员总数%	%	24.4	27.2

1-4 人口和土地面积

项目	计量单位	2010
全市总人口	万人	306.75
男性	万人	158.17
女性	万人	148.58
土地面积	万平方公里	2.55
平原	万平方公里	0.27
丘陵	万平方公里	0.92
山地	万平方公里	1.36
社会从业人员(万人)	万人	135.27
职工	万人	22.14
农村及乡镇企业	万人	97.24
私营企业及个体	万人	15.33
其他	万人	0.56

注：全市总人口，男性，女性人数为2010年11月1日人口普查时点数

1-5 主要年份国民经济和

指　　标	计量单位	总量指标						
		1990	1995	2000	2007	2008	2009	2010
一、年末总人口	万人	266.5	280.6	293.8	307.3	309.0	309.7	
二、全社会从业人员	万人	113.7	124.0	111.4	123.6	127.6	129.8	
#职工人数		25.4	27.9	23.3	21.7	21.5	22.1	
三、地区生产总值	亿元	20.7	55.8	86.3	278.4	351.3	349.3	437.5
第一产业		6.8	12.3	17.1	25.3	34.1	42.6	49.2
第二产业		8.1	24.6	29.2	135.9	167.1	140.8	195.1
第三产业		5.8	18.9	40.0	117.2	150.1	165.9	193.2
四、农业生产								
农林牧渔业总产值	亿元	12.2	24.8	30.6	49.4	58.0	72.6	82.3
主要农产品产量								
粮　食	万吨	106.8	83.9	91.7	123.1	117.0	114.2	147.9
蔬　菜	万吨	25.1	23.4	34.8	15.1	20.2	16.4	18.1
油　料	万吨	8.6	3.4	7.9	4.4	4.3	3.9	3.7
肉类总产量	万吨	3.6	6.3	8.3	6.0	7.3	8.4	8.3
大牲畜年末数	万头	32.8	39.3	47.5	19.1	27.2	26.9	24.9
猪年末数	万头	43.6	56.2	63.7	29.1	48.0	48.4	52.5
羊年末数	万只	145.8	173.8	228.0	173.4	220.4	214.6	241.0
农业机械总动力	万千瓦	88.8	102.7	125.5	184.3	185.1	200.2	216.1
化肥施用量	万吨	34.9	42.6	44.6	43.9	43.6	43.6	44.2
五、工业生产								
工业总产值	万元	172450	342554	319796	2351503	3141452	2446783	4116939
轻工业		49406	75946	50694	100922	90456	93542	127198
重工业		123044	266608	269102	2250581	3050996	2353241	3989741
主要工业产品产量								
原　煤	万吨	1222	1514	322	2900	3035	2755	3207
发电量	万千瓦小时	64318	86247	157179	1315465	1364709	1165719	1686285
焦　炭	万吨	65	130	31.9	134	138	146	169
变压器	千伏安	235000	180311	257473	210435	227275	411090	103585
水　泥	万吨	48.9	82.2	84.1	72.3	56	39	48
布	万米	2686	3069	2150	1289	1034	986	748
白炭黑	吨				11954	12116	10805	10843
草　酸	吨				57230	51996	35645	36095
法　兰	吨				50334	60612	93042	143764

社会发展总量与速度指标

速 度 指 标 (以上年为100)						
1990	1995	2000	2007	2008	2009	2010
101.4	100.9	100.7	100.5	100.6	100.2	
104.3	101.4	99.0	106.8	103.2	101.7	
100.4	101.1	86.3	99.4	99.3	102.8	
105.1	109.2	107.8	119.3	112.3	100.2	118.7
104.5	84.0	113.9	110.4	114.6	103.4	108.9
103.2	117.9	100.2	123.0	109.6	91.6	128.7
108.1	120.3	107.3	118.0	114.3	107.3	113.9
115.9	86.0	134.8	126.6	117.4	125.2	113.4
105.9	71.7	164.5	112.9	95.1	97.6	129.5
90.8	77.9	140.6	94.4	133.5	81.2	110.4
131.4	28.9	212.4	140.2	98.7	90.7	94.9
126.0	128.2	90.6	103.6	121.5	115.1	98.8
102.2	114.0	102.2	95.8	142.0	98.9	92.6
104.8	114.5	101.7	111.9	164.9	100.8	108.5
96.0	114.3	103.3	101.7	127.1	97.4	112.3
99.0	103.6	100.3	102.4	100.4	108.2	107.9
112.6	103.8	101.5	100.3	99.4	100.0	101.4
101.8	109.5	112.0	154.0	133.6	77.9	168.3
98.0	104.0	110.0	124.0	89.6	103.4	136.0
103.8	111.1	112.0	156.0	135.6	77.1	169.5
98.4	101.0	97.4	117.0	104.7	90.8	116.4
84.0	101.0	114.0	117.0	103.7	85.4	144.7
102.0	83.0	88.7	133.0	103.0	105.8	115.8
97.0	84.0	170.0	54.0	108.0	180.9	25.2
95.0	105.0	105.0	90.0	77.5	69.6	123.1
85.0	114.0	88.7	88.0	80.2	95.4	75.9
			108.0	101.4	89.2	100.4
			115.1	90.9	68.6	101.3
			111.3	120.4	153.5	154.5

1-5 主要年份国民经济和

指 标	计量单位	总量指标						
		1990	1995	2000	2007	2008	2009	2010
六、运输邮电								
货物运输量	万吨	2087	2666	4309	5713	5932	4129	5070
公 路		2087	2666	4309	5713	5932	4129	5070
货物周转量	万吨公里	91663	120776	179449	400015	420165	1027406	1180787
公 路		91663	120776	179449	400015	420165	1027406	1180787
旅客发送量	万人	1199	1435	2176	3173	3174	1392	1430
旅客周转量	万人公里	65914	88751	123704	229980	239796	92761	107543
邮电业务总量	万元	1701	8438	25125	306464	327014	464604	603985
函 件	万件	829	852	608	203	238	230	232
电话数	万户	1.0	5.3	19.7	157.7	160.1	231.2	242.8
七、固定资产投资								
全社会固定资产投资	亿元	3.0	5.8	21.9	98.0	140.4	352.7	424.4
#住 宅		0.1	0.8	2.0	11.5	17.9	20.9	25.9
1.国 有		2.9	4.8	19.3	25.5	73.4	188.0	249.2
非国有		0.1	1.0	2.6	72.5	67.0	164.7	175.2
2.城 镇		3.0	4.9	20.3	96.2	138.2	346.9	417.2
农 村			0.9	1.6	1.8	2.2	5.8	7.1
3.第一产业		0.1	0.1	1.1	1.1	1.1	7.2	12.6
第二产业		2.2	1.9	8.8	58.6	85.5	193.2	236.1
第三产业		0.7	3.8	12.0	38.3	53.8	152.3	175.8
八、国内贸易								
社会消费品零售总额	亿元	11.7	24.7	37.2	89.1	112.9	133.7	169.8
九、对外贸易								
海关进出口总额	万美元		230.0	1747.0	10169.0	15817.0	10242.0	12654.0
出口额			230.0	1184.0	10026.0	15604.0	9967.0	12532.0
进口额				563.0	143.0	213.0	275.0	122.0
十、财 政								
财政总收入	亿元	2.4	5.2	7.6	55.2	71.9	74.3	90.2
地方财政收入	亿元	2.4	3.3	5.4	23.2	29.5	33.5	42.3
地方财政支出	亿元	3.5	7.3	13.0	66.0	84.9	102.0	128.6

社会发展总量与速度指标（续表）

速 度 指 标 (以上年为100)						
1990	1995	2000	2007	2008	2009	2010
99.0	106.0	113.0	101.0	103.8	69.6	122.8
99.0	106.0	113.0	101.0	103.8	69.6	122.8
106.0	107.0	108.0	106.0	105.0	244.5	114.9
106.0	107.0	108.0	106.0	105.0	244.5	114.9
102.5	103.8	106.6	101.0	100.0	43.9	102.7
87.7	105.8	107.9	102.0	104.3	38.7	115.9
113.0	153.0	104.7	121.0	106.7	142.1	130.0
91.0	98.0	100.0	54.0	117.2	96.6	100.9
125.0	143.2	105.3	107.0	101.5	144.4	105.0
120.5	105.9	118.2	101.0	143.3	251.2	120.3
89.4	344.7	90.6	121.4	155.7	116.8	124.4
125.8	116.4	147.6	103.5	287.8	256.1	132.6
17.1	73.9	48.1	100.1	92.4	245.8	106.4
120.5	106.7	152.1	100.9	143.7	251.0	120.3
	102.1	31.2	102.3	122.2	263.6	122.4
151.8	112.8	192.5	80.8	100.0	654.5	175.0
135.2	95.8	305.2	82.3	145.9	226.0	122.2
84.2	114.1	106.2	155.3	140.5	283.1	115.4
100.3	127.8	108.7	120.7	126.7	118.4	127.0
		226.6	163.5	155.5	64.8	123.6
		165.4	162.0	155.6	63.9	125.7
		1023.6	346.9	149.0	129.1	44.4
118.7	135.5	102.5	138.6	130.3	103.4	121.3
118.7	136.3	104.0	139.0	127.1	113.9	126.2
106.0	123.3	114.3	136.9	128.7	120.1	126.1

1-6 国民经济主要比例关系

单位: %

指　　标	1990	1995	2000	2007	2008	2009	2010
一、地区生产总值中三次产业比例	100.0	100.0	100.0	100.0	100.0	100.0	100.0
第一产业	32.9	22.1	19.8	9.8	9.5	12.2	11.2
第二产业	39.0	44.1	33.8	51.8	52.4	40.3	44.6
第三产业	28.1	33.8	46.4	38.4	38.1	47.5	44.2
二、工业总产值中轻重工业比例	100.0	100.0	100.0	100.0	100.0	100.0	100.0
轻工业	28.0	21.9	15.9	4.3	2.9	3.8	3.1
重工业	72.0	78.1	84.1	95.7	97.1	96.2	96.9
三、农林牧渔业总产值内部比例	100.0	100.0	100.0	100.0	100.0	100.0	100.0
农业产值	71.8	60.6	54.4	59.3	56.3	45.0	56.5
林业产值	4.6	4.3	6.9	5.0	5.0	15.6	7
牧业产值	21.1	34.7	38.3	31.9	35.1	36.2	33.2
渔业产值	0.3	0.4	0.4	0.3	0.3	0.3	0.3
农林牧渔服务业	2.2			3.5	3.3	2.9	3
四、全社会固定资产投资中城镇、农村投资所占比例	100.0	100.0	100.0	100.0	100.0	100.0	100.0
城　镇	100.0	84.5	92.7	98.2	98.0	98.4	98.3
农　村		15.5	7.3	1.8	2.0	1.6	1.7
五、城镇固定资产投资中三次产业的比例	100.0	100.0	100.0	100.0	100.0	100.0	100.0
第一产业	3.3	1.7	5.0	1.1	0.8	2.0	2.3
第二产业	73.4	32.8	40.2	59.8	61.2	54.8	56.1
第三产业	23.3	65.5	54.8	39.1	38.0	43.2	41.6
六、城镇固定资产投资中轻、重能源工业投资所占比例	100.0	100.0	100.0	100.0	100.0	100.0	100.0
#轻工业	8.5	1.5	1.7	4.7	3.0	2.2	2.7
重工业	66.3	34.5	40.5	54.5	58.0	53.3	53.3

1-7　主要年份地区生产总值

按当年价格计算

年 份	地区生产总值(万元)	第一产业	第二产业	工 业	建筑业	第三产业	人均地区生产总值(元/人)
1952	14535	11109	374	318	56	3052	89
1957	17846	12087	1476	1298	178	4283	105
1962	16366	10354	2412	2099	313	3600	89
1965	21506	13999	2991	2662	329	4516	110
1970	29825	18012	6147	5533	614	5666	137
1975	46860	24457	13500	12285	1215	8903	202
1978	52726	24093	19143	17421	1722	9490	220
1980	63133	27989	23149	20603	2546	11995	260
1985	107821	51430	34827	29603	5224	21564	428
1990	206846	68039	80670	71393	9277	58137	779
1995	558121	123203	246291	216997	29294	188627	1978
2000	862500	171000	291600	247000	44600	399900	2941
2001	870300	139000	328200	279000	49200	403100	2951
2002	989800	177000	363900	305000	58900	448900	3332
2003	1175700	194000	452900	388000	64900	528800	3932
2004	1454000	221000	556000	490000	66000	677000	4832
2005	1722547	215189	679404	621384	58020	827954	5687
2006	2062072	221460	878082	790716	87366	962530	6766
2007	2784329	252587	1359588	1269915	89673	1172154	9085
2008	3512706	340706	1671000	1558000	113000	1501000	11399
2009	3493072	425815	1408257	1242257	166000	1659000	11292
2010	4374561	492210	1950803	1760435	190368	1931548	14188

1-8 主要年份地区生产总值构成

单位: %

年 份	地区生产总值	第一产业	第二产业	工 业	建筑业	第三产业
1952	100.0	76.4	2.6	2.2	0.4	21.0
1957	100.0	67.7	8.3	7.3	1.0	24.0
1962	100.0	63.3	14.7	12.8	1.9	22.0
1965	100.0	65.1	13.9	12.4	1.5	21.0
1970	100.0	60.4	20.6	18.6	2.0	19.0
1975	100.0	52.2	28.8	26.2	2.6	19.0
1978	100.0	45.7	36.3	33.0	3.3	18.0
1980	100.0	44.3	36.7	32.6	4.1	19.0
1985	100.0	47.7	32.3	275	4.8	20.0
1990	100.0	32.9	39.0	34.5	4.5	28.1
1995	100.0	22.1	44.1	38.9	5.2	33.8
2000	100.0	19.8	33.8	28.6	5.2	46.4
2001	100.0	16.0	37.7	32.1	5.6	46.3
2002	100.0	17.9	36.8	30.8	6.0	45.3
2003	100.0	16.5	38.5	33.0	5.5	45.0
2004	100.0	15.2	38.2	33.7	4.5	46.6
2005	100.0	12.5	39.4	36.1	3.3	48.1
2006	100.0	10.7	42.6	38.4	4.2	46.7
2007	100.0	9.1	48.8	45.6	3.2	42.1
2008	100.0	9.7	47.6	44.4	3.2	42.7
2009	100.0	12.2	40.3	35.6	4.7	47.5
2010	100.0	11.3	44.6	40.2	4.4	44.1

1-9 主要年份地区生产总值指数

1952年为100

年 份	地区生产总值	第一产业	第二产业			第三产业
				工 业	建筑业	
1952	100.0	100.0	100.0	100.0	100.0	100.0
1957	132.1	113.4	206.8	190.3	285.6	127.7
1962	116.4	95.1	174.2	156.5	276.9	94.1
1965	123.0	107.6	224.3	190.5	220.3	87.4
1970	163.2	126.6	382.7	311.3	357.1	94.3
1975	234.6	159.5	571.2	415.0	667.5	133.1
1978	257.8	151.1	709.2	495.3	947.7	131.2
1980	274.1	159.7	765.6	545.9	1310.4	135.6
1985	346.4	247.0	1115.7	771.6	2688.1	136.7
1990	421.1	262.4	1542.6	1034.9	4422.1	171.4
1995	695.2	260.9	2802.5	1898.7	6201.5	336.0
2000	1068.5	328.4	3477.7	2717.5	7498.9	555.2
2001	1098.5	268.3	3728.1	2869.7	8263.8	589.6
2002	1213.8	339.4	4093.5	3087.8	9040.6	649.7
2003	1377.7	359.4	4895.8	3764.0	9655.4	743.9
2004	1581.5	386.4	5659.5	4272.1	10379.5	910.6
2005	1818.8	398.7	6593.3	5207.7	9113.2	1066.2
2006	2117.1	441.4	7931.8	6384.7	9450.4	1219.8
2007	2525.7	487.3	9756.1	8019.2	9478.8	1439.3
2008	2836.3	558.4	10692.7	8861.2	9488.3	1645.2
2009	2842.0	577.4	9794.5	7691.5	14251.4	1765.3
2010	3373.5	628.8	12605.5	10060.5	16317.9	2010.7

1-10 主要年份地区生产总值指数

上年为100

年 份	地区生产总值	第一产业	第二产业			第三产业
				工 业	建筑业	
1953	108.4	106.1	115.2	113.0	131.7	107.5
1957	106.0	100.5	119.1	117.2	141.2	100.8
1962	87.1	90.4	79.5	80.4	77.4	79.8
1965	92.1	89.4	116.9	114.3	107.8	87.9
1970	112.0	108.7	121.5	119.5	133.5	103.4
1975	108.7	103.1	111.7	106.4	121.7	103.3
1978	105.4	96.0	110.3	108.5	111.7	97.6
1980	98.9	95.8	103.7	102.8	116.0	94.0
1985	96.8	88.8	110.3	110.1	113.4	101.9
1990	105.1	104.5	103.2	103.1	93.5	108.1
1995	109.2	84.0	117.9	118.5	111.4	120.3
2000	107.8	113.9	100.2	100.4	105.8	107.3
2001	102.8	81.7	107.2	105.6	110.2	106.2
2002	110.5	126.5	109.8	107.6	109.4	110.2
2003	113.5	105.9	119.6	121.9	106.8	114.5
2004	114.8	107.5	115.6	113.5	107.5	122.4
2005	115.0	103.2	116.5	121.9	87.8	117.1
2006	116.4	110.7	120.3	122.6	103.7	114.4
2007	119.3	110.4	123.0	125.6	100.3	118.0
2008	112.3	114.6	109.6	110.5	100.1	114.3
2009	100.2	103.4	91.6	86.8	150.2	107.3
2010	118.7	108.9	128.7	130.8	114.5	113.9

主要统计指标解释

地区生产总值 是按市场价格计算的一个地区所有常住单位在一定时期内生产活动的最终成果。地区生产总值有三种表现形态，即价值形态、收入形态和产品形态。从价值形态看，它是所有常住单位在一定时期内所生产的全部货物和服务价值超过同期投入的全部非固定资产货物和服务价值的差额，即所有常住单位的增加值之和；从收入形态看，它是所有常住单位在一定时期内所创造并分配给常住单位和非常住单位的初次分配收入之和；从产品形态看，它是最终使用的货物和服务减去进口货物和服务。在核算中，地区生产总值的三种表现形态表现为三种计算方法，即生产法、收入法和支出法。三种方法分别从不同的方面反映地区生产总值及其构成。

三次产业 三次产业的划分是世界上较为通用的产业结构分类，但各国的划分不尽一致。我国的三次产业划分是：

第一产业：农业（包括种植业、林业、牧业和渔业）。

第二产业：工业（包括采掘业、制造业，电力、煤气及水的生产和供应业）和建筑业。

第三产业：除第一、第二产业以外的其他各业。

总产出 指一定时期内一个地区常住单位生产的所有货物和服务的价值，既包括新增价值，也包括被消耗的货物和服务价值以及固定资产的转移价值。总产出按生产者价格计算，它反映常住单位生产活动的总规模。

中间投入 指常住单位在生产或提供货物与服务过程中，消耗和使用的所有非固定资产货物和服务的价值。中间投入也称为中间消耗，一般按购买者价格计算。

增加值 指常住单位生产过程创造的新增价值和固定资产的转移价值。它可以按生产法计算，也可以按收入法计算，按生产法计算，它等于总产出减去中间投入；按收入法计算，它等于劳动者报酬、生产税净额、固定资产折旧和营业盈余之和。

劳动者报酬 指劳动者因从事生产活动所获得的全部报酬。包括劳动者获得各种形式的工资、奖金和津贴，既有货币形式的，也有实物形式的，还包括劳动者所享受的公费医疗和医药卫生费、上下班交通补贴、单位支付的社会保险费、住房公积金等。对于个体经济来说，其所有者所获得的劳动报酬和经营利润不易区分，这两部分统一作为劳动者报酬处理。

生产税净额 指生产税减生产补贴后的差额。生产税指政府对生产单位从事生产、销售和经营活动以及因从事生产活动使用某些生产要素（如固定资产、土地、劳动力）所征收的各种税、附加费和规费。生产补贴与生产税相反，指政府对生产单位的单方面转移支付，因此视为负生产税，包括政策性亏损补贴、价格补贴等。

固定资产折旧 指一定时期内为弥补固定资产损耗按照规定的固定资产折旧率提取的固定资产折旧，或按国民经济核算统一规定的折旧率虚拟计算的固定资产折旧。它反映了固定资产在当期生产中的转移价值。各类企业和企业化管理的事业单位统一规定的折旧率和固定资产原值计算的虚拟折旧。原则上，固定资产折旧应按固定资产的重置价值计算，但是目前我国尚不具备对全社会固定资产进行重估价的基础，所以暂时还不能采用这种办法。

营业盈余 指常住单位创造的增加值扣除劳动者报酬、生产税净额和固定资产折旧后的余额。它相当于企业的营业利润加上生产补贴，但要扣除从利润中开支的工资和福利等。

支出法地区生产总值 指一个地区所有常住单位在一定时期内用于最终消费、资本形成总额，以及货物和服务净出口的总额，它反映本期生产的地区生产总值的使用情况。

最终消费 指常住单位在一定时期内对于货物和服务的全部最终消费支出，也就是说常住单位为满足物质、文化和精神生活的需要，从本地区经济领土和地区外购买的货物和服务的支出，不包括非常住单位在本地区经济领土内的消费支出。最终消费分为居民消费和政府消费。

居民消费 指常住住户对货物和服务的全部最终消费支出。它除了常住住户直接以货币形式购买货物和服务的消费之外，还包括以其他方式获得的货物和服务的消费，即单位以实物报酬及实物转移的形式提供给劳动者的货物和服务；住户生产并由住户自己消费的货物和服务，其中的服务仅指住户的自有住房服务和付酬的家庭服务；金融机构提供的金融媒介服务；保险公司提供的保险服务。

政府消费 指政府部门为全社会提供公共服务的消费支出和免费或以较低价格向住户提供的消费货物和服务的净支出。前者等于政府服务的产出价值减去政府单位所获得的经营收入后的价值，政府服务的产出价值等于它的经常性业务支出加上固定资产折旧；后者等于政府部门免费或以较低价格向住户提供的货物和服务的市场价值减去向住户收取的价值。

资本形成总额 指常住单位在一定时期内获得的减去处置的固定资产加存货的净变动额，包括固定资本形成总额和存货增加。

固定资本形成总额 指生产者在一定的时期内获得的固定资产减处置的固定资产的价值总额。固定资产是通过生产活动生产出来的，其使用年限在一年以上，单位价值在规定标准以上的资产，不包括自然资产。固定资本形成总额分有形固定资本形成总额和无形固定资本形成总额。有形固定资本形成总额包括一定时期内完成的建筑工程、安装工程、设备工器具购置(减处置)价值以及土地改良、新增役、种、奶、毛、娱乐用牲畜和新增经济林木价值。无形固定资本形成总额包括矿藏的勘探、计算机软件等获得减处置。

存货增加 指常住单位存货实物量变动的市场价值，即期末价值减期初价值的差额，再扣除当期由于价格变动而产生的持有收益。存货增加可以是正值，也可以是负值；正值表示存货增加，负值表示存货减少。它包括生产单位购进的原材料、燃料和储备物资等存货，以及生产单位生产的产成品、在制品存货等。

货物和服务净出口 指货物和服务出口减货物和服务进口的差额。出口包括常住单位向非常住单位出售或无偿转让的各种货物和服务的价值；进口包括常住单位从非常住单位购买或无偿得到的各种货物和服务的价值。由于服务活动的提供与使用同时发生，因此服务的进出口业务并不发生出入境现象，一般把常住单位从国外得到的服务作为进口，常住单位向国外提供的服务作为出口。

初次分配总收入：初次分配是生产活动形成的净成果在参与生产活动的生产要素的所有者及政府之间的分配。生产活动的净成果是增加值。生产要素包括劳动力、土地、资本。劳动力所有者因提供劳动而获得劳动报酬；土地所有者因出租土地而获得地租；资本的所有者因资本的形态不同而获得不同形式的收入；借贷资本所有者获得利息收入；股权所有者获得红利或未分配利润；政府因直接或间接介入生产过程而获得生产税或支付补贴。初次分配的结果形成各个机构部门的初次分配总收入。各部门的初次分配总收入之和就等于国民总收入，亦即国民生产总值。

经常转移:转移是一个机构单位向另一个机构单位提供货物、服务或资产，而同时并没有从后一机构单位获得任何货物、服务或资产作为回报的一种交易。经常转移包括除资本转移外的所有转移。其形式有收入税、社会保险付款、社会补助和其他经常转移。

可支配总收入:在初次分配总收入的基础上，通过经常转移的形式对初次分配总收入进行再次分配。再分配的结果形成各个机构部门的可支配总收入。各部门的可支配总收入之和称为国民可支配总收入。

总储蓄:指可支配总收入用于最终消费后的余额。各部门的总储蓄之和称为国民总储蓄。

资本转移:指一个部门无偿地向另一个部门支付用于非金融投资的资金，是一种不从对方获取任何对应物作为回报的交易。资本转移具有不同于经常转移的两特征，一是转移的目的是用于投资，而不是用于消费；二是资本转移其实物形式往往涉及除存货和现金以外资产所有权的转移；其现金形式往往涉及除存货以外的资产的处置。资本转移包括投资性补助和其他资本转移。

人口、从业人员和劳动报酬

REN KOU CONG YE REN YUAN
HE LAO DONG BAO CHOU

资 料 整 理 人 员

郭晓宇　袁　明

2-1 主要年份总人口数

单位：万人

年 份	总人口	按性别分		按城镇乡村分	
		男性	女性	城镇	乡村
1952	161.03	87.22	73.81	8.97	152.06
1957	171.93	94.45	77.48	13.16	158.77
1962	187.32	102.34	84.98	9.90	177.42
1965	196.92	108.06	88.86	12.42	184.50
1970	218.94	119.91	99.03	16.89	202.05
1975	234.09	127.34	106.75	19.84	214.25
1978	240.88	130.84	110.04	21.84	219.04
1980	243.21	131.45	111.76	24.76	218.45
1985	252.72	136.80	115.92	28.58	224.14
1995	280.62	150.59	130.03	47.52	233.10
2000	293.83	153.46	140.37	79.30	214.53
2001	296.04	154.65	141.39	79.53	216.51
2002	298.06	155.65	142.41	88.71	209.35
2003	299.98	156.00	143.98	91.44	208.54
2004	301.90	156.83	145.07	94.99	206.91
2005	303.87	157.45	146.42	101.67	202.20
2006	305.67	157.36	148.31	105.76	199.91
2007	307.26	159.23	148.03	109.47	197.79
2008	309.03	160.69	148.34	113.44	195.59
2009	309.67	160.96	148.71	116.19	193.48
2010	306.75	158.17	148.58		

注：2000年以前是公安人口，以农业和非农业划分，2000年及以后为人口调查数据，以城镇和乡村划分。
2010年的总人口，男性和女性人数是2010年11月1日的人口普查时点数。

2-2 主要年份人口自然变动

单位：人

年份	出生		死亡		自然增长	
	人数	出生率（‰）	人数	死亡率（‰）	人数	增长率（‰）
1957	52778	31.90	23354	14.70	29424	17.20
1962	62990	34.30	23441	12.80	39549	21.50
1965	59050	30.30	22823	11.70	36227	18.60
1970	62083	28.60	21083	9.70	41000	18.90
1975	55635	23.90	20190	8.70	35445	15.20
1978	42735	17.90	17411	7.30	25324	10.60
1980	36475	15.00	17326	7.10	19149	7.90
1985	33026	13.10	16190	6.40	16836	6.70
1995	42681	15.20	18533	6.60	24148	8.60
2000	41625	14.26	19406	6.65	22219	7.61
2001	41586	14.10	19554	6.63	22032	7.47
2002	41420	13.94	21237	7.15	20183	6.79
2003	41128	13.75	21891	7.32	19237	6.43
2004	40673	13.52	21417	7.12	19256	6.40
2005	41586	13.73	21868	7.22	19718	6.51
2006	38930	12.77	20995	6.89	17935	5.88
2007	38308	12.50	22372	7.30	15936	5.20
2008	38025	12.34	20322	6.59	17703	5.74
2009	36427	11.76	22054	7.12	14373	4.64

2-3 主要年份从业人员年末人数

单位：人

年 份	从业人员合计	在岗职工	国有单位	集体单位	其他单位	其他从业人员	城镇私营企业及个体	农村及乡镇企业
1952	647561	17329	16055	1274			28252	601980
1957	720579	67622	49498	18124			1749	651208
1962	738216	60933	52559	8374				677283
1965	791833	73777	63408	10369				718056
1970	896189	104513	91916	12597				791676
1975	922579	125998	109648	16350				796581
1978	907452	141999	118579	23420				765453
1980	958274	181607	157506	24101				776667
1985	1047222	218811	176012	42506	293			828411
1995	1240243	278679	232525	42990	3164		119147	842417
2000	1114213	233370	200176	23166	10028	5592	50900	824351
2001	1122067	231495	199822	22247	9426	6331	56955	827826
2002	1211986	224628	194923	18516	11189	7507	55942	923909
2003	1213622	218772	189573	16449	12750	9981	56686	928183
2004	1228187	217730	190554	15472	11704	7070	74784	928603
2005	1259000	217939	185748	14306	17885	5937	88288	946836
2006	1157763	217750	185029	13836	18885	5744	91642	842627
2007	1236334	216464	183579	13820	19065	4927	125687	889256
2008	1276138	215056	182161	13236	19659	6478	121839	932765
2009	1298225	221051	187297	13828	19926	5816	130483	940875
2010	1352679	221423	185663	15313	20447	5553	153309	972394

2-4 城乡劳动力资源配置情况（2010年）

单位：万人

指　标	2010年
年末劳动力资源总数	212.28
年末劳动力配置	
一、从业人员	135.27
按经济类型分	
1.国有经济	18.96
2.集体经济	4.73
3.私营经济	9.27
4.个体经济	17.76
5.联营经济	0.46
6.股份制经济	0.64
7.外商投资经济	
8.港、澳、台投资经济	0.14
9.其他经济	83.31
按国民经济行业分	
1.农、林、牧、渔业	60.08
2.采掘业	7.18
3.制造业	9.61
4.电力、燃气及水的生产和供应业	0.88
5.建筑业	12.10
6.交通运输、仓储和邮政业	6.52
7.信息传输、计算机服务和软件业	0.99
8.批发和零售业	9.31
9.住宿和餐饮业	4.68
10.金融、保险业	1.07
11.房地产业	0.15
12.租赁和商务服务业	0.60
13.科学研究、技术服务和地质勘察业	0.67
14.水利、环境和公共设施管理业	0.73
15.居民服务和其他服务业	1.32
16.教育	4.44
17.卫生、社会保障和社会福利业	1.50
18.文化、体育和娱乐业	0.76
19.公共管理和社会组织	7.88
20.其他行业	4.80
按三次产业分	
1.第一产业	60.08
2.第二产业	29.76
3.第三产业	45.43
二、城镇登记失业人员	7.02
三、16岁以上在校学生	12.97
四、其他劳动者	57.02
#家务劳动者	29.52

2-5 城镇单位从业人员（2010年）

单位：人

项目	从业人员	# 女性	在岗职工	其他从业人员
总计	226976	80005	221423	5553
一、按单位类型分组				
1、企业	100047	27514	96731	3316
2、事业	83973	40556	82884	1089
3、机关	42436	11789	41359	1077
4、民间非盈利组织	85	19	85	
5、其他	435	127	364	71
二、按国民经济行业分组				
1、农、林、牧、渔业	3262	1006	3179	83
2、采矿业	26403	3872	25959	444
3、制造业	18107	5195	17410	697
4、电力、燃气及水的生产和供应业	4418	1478	4297	121
5、建筑业	12481	1148	11982	499
6、交通运输、仓储和邮政业	7725	2646	7720	5
7、信息传输、计算机服务和软件业	3859	1359	3858	1
8、批发和零售业	14968	6241	14323	645
9、住宿和餐饮业	2948	1711	2727	221
10、金融业	8943	3524	8784	159
11、房地产业	653	142	653	
12、租赁和商务服务业	3136	1125	2651	485
13、科学研究、技术服务和地质勘察业	2152	738	2007	145
14、水利、环境和公共设施管理业	4465	1881	4345	120
15、居民服务和其他服务业	411	105	387	24
16、教育	43300	23653	42932	368
17、卫生、社会保障和社会福利业	14719	7974	14455	264
18、文化、体育和娱乐业	2000	833	1949	51
19、公共管理和社会组织	53026	15374	51805	1221

2-6 城镇单位从业人员劳动报酬 （2010年）

单位：万元

项　目	从业人员劳动报酬	在岗职工工资总额	其他从业人员劳动报酬	在岗职工平均工资（元）
总　计	549535	541736	7799	24402
一、按单位类型分组				
1、企业	210303	205157	5145	21053
2、事业	214024	213075	950	25699
3、机关	124689	123031	1658	29868
4、民间非盈利组织	69	69		8082
5、其他	451	405	46	11124
二、按国民经济行业分组				
1、农、林、牧、渔业	7495	7410	85	23273
2、采矿业	88748	87644	1104	33898
3、制造业	25240	24109	1132	13743
4、电力、燃气及水的生产和供应业	9034	8941	93	21042
5、建筑业	16612	15592	1020	12122
6、交通运输、仓储和邮政业	13074	13071	3	16946
7、信息传输、计算机服务和软件业	7407	7406	1	18976
8、批发和零售业	20517	19302	1216	13625
9、住宿和餐饮业	3729	3566	163	12587
10、金融业	28953	28717	236	33245
11、房地产业	1159	1159		17776
12、租赁和商务服务业	4701	4421	279	16484
13、科学研究、技术服务和地质勘察业	4962	4907	55	24497
14、水利、环境和公共设施管理业	7725	7668	57	17673
15、居民服务和其他服务业	534	529	5	13874
16、教育	127704	127465	238	29625
17、卫生、社会保障和社会福利业	30450	30064	386	20898
18、文化、体育和娱乐业	4316	4291	25	21849
19、公共管理和社会组织	147176	145476	1700	28181

2–7 国有单位从业人员（2010年）

单位：人

项　目	从业人员	#女性	在岗职工	其他从业人员
总　计	189564	68794	185663	3901
一、按隶属关系分组				
1、中 央	6926	2038	6218	708
2、省、自治区、直辖市	31623	8641	31313	310
3、地 区	34842	12671	34326	516
4、县及县以下	115167	45065	112800	2367
5、其 他	1006	379	1006	
二、按单位类型分组				
1、企 业	68034	18664	66313	1721
#地 方	62987	17198	61822	1165
2、事 业	78963	38302	77891	1072
#地 方	78714	38228	77642	1072
3、机 关	42401	11779	41324	1077
#地 方	40771	11281	39846	925
4、民间非盈利组织				
5、其他	166	49	135	31
三、按国民经济行业分组				
1、农、林、牧、渔业	2787	862	2711	76
2、采矿业	22916	3473	22817	99
3、制造业	4633	1324	4622	11
4、电力、燃气及水的生产和供应业	2954	1164	2855	99
5、建筑业	8495	865	7997	498
6、交通运输、仓储和邮政业	7102	2488	7097	5
7、信息传输、计算机服务和软件业	3859	1359	3858	1
8、批发和零售业	11011	4597	10425	586
9、住宿和餐饮业	2168	1278	1947	221
10、金融业	4769	1871	4660	109
11、房地产业	223	85	223	
12、租赁和商务服务业	2457	759	2408	49
13、科学研究、技术服务和地质勘察业	2085	724	1940	145
14、水利、环境和公共设施管理业	4344	1822	4224	120
15、居民服务和其他服务业	407	101	383	24
16、教育	42928	23410	42560	368
17、卫生、社会保障和社会福利业	11820	6536	11566	254
18、文化、体育和娱乐业	1815	765	1779	36
19、公共管理和社会组织	52791	15311	51591	1200

2-8 国有单位从业人员劳动报酬（2010年）

单位：万元

项　目	从业人员劳动报酬			在岗职工平均工资（元）
		在岗职工工资总额	其他从业人员劳动报酬	
总　计	485976	480106	5871	25834
一、按隶属关系分组				
1、中 央	27303	25900	1403	40068
2、省、自治区、直辖市	98090	97846	245	31059
3、地 区	79860	79261	599	23500
4、县及县以下	278670	275045	3625	24297
5、其 他	2053	2053		21638
二、按单位类型分组				
1、企 业	156085	152853	3231	22933
#地 方	135805	133701	2104	21592
2、事 业	204963	204026	937	26190
#地 方	204289	203351	937	26188
3、机 关	124631	122973	1658	29879
#地 方	118282	116899	1383	29464
4、民间非盈利组织				
5、其他	298	254	44	18793
三、按国民经济行业分组				
1、农、林、牧、渔业	6031	5957	75	21923
2、采矿业	80006	79336	670	34893
3、制造业	6138	6129	8	14029
4、电力、燃气及水的生产和供应业	5274	5195	79	18165
5、建筑业	12490	11471	1019	13241
6、交通运输、仓储和邮政业	11899	11896	3	16779
7、信息传输、计算机服务和软件业	7407	7406	1	18976
8、批发和零售业	17543	16358	1184	15928
9、住宿和餐饮业	2714	2551	163	12428
10、金融业	16358	16181	177	34806
11、房地产业	424	424		19104
12、租赁和商务服务业	4011	3982	29	16325
13、科学研究、技术服务和地质勘察业	4816	4761	55	24591
14、水利、环境和公共设施管理业	7546	7489	57	17763
15、居民服务和其他服务业	530	525	5	13915
16、教育	126510	126271	238	29604
17、卫生、社会保障和社会福利业	25288	24902	386	21672
18、文化、体育和娱乐业	4036	4012	24	22377
19、公共管理和社会组织	146956	145260	1697	28256

2-9 集体单位从业人员（2010年）

单位：人

项　目	从业人员	#女性	在岗职工	其他从业人员
总　计	16320	6912	15313	1007
按单位类型分组				
一、1、企业	12003	5032	11010	993
2、事业	4313	1878	4299	14
3、机关				
4、民间非盈利组织				
5、其他	4	2	4	
二、按国民经济行业分组				
1、农、林、牧、渔业	403	117	396	7
2、采矿业	837	267	492	345
3、制造业	2401	1874	2294	107
4、电力、燃气及水的生产和供应业				
5、建筑业	2093	149	2093	
6、交通运输、仓储和邮政业	544	153	544	
7、信息传输、计算机服务和软件业				
8、批发和零售业	3306	1301	3247	59
9、住宿和餐饮业	20	15	20	
10、金融业	3276	1265	3226	50
11、房地产业				
12、租赁和商务服务业	568	345	136	432
13、科学研究、技术服务和地质勘察业				
14、水利、环境和公共设施管理业				
15、居民服务和其他服务业	4	4	4	
16、教育				
17、卫生、社会保障和社会福利业	2780	1385	2780	
18、文化、体育和娱乐业	59	21	52	7
19、公共管理和社会组织	29	16	29	

2-10 集体单位从业人员劳动报酬 （2010年）

单位：万元

项　目	从业人员劳动报酬	在岗职工工资总额	其他从业人员劳动报酬	在岗职工平均工资(元)
总　计	24128	23304	824	15002
一、按单位类型分组				
1、企业	16855	16041	813	14305
2、事业	7273	7262	11	16826
3、机关				
4、民间非盈利组织				
5、其他				
二、按国民经济行业分组				
1、农、林、牧、渔业	1312	1302	10	32959
2、采矿业	756	321	434	6526
3、制造业	1807	1769	38	7348
4、电力、燃气及水的生产和供应业				
5、建筑业	1818	1818		7855
6、交通运输、仓储和邮政业	824	824		15153
7、信息传输、计算机服务和软件业				
8、批发和零售业	1803	1771	31	5445
9、住宿和餐饮业	16	16		8000
10、金融业	10059	10000	60	32278
11、房地产业				
12、租赁和商务服务业	509	259	250	19074
13、科学研究、技术服务和地质勘察业				
14、水利、环境和公共设施管理业				
15、居民服务和其他服务业	4	4		10000
16、教育				
17、卫生、社会保障和社会福利业	5028	5028		18039
18、文化、体育和娱乐业	117	116	1	21830
19、公共管理和社会组织	75	75		25862

2-11 其他单位从业人员（2010年）

单位：人

项　目	从业人员	#女性	在岗职工	其他从业人员
总　计	21092	4299	20447	645
一、按登记注册类型分组				
内　资	20047	4170	19402	645
股份合作	500	246	500	
联　营	1403	517	1403	
#国有联营	167	74	167	
集体联营	282	167	282	
有限责任公司	12479	2074	11877	602
#国有独资	100	56	100	
股份有限公司	4985	1109	4985	
其　他	680	224	637	43
港、澳、台商投资	1045	129	1045	
外商投资				
二、按单位类型分组				
1、企　业	20010	3818	19408	602
2、事　业	697	376	694	3
3、机　关	35	10	35	
4、民间非盈利组织	85	19	85	
5、其　他	265	76	225	40
三、按国民经济行业分组				
1、农、林、牧、渔业	72	27	72	
2、采矿业	2650	132	2650	
3、制造业	11073	1997	10494	579
4、电力、燃气及水的生产和供应业	1464	314	1442	22
5、建筑业	1893	134	1892	1
6、交通运输、仓储和邮政业	79	5	79	
7、信息传输、计算机服务和软件业				
8、批发和零售业	651	343	651	
9、住宿和餐饮业	760	418	760	
10、金融业	898	388	898	
11、房地产业	430	57	430	
12、租赁和商务服务业	111	21	107	4
13、科学研究、技术服务和地质勘察业	67	14	67	
14、水利、环境和公共设施管理业	121	59	121	
15、居民服务和其他服务业				
16、教育	372	243	372	
17、卫生、社会保障和社会福利业	119	53	109	10
18、文化、体育和娱乐业	126	47	118	8
19、公共管理和社会组织	206	47	185	21

2-12 其他单位从业人员劳动报酬 （2010年）

单位：万元

项　目	从业人员劳动报酬	在岗职工工资总额	其他从业人员劳动报酬	在岗职工平均工资(元)
总　计	39431	38327	1105	18585
一、按登记注册类型分组				
内 资	38471	37366	1105	19087
股份合作	857	857		17136
联 营	2062	2062		14697
#国有联营	264	264		15784
集体联营	900	900		31915
有限责任公司	24889	23788	1101	19689
#国有独资	102	102		10388
股份有限公司	9673	9673		19522
其 他	990	986	4	15476
港、澳、台商投资	961	961		9191
外商投资				
二、按单位类型分组				
1、企 业	37363	36262	1101	18517
2、事 业	1788	1787	2	25746
3、机 关	58	58		16514
4、民间非盈利组织	69	69		8082
5、其 他	153	151	2	6720
三、按国民经济行业分组				
1、农、林、牧、渔业	152	152		21069
2、采矿业	7987	7987		30414
3、制造业	17295	16210	1085	15057
4、电力、燃气及水的生产和供应业	3760	3745	15	26965
5、建筑业	2304	2303	1	12216
6、交通运输、仓储和邮政业	350	350		44304
7、信息传输、计算机服务和软件业				
8、批发和零售业	1172	1172		18233
9、住宿和餐饮业	998	998		13137
10、金融业	2536	2536		28461
11、房地产业	735	735		17091
12、租赁和商务服务业	180	180		16822
13、科学研究、技术服务和地质勘察业	146	146		21761
14、水利、环境和公共设施管理业	180	180		14602
15、居民服务和其他服务业				
16、教育	1194	1194		32102
17、卫生、社会保障和社会福利业	135	135		12358
18、文化、体育和娱乐业	163	163		13831
19、公共管理和社会组织	145	141	4	7622

2-13 离开本单位仍保留劳动关系职工的生活费（2010年）

项 目	人 数（人）	生活费（万元）	平均生活费（元）
总 计	22937	5241	2301
一、国有单位	12290	2871	2353
按隶属关系分组			
1、中 央	159	139	8593
2、省、自治区、直辖市	1557	623	4122
3、地 区	1821	253	1391
4、县及县以下	8748	1856	2133
5、其 他	5		
按单位类型分组			
1、企 业	11942	2188	1845
#地 方	11783	2049	1752
2、事 业	245	429	17707
#地 方	245	429	17707
3、机 关	102	254	24922
#地 方	102	254	24922
4、民间非盈利组织			
5、其他	1	1	7000
按国民经济行业分组			
1、农、林、牧、渔业	36	20	5472
2、采矿业	2494	175	697
3、制造业	2171	773	3565
4、电力、燃气及水的生产和供应业	513	298	6645

2-13 续表

项　目	人　数 （人）	生活费 （万元）	平均生活费 （元）
5、建筑业	978	80	818
6、交通运输、仓储和邮政业	1425	177	1236
7、信息传输、计算机服务和软件业	55		
8、批发和零售业	3883	311	810
9、住宿和餐饮业	82	62	7549
10、金融业	152	238	15542
11、房地产业	124	51	4097
12、租赁和商务服务业	5	15	29600
13、科学研究、技术服务和地质勘察业	32		
14、水利、环境和公共设施管理业			
15、居民服务和其他服务业	28		
16、教育	71	234	34338
17、卫生、社会保障和社会福利业	13		
18、文化、体育和娱乐业	9	4	4778
19、公共管理和社会组织	219	435	19858
二、集体单位	4243	806	1893
#企　业	4238	806	1895
三、其他单位	6404	1564	2474
#内　资	6404	1564	2474
#港、澳、台商投资			
#外商投资			

2-14 主要年份职工平均工资及指数

单位：元

年 份	全部职工平均工资	指数（以1952年为100）	国有单位平均工资	指数（以1952年为100）	集体单位平均工资	指数（以1952年为100）
		货币工资		货币工资		货币工资
1952	305	100	304	100	327	100
1957	482	158	497	164	445	136
1962	523	172	528	174	482	147
1965	573	188	589	194	481	147
1970	560	184	571	188	563	172
1975	582	191	593	195	499	153
1978	605	199	625	206	511	156
1980	696	229	716	236	572	175
1985	960	315	1001	330	796	243
1990	1767	580	1854	610	1284	393
1995	3555	1166	3734	1229	2479	758
2000	5316	1743	5532	1820	3367	1030
2001	6517	2136	6781	2230	3930	1202
2002	7122	2335	7445	2449	4554	1393
2003	8007	2625	8374	2755	5840	1786
2004	9150	3000	9518	3131	6692	2046
2005	9822	3220	10228	3364	7468	2284
2006	11960	3921	12384	4074	8386	2565
2007	14813	4857	15367	5055	9043	2765
2008	19167	6284	19856	6532	12684	3879
2009	20797	6819	21848	7187	12597	3852
2010	24402	8001	25834	8498	15002	4588

主要统计指标解释

人口数 指一定时点、一定地区范围内有生命的个人总和。

年度统计的年末人口数 指每年12月31日24时的常住人口数。

人口变动抽样调查的对象包括:1、在抽中调查小区居住并且户口在本乡(镇、街道)的人口;2、在抽中调查小区居住半年以上,户口在外乡(镇、街道)的人口;3、在抽中调查小区居住不满半年,离开户口登记地半年以上的人口;4、在抽中调查小区居住,户口待定的人口。

城镇人口和乡村人口 城镇人口是居住在城镇范围内的全部常住人口;乡村人口是除上述人口以外的全部人口。

城镇包括城区和镇区。城区是指在市辖区和不设区的市中,街道办事处所辖的居民委员会地域;城市公共设施、居住设施等连接到的其他居民委员会地域和村民委员会地域。

镇区是指在城区以外的镇和其他区域,其包括所辖的居民委员会地域;镇的公共设施、居住设施等连接到的村民委员会地域。

出生率(又称粗出生率) 是指一定时期内(通常为一年)一定地区的出生人数与同期内平均人数(或期中人数)之比,用千分率表示。本资料中的出生率指年出生率。其计算公式为:

出生率 = 年出生人数 / 年平均人数 × 1000‰

式中:出生人数指活产婴儿,即胎儿脱离母体时(不管怀孕月数),有过呼吸或其他生命现象。年平均人数指年初、年底人口数的平均数,也可用年中人口数代替。

死亡率(又称粗死亡率) 指在一定时期内(通常为一年)一定地区的死亡人数与同期内平均人数(或期中人数)之比,用千分率表示。本资料中的死亡率指年死亡率,其计算公式为:

死亡率 = 年死亡人数 / 年平均人数 × 1000‰

人口自然增长率 指在一定时期内(通常为一年)人口自然增加数(出生人数减死亡人数)与该时期内平均人数(或期中人数)之比,用千分率表示。计算公式为:

人口自然增长率 =(本年出生人数 - 本年死亡人数)/ 年平均人数 × 1000‰= 人口出生率 - 人口死亡率

总抚养比 也称总负担系数。指人口总体中非劳动年龄人口数与劳动年龄人口数之比。通常用百分比表示。用以表明每100名劳动年龄人口大致要负担多少名非劳动年龄人口。用于从人口角度反映人口与经济发展的基本关系。计算公式为:

$$GDR=(P_{0-14}+P_{65^+})/P_{15-64}\times 100\%$$

其中:GDR 为总抚养比;

P_{0-14} 为 0-14 岁少年儿童人口数;

P_{15-64} 为 15-64 岁的劳动年龄人口数;

P_{65^+} 为 65 岁及 65 岁以上的老年人口数。

老年人口抚养比 也称老年人口抚养系数。指某一人口中老年人口数与劳动年龄人口数之比。通常用百分比表示。用以表明每100名劳动年龄人口要负担多少名老年人。老年人口抚养比是从经济角度反映人口老化社会后果的指标之一。计算公式为:

$$ODR=P_{65^+}/P_{15-64}\times 100\%$$

其中:ODR 为老年人口抚养比;

P_{15-64} 为 15-64 岁的劳动年龄人口数;

P_{65^+} 为 65 岁及 65 岁以上的老年人口数。

少年儿童抚养比 也称少年儿童抚养系数。指某一人口中少年儿童人口数与劳动年龄人口数之比。通常用百分比表示。以反映每 100 名劳动年龄人口要负担多少名少年儿童。计算公式为：

$CDR=P_{0-14}/P_{15-64}\times 100\%$

其中：CDR 为少年儿童抚养比；

P_{0-14} 为 0–14 岁少年儿童人口数；

P_{15-64} 为 15–64 岁的劳动年龄人口数。

劳动力资源总数 指在劳动年龄内，具有劳动能力，在正常情况下，可能或实际参加社会劳动的人口数。劳动力资源的范围为：劳动年龄内（16 周岁以上），有劳动能力，实际参加社会劳动和未参加社会劳动的人员。劳动力资源也可划分为经济活动人口和非经济活动人口。劳动力资源不包括下列人员：

（1）在押犯人；

（2）劳动年龄内丧失劳动能力的人员；

（3）16 岁以下实际参加社会劳动的人员。

从业人员 指从事一定社会劳动并取得劳动报酬或经营收入的人员。从业人员按就业身份分组包括：

（1）职工；

（2）再就业的离退休人员；

（3）私营业主；

（4）个体户主；

（5）私营企业和个体从业人员；

（6）乡镇企业从业人员；

（7）农村从业人员；

（8）其他从业人员；

职工 指在国有经济、城镇集体经济、联营经济、股份制经济、外商和港、澳、台投资经济、其他经济单位及其附属机构工作，并由其支付工资的各类人员。

私营企业和个体从业人员 指在私营企业或个体经营者所经营的机构中劳动，并领取劳动报酬的人员，包括在私营或个体经营机构中劳动的帮工、学徒、雇用人员。

乡镇企业从业人员 指在乡镇企业劳动，并领取劳动报酬的人员。

在岗职工 指在单位工作并由单位支付工资的人员，以及有工作单位，但由于学习、病伤产假等原因暂未工作，仍由单位经支付工资的人员。

职工工资总额 指各单位在一定时期内直接支付给本单位全部职工的劳动报酬总额。

职工平均工资 指企业、事业、机关等单位的职工在一定时期内平均每人所得的货币工资额。它表明一定时期职工工资收入的高低程度，是反映职工工资水平的主要指标。计算公式为：

$$\text{职工平均工资}=\frac{\text{报告期实际支付的全部职工工资总额}}{\text{报告期全部职工平均人数}}$$

职工平均实际工资 指扣除物价变动因素后的职工平均工资。计算公式为：

$$\text{职工平均实际工资}=\frac{\text{报告期职工平均工资}}{\text{报告期职工生活费价格指数}}\times 100\%$$

职工平均工资指数 指报告期平均工资与基期平均工资的比率，是反映不同时期职工货币工资水平变动情况的相对数。它表明报告期平均工资比基期平均工资提高或降低的程度。计算公式为：

$$\text{职工平均工资指数}=\frac{\text{报告期职工平均工资}}{\text{基期职工平均工资}}\times 100\%$$

职工平均实际工资指数 是反映职工实际工资的变动方向和变动程度的指数,表明职工实际工资水平提高或降低的程度。计算公式为:

$$职工平均实际工资指数=\frac{报告期职工平均工资指数}{报告期职工生活费价格指数}\times 100\%$$

失业人员 指在劳动年龄内,有劳动能力,在调查期间无工作并以某种方式正在寻找工作的人员。

城镇登记失业人员 指有非农业户口,在劳动年龄内(16 岁至退休年龄),有劳动能力,无业而要求就业,并在当地劳动保障部门进行失业登记的人员。

城镇登记失业率 指城镇期末实有登记失业人数与城镇期末就业人员总数加城镇期末实有登记失业人数之比。计算公式为:

$$城镇登记失业率=\frac{城镇期末实有登记失业人数}{城镇期末就业人员总数+城镇期末实有登记失业人数}\times 100\%$$

固定资产投资

GU DING ZI CHAN TOU ZI

资料整理人员

范海艳　杨　婷

3-1 全社会固定资产投资

单位: 万元

指　　标	2009	2010
一、投资总额	3526672	4243838
#住　宅	208819	259332
按登记注册类型分		
国　有	1879555	2491668
非国有	1647117	1752170
按城乡分		
城　镇	3469088	4172396
农　村	57584	71442
按构成分		
建筑工程	1737129	2110651
安装工程	225789	328070
设备工器具购置	1013519	1111760
其他费用	550235	693357
按三次产业分		
第一产业	72375	125697
第二产业	1931495	2360546
第三产业	1522802	1757595
二、新增固定资产	762733	2761585
三、房屋建筑面积（万平方米）		
本年施工房屋面积	392	403
#住　宅	273	104
本年竣工房屋面积	138	198
#住　宅	78	51
四、本年资金来源小计	3177296	3914282
国家预算内资金	260114	292361
国内贷款	1206941	1008429
利用外资	23558	7303
自筹资金	1440856	2349986
#企事业单位自有资金	558076	681517
其　　他	245827	256203

3-2 主要年份按城乡和登记注册类型分全社会固定资产投资

单位: 万元

年 份	总 计	城 镇	#房地产开发	国 有	非国有
1978	8636	8636		7568	1068
1980	9750	9750		8624	1126
1985	25780	25780		25103	677
1990	29590	29590	317	29385	205
1991	41250	41250	752	40255	995
1992	44775	44775	889	43650	1125
1993	63536	63536	5235	57666	5870
1994	54495	45881	2257	47100	7395
1995	57742	48943	3307	47848	9894
1996	60322	57901	3223	56725	3597
1997	64508	61894	1258	61386	3122
1998	141157	102439	2840	101053	40104
1999	185608	133661	5036	130801	54807
2000	219464	203277	3873	193109	26355
2001	587954	212664	8542	198488	389466
2002	753692	356789	8481	227434	526258
2003	523313	481185	6574	215281	308032
2004	666601	649491	7761	209581	457020
2005	793537	783086	26999	298221	495316
2006	971195	953008	80287	246628	724567
2007	980453	961839	91349	255161	725292
2008	1405450	1382837	121347	734108	671342
2009	3526672	3469088	144405	1879555	1647117
2010	4243838	4172396	181315	2491668	1752170

3-3 按国民经济行业分全社会固定资产投资

单位: 万元

行　　业	2009	2010
总　　计	3526672	4243838
农、林、牧、渔业	72375	125697
采矿业	397777	876861
制造业	657797	713726
电力、燃气及水的生产和供应业	875921	763428
建筑业		6531
交通运输、仓储和邮政业	1020201	974458
信息传输、计算机服务和软件业		414
批发和零售业	32792	43002
住宿和餐饮业	12840	34723
金融业	846	574
房地产业	239512	322043
租赁和商务服务业	601	
科学研究、技术服务和地质勘查业	1501	5209
水利、环境和公共设施管理业	157014	170769
居民服务和其他服务业		1105
教　育	32282	139970
卫生、社会保障和社会福利业	10215	18351
文化、体育和娱乐业	7333	28748
公共管理和社会组织	7665	18229

3-4 按登记注册类型分全社会固定资产投资

单位: 万元

指　标	2009		2010	
	全社会固定资产投资	#城　镇	全社会固定资产投资	#城　镇
总　计	3526672	3469088	4243838	4172396
内　资	3504852	3457374	4206666	4148505
国　有	1823366	1804305	2437979	2418141
集　体	48903	35333	39352	26353
股份合作	5898	2768	92971	90590
国有联营	56189	56189	19557	19557
集体联营			750	
国有与集体联营	503	503		
其他联营				
国有独资公司			34132	34132
其他有限责任公司	672613	671133	972972	970284
股份有限公司	420716	413613	174886	170294
私　营	186838	183704	245691	231803
其他内资	289826	289826	188376	187351
港澳台投资			117	117
港澳台合资经营			117	117
港澳台合作经营				
港澳台独资				
港澳台股份有限				
外商投资	900	900	1556	1556
外商合资经营	900	900	1556	1556
外商合作经营				
外商独资				
外商股份有限				
个体经营	20920	10814	35499	22218
个体户	8287	7087	8834	6450
个人合伙	12633	3727	26665	15768

3-5 1978-2010年城镇固定资产投资

单位: 万元

年 份	城镇固定资产投资	#住 宅	第一产业	第二产业	第三产业	#工 业		
							轻工业	重工业
1978	8636	691	1720	3886	3030	3766	150	3616
1979	8874	710	1768	4062	3044	3911	831	3080
1980	9750	1127	1434	4893	3423	4764	1230	3534
1981	6684	997	533	3482	2669	3386	381	3005
1982	10160	1634	687	5506	3967	5422	821	4601
1983	14644	1181	739	11352	2553	11082	1300	9782
1984	19082	1450	660	10574	7848	10496	1312	9184
1985	25780	2740	983	14346	10451	14172	2209	11963
1986	22903	2030	792	14320	7791	14231	2351	11880
1987	29729	1782	534	20977	8218	20913	4116	16797
1988	30771	1683	694	21902	8175	21838	4290	17548
1989	24556	1127	328	16404	7824	16267	2187	14080
1990	29590	1008	826	22179	6585	22139	2511	19628
1991	41250	1978	903	27215	13132	27206	806	26400
1992	44775	2437	1093	26908	16774	26865	1124	25741
1993	63536	1966	940	43501	19095	18995	760	18235
1994	45881	2176	741	18607	26533	18607	610	17997
1995	48943	7500	836	17821	30286	17596	713	16883
1996	57901	6314	507	22952	34442	22952	918	22034
1997	61894	4438	54	27907	33933	27907	1116	26791
1998	102439	18734	74	23824	78541	23631	945	22686
1999	133661	21677	5785	28291	99585	25391	1016	24375
2000	203277	19631	11139	86358	105780	85762	3430	82332
2001	212664	25758	8917	92156	111591	91276	3651	87625
2002	356789	16610	11389	242197	103203	238788	9552	229236
2003	481185	22035	8272	344686	128227	344363	11753	332610
2004	649491	13687	6677	497272	145542	495503	13970	481533
2005	783086	41610	6589	568658	207839	567398	11019	556379
2006	953008	93923	13724	695327	243957	695327	47372	647955
2007	961839	114485	11086	572007	378746	570027	45505	524522
2008	1382837	171512	11049	845093	526695	843073	41805	801268
2009	3469088	187748	61868	1922538	1484682	1922538	75119	1847419
2010	4172396	250723	95400	2342133	1734863	2335602	111818	2223784

3-6 按国民经济行业分城镇固定资产投资

单位: 万元

行　　业	2009	2010
总　　计	3469088	4127396
农、林、牧、渔业	61868	95400
农业	5038	6640
采矿业	395667	872036
煤炭开采和洗选业	306222	646942
石油天然气开采业	7000	12000
黑色金属矿采选业	45409	110004
有色金属矿采选业	32086	97290
非金属矿采选业	4950	
制造业	651512	700837
纺织业	970	230
石油加工、炼焦及核燃料加工业	42188	18340
化学原料及化学制品制造业	86121	52722
黑色金属冶炼及压延加工业	26189	84932
有色金属冶炼及压延加工业	214567	244868
工艺品及其他制造业		111588
电力、燃气及水的生产和供应业	875359	762729
建筑业		6531
交通运输、仓储和邮政业	1016098	972348

3-6 续表

单位: 万元

行　　业	2009	2010
仓储业	32669	17279
邮政业	238	255
信息传输、计算机服务和软件业		414
批发和零售业	30784	41534
住宿和餐饮业	12840	34423
金融业	846	574
房地产业	218560	310183
租赁和商务服务业	601	
科学研究、技术服务和地质勘查业	723	5209
水利、环境和公共设施管理业	153434	168742
居民服务和其他服务业		460
教育	27694	138915
卫生、社会保障和社会福利业	9004	17773
文化、体育和娱乐业	6803	26811
公共管理和社会组织	7295	17477

3-7 城镇固定资产投资主要指标

单位: 万元

指　　标	2009	2010
一、投资总额	3469088	4172396
#国有经济控股	2189611	2666133
#住　宅	187748	250723
按隶属关系分		
中　央	376859	522003
地　方	3092229	3650393
按登记注册类型分		
国　有	1826807	2471830
非国有	1642281	1700566
按构成分		
建筑工程	1686245	2066416
安装工程	224171	324220
设备工器具购置	1009499	1099118
其他费用	549173	682642
按建设性质分(不含房地产投资)		
新　建	1814051	1977105
扩　建	909164	1216279
改建和技术改造	530656	694877
按三次产业分		
第一产业	61868	95400
第二产业	1922538	2342133
第三产业	1484682	1734863

3-7 续表

单位: 万元

指　　标	2009	2010
二、新增固定资产		
中　央	4511	273848
地　方	715958	2432011
三、建设项目(个)		
施工项目	1157	2113
中　央	9	17
地　方	1148	2096
施工项目中本年新开工	1016	1788
全部建成投产项目	788	1356
四、房屋建筑面积(万平方米)		
本年施工房屋面积	374.7	377.0
#住　宅	262.5	96.8
本年竣工房屋面积	125.9	176.1
#住　宅	70.2	48.0
五、投资资金来源合计	3162563	3994749
上年结余资金	37403	155518
本年资金来源小计	3125160	3839231
国家预算内资金	254120	285370
国内贷款	1206641	1003947
利用外资	23558	7303
自筹资金	1408384	2295284
#企事业单位自有资金	548896	666326
其他资金来源	232457	247327

3-8 按构成分城镇固定资产投资（2010年）

单位: 万元

行业	本年完成投资	#住宅	建筑工程	安装工程	设备工器具购置	其他费用
总计	4172396	250723	2066416	324220	1099118	682642
农、林、牧、渔业	95400		64967	1242	5924	23267
农业	6640		5045	151	240	1204
林业	7598		3149	2		4447
畜牧业	58287		43142	1064	2278	11803
渔业						
农、林、牧、渔服务业	22875		13631	25	3406	5813
采矿业	872036	70	263882	63874	330333	213947
煤炭开采和洗选业	646942		201208	49800	270113	125821
石油和天然气开采业	12000					12000
黑色金属矿采选业	110004		53964	12464	36190	7386
有色金属矿采选业	97290	20	6880	760	21130	68520
非金属矿采选业	5800	50	1830	850	2900	220
其他采矿业						
制造业	700837	340	157263	108524	263206	171844
农副食品加工业	26765		16894	893	6804	2174
食品制造业	9692		2805		5387	1500
饮料制造业	8546		3136	595	2445	2370
纺织业	230				230	
纺织服装、鞋、帽制造业	73		73			
木材加工及木、竹、藤、棕、草制	5919		2050	110	3719	40
家具制造业	280		280			
造纸及纸制品业						
石油加工、炼焦及核燃料加工业	18340		5860	2920	7060	2500
化学原料及化学制品制造业	43642		6671	6281	16971	13719
医药制造业	500		100		400	

3-8 续表1

单位: 万元

行　业	本年完成投资	#住 宅	建筑工程	安装工程	设备工器具购置	其他费用
塑料制品业	8580		790	2230	5560	0
非金属矿物制品业	108888		36898	12855	50472	8663
黑色金属冶炼及压延加工业	84932	340	9420	23382	47752	4378
有色金属冶炼及压延加工业	244868		45497	46035	26965	126371
金属制品业	9795		630	2930	1355	4880
通用设备制造业	122777		22911	9023	86322	4521
专用设备制造业	3398		2158	970	247	23
交通运输设备制造业	250		250			
电气机械及器材制造业	662		40		517	105
工艺品及其他制造业	2700		800	300	1000	600
废弃资源和废旧材料回收加工业						
电力、燃气及水的生产和供应业	762729	60	134207	112459	447548	68515
电力、热力的生产和供应业	716117	60	102805	109337	438244	65731
燃气生产和供应业	11223		7245	401	3507	70
水的生产和供应业	35389		24157	2721	5797	2714
建筑业	6531	50	3241	720	2070	500
房屋和土木工程建筑业	531		451	80		
建筑安装业						
建筑装饰业						
其他建筑业	6000	50	2790	640	2070	500
交通运输、仓储和邮政业	972348		832229	3585	34826	101708
铁路运输业	61387		51937	2410	3380	3660
道路运输业	886927		764500		28967	93460
城市公共交通业						
水上运输业	300		180	40	70	10
装卸搬运和其他运输服务业	6200		4200			2000
仓储业	17279		11157	1135	2409	2578

3-8 续表2

单位: 万元

行　业	本年完成投资	#住宅	建筑工程	安装工程	设备工器具购置	其他费用
邮政业	255		255			
信息传输、计算机服务和软件业	414		64		300	50
电信和其他信息传输服务业	414		64		300	50
批发和零售业	41534	1093	25522	2910	3838	9264
批发业	16391		6772	1410	2770	5439
零售业	25143	1093	18750	1500	1068	3825
住宿和餐饮业	34423		20141	1400	4650	8232
住宿业	17635		7373	230	2800	7232
餐饮业	16788		12768	1170	1850	1000
金融业	574		250			324
银行业	574		250			324
房地产业	310183	246870	247521	26940	2112	33610
房地产业	310183	246870	247521	26940	2112	33610
租赁和商务服务业						
科学研究、技术服务和地质勘查业	5209	960	4924	285		
研究与试验发展						
专业技术服务业	3455		3195	260		
科技交流和推广服务业	1454	960	1454			
地质勘查业	300		275	25		
水利、环境和公共设施管理业	168742		128534	520	995	38693
水利管理业	46227		34208	100	144	11775

3-8 续表3

单位: 万元

行　业	本年完成投资	#住 宅	建筑工程	安装工程	设备工器具购置	其他费用
环境管理业	28876		25715		600	2561
公共设施管理业	93639		68611	420	251	24357
居民服务和其他服务业	460		350		110	
其他服务业	460		350		110	
教育	138915	487	137439	336	425	715
教育	138915	487	137439	336	425	715
卫生、社会保障和社会福利业	17773		15408	234	212	1919
卫生	16473		14108	234	212	1919
社会福利业	1300		1300			
文化、体育和娱乐业	26811		19471	20	760	6560
新闻出版业						
广播、电视、电影和音像业	931		171		760	
文化艺术业	21662		15142			6520
体育	1477		1417	20		40
娱乐业	2741		2741			
公共管理和社会组织	17477	793	11003	1171	1809	3494
中国共产党机关	2181		1972		209	
国家机构	12768	493	6921	753	1600	3494
基层群众自治组织	2528	300	2110	418		

3-9 按登记注册类型

行　　业	内资企业	国有企业	集体企业	股份合作企业	联营企业
总　　计	4148505	2418141	26353	90590	19557
农、林、牧、渔业	92932	49487	480		
农业	6640	1359	450		
林业	7598	7598			
畜牧业	55819	22580	30		
渔业					
农、林、牧、渔服务业	22875	17950			
采矿业	871676	454756	11000	64450	
煤炭开采和洗选业	646942	438256	3000	63450	
石油和天然气开采业	12000	12000			
黑色金属矿采选业	110004	2000		1000	
有色金属矿采选业	96930		8000		
非金属矿采选业	5800	2500			
其他采矿业					
制造业	693024	245563	1273	4210	
农副食品加工业	23815	2080		210	
食品制造业	9342	196	1200		
饮料制造业	8546				
烟草制品业					
纺织业	230				
纺织服装、鞋、帽制造业	73		73		
皮革、毛皮、羽毛(绒)及其制品业					
木材加工及木、竹、藤、棕、草制	5919				
家具制造业	280				
造纸及纸制品业					
石油加工、炼焦及核燃料加工业	18340				
化学原料及化学制品制造业	43642	5268			
医药制造业	500				
橡胶制品业					
塑料制品业	8580				
非金属矿物制品业	108888	563		4000	
黑色金属冶炼及压延加工业	84932				
有色金属冶炼及压延加工业	244868	234300			
金属制品业	9795				
通用设备制造业	120231	3156			
专用设备制造业	1681				
交通运输设备制造业					
电气机械及器材制造业	662				
通信设备、计算机及其他电子设备					
工艺品及其他制造业	2700				
废弃资源和废旧材料回收加工业					
电力、燃气及水的生产和供应业	762729	345467	1000	14500	19557
电力、热力的生产和供应业	716117	314379	1000	14500	19557
燃气生产和供应业	11223	785			
水的生产和供应业	35389	30303			
建筑业	6531	531			
房屋和土木工程建筑业	531	531			
其他建筑业	6000				

分城镇固定资产投资（2010年）

单位：万元

有限责任公司	股份有限公司	私　营	其他企业	港、澳、台商投资企　业	外商投资企业	个体经营
1004416	170294	231803	187351	117	1556	22218
16115	18883	7967				2468
4051	320	460				
7164	18538	7507				2468
4900	25					
223834	45121	38589	33926			360
111041	20309	1960	8926			
21313	24812	35879	25000			
88480		450				360
3000		300				
272304	71262	93201	5211	117	1556	6140
17915	3410	200				2950
2388		5558				350
8070		476				
230						
2849		3070				
		280				
15280		3000	60			
11718	26656					
		500				
8500		80				
78636	23209	2480				
63131	1100	15550	5151			
		10568				
9280		515				
50926	15887	50262			1556	990
681	1000			117		1600
						250
		662				
2700						
229794	2437	24459	125515			
229794	1822	23969	122854			
10438						
1320	615	490	2661			
6000						
6000						

3-9 续表

行　　业	内资企业	国有企业	集体企业	股份合作企业	联营企业
交通运输、仓储和邮政业	972348	896682	350	3070	
铁路运输业	61387	23060		2770	
道路运输业	886927	873317			
水上运输业	300			300	
装卸搬运和其他运输服务业	6200				
仓储业	17279	50	350		
邮政业	255	255			
信息传输、计算机服务和软件业	414	414			
电信和其他信息传输服务业	414	414			
批发和零售业	37564	15122	3000		
批发业	16391	6799	800		
零售业	21173	8323	2200		
住宿和餐饮业	31423	4139			
住宿业	17635	4139			
餐饮业	13788				
金融业	574	574			
银行业	574	574			
房地产业	305133	72223	7520	1180	
房地产业	305133	72223	7520	1180	
租赁和商务服务业					
租赁业					
商务服务业					
科学研究、技术服务和地质勘查业	5209	2359		2500	
研究与试验发展					
专业技术服务业	3455	605		2500	
科技交流和推广服务业	1454	1454			
地质勘查业	300	300			
水利、环境和公共设施管理业	167512	138100	1280		
水利管理业	46227	41965	160		
环境管理业	28876	26716			
公共设施管理业	92409	69419	1120		
居民服务和其他服务业	460	460			
居民服务业					
其他服务业	460	460			
教育	138915	138235		680	
教育	138915	138235		680	
卫生、社会保障和社会福利业	17773	17773			
卫生	16473	16473			
社会福利业	1300	1300			
文化、体育和娱乐业	26811	19459			
新闻出版业					
广播、电视、电影和音像业	931	931			
文化艺术业	21662	15362			
体育	1477	1477			
娱乐业	2741	1689			
公共管理和社会组织	17477	16797	450		
中国共产党机关	2181	2181			
国家机构	12768	12768			
基层群众自治组织	2528	1848	450		

单位：万元

				港、澳、台商投资企业	外商投资企业	个体经营
有限责任公司	股份有限公司	私营	其他企业			
60914	10170	1034	128			
25829	9600		128			
13610						
6200						
15275	570	1034				
8498	5444	5500				3970
2348	944	5500				
6150	4500					3970
18236	6750	2298				3000
6586	6750	160				
11650		2138				3000
138699	8867	58405	18239			5050
138699	8867	58405	18239			5050
22670	1360		4102			1230
			4102			
2160						
20510	1360					1230
7352						
6300						
1052						
			230			
			230			

3-10 按建设性质分城镇固定资产投资（2010年）

单位: 万元

行　　业	新 建	扩 建	改建和技术改造	单纯建造生活设施	迁 建	恢 复	单纯购置
总　　计	1977105	1216279	694877	99546	63	1244	1967
农、林、牧、渔业	76630	8560	9765			445	
农业	6640						
林业	5906	1247				445	
畜牧业	50974	7313					
渔业							
农、林、牧、渔服务业	13110		9765				
采矿业	323635	305246	241925				1230
煤炭开采和洗选业	217961	271735	157246				
石油和天然气开采业	12000						
黑色金属矿采选业	2814	22511	84679				
有色金属矿采选业	88060	8000					1230
非金属矿采选业	2800	3000					
其他采矿业							
制造业	162607	374857	162573		63		737
农副食品加工业	23571	2584	610				
食品制造业	7108	2388	196				
饮料制造业	3446	5100					
烟草制品业							
纺织业	230						
纺织服装、鞋、帽制造业	73						
木材加工及木、竹、藤、棕、草制	5419	500					
家具制造业		280					
造纸及纸制品业							
石油加工、炼焦及核燃料加工业	2000	3080	13260				
化学原料及化学制品制造业	31588	7596	4458				
医药制造业		500					
橡胶制品业							
塑料制品业		80	8500				
非金属矿物制品业	60219	19700	28286		63		620
黑色金属冶炼及压延加工业	2130	55741	27061				
有色金属冶炼及压延加工业		234300	10568				
金属制品业		1835	7960				
通用设备制造业	20930	41173	60674				
专用设备制造业	2281		1000				117

注：本表不含房地产开发投资

3-10 续表1

单位: 万元

行业	新建	扩建	改建和技术改造	单纯建造生活设施	迁建	恢复	单纯购置
交通运输设备制造业	250						
电气机械及器材制造业	662						
通信设备、计算机及其他电子设备							
工艺品及其他制造业	2700						
废弃资源和废旧材料回收加工业							
电力、燃气及水的生产和供应业	368929	363423	26560	3518		299	
电力、热力的生产和供应业	335138	362401	18578				
燃气生产和供应业	10537	387				299	
水的生产和供应业	23254	635	7982	3518			
建筑业	5531	1000					
房屋和土木工程建筑业	531						
其他建筑业	5000	1000					
交通运输、仓储和邮政业	757359	79730	135259				
铁路运输业	13354	24973	23060				
道路运输业	729422	45456	112049				
水上运输业	300						
装卸搬运和其他运输服务业		6200					
仓储业	14028	3101	150				
邮政业	255						
信息传输、计算机服务和软件业	414						
电信和其他信息传输服务业	414						
批发和零售业	25479	14131	1024	900			
批发业	10743	5648					
零售业	14736	8483	1024	900			
住宿和餐饮业	34423						
住宿业	17635						
餐饮业	16788						
金融业	574						
银行业	574						
房地产业	20195	803	12742	95128			
房地产业	20195	803	12742	95128			

注：本表不含房地产开发投资

3-10 续表2

单位: 万元

行业	新建	扩建	改建和技术改造	单纯建造生活设施	迁建	恢复	单纯购置
租赁和商务服务业							
科学研究、技术服务和地质勘查业	4415	300	494				
专业技术服务业	3455						
科技交流和推广服务业	960		494				
地质勘查业		300					
水利、环境和公共设施管理业	80100	46619	41523			500	
水利管理业	28742	11754	5731				
环境管理业	16915	40	11421			500	
公共设施管理业	34443	34825	24371				
居民服务和其他服务业	460						
居民服务业							
其他服务业	460						
教育	61399	17129	60387				
教育	61399	17129	60387				
卫生、社会保障和社会福利业	14073	1744	1956				
卫生	12773	1744	1956				
社会保障业							
社会福利业	1300						
文化、体育和娱乐业	26261	371	179				
新闻出版业							
广播、电视、电影和音像业	760	171					
文化艺术业	21283	200	179				
体育	1477						
娱乐业	2741						
公共管理和社会组织	14621	2366	490				
中国共产党机关		2181					
国家机构	12323	185	260				
基层群众自治组织	2298		230				

注：本表不含房地产开发投资

3-11 按资金来源分城镇固定资产投资（2010年）

单位: 万元

行　业	本年资金来源小计	国家预算内资金	国内贷款	利用外资	自筹资金	#企事业单位自有资金	其他资金来源
总　计	3839231	285370	1003947	7303	2295284	666326	247327
农、林、牧、渔业	90287	13828	5088		69124	540	2247
农业	7984	2865			5119		
林业	6534	2978	1768		693		1095
畜牧业	57506	3724	3320		50010	540	452
渔业							
农、林、牧、渔服务业	18263	4261			13302		700
采矿业	820157		51769		768188	179309	200
煤炭开采和洗选业	594113		45829		548284	145470	
石油和天然气开采业	12000				12000		
黑色金属矿采选业	109504		5940		103564	20459	
有色金属矿采选业	97590				97590	9230	
非金属矿采选业	6950				6750	4150	200
其他采矿业							
制造业	670099	3567	215752		421968	197143	28812
农副食品加工业	33666		2560		27987	1200	3119
食品制造业	13703				13703	6758	
饮料制造业	9878	705			8143	2500	1030
烟草制品业							
纺织业	230				230		
纺织服装、鞋、帽制造业	298				298		
皮革、毛皮、羽毛(绒)及其制品业							
木材加工及木、竹、藤、棕、草制	5870		185		5570		115
家具制造业	400				400		
造纸及纸制品业							
石油加工、炼焦及核燃料加工业	8640				8605		35
化学原料及化学制品制造业	44169				32262	6000	11907
医药制造业	500				500	500	
塑料制品业	8580				8580	8500	

3-11 续表1

单位: 万元

行 业	本年资金来源小计	国家预算内资金	国内贷款	利用外资	自筹资金	#企事业单位自有资金	其他资金来源
非金属矿物制品业	91271		3185		77030	17550	11056
黑色金属冶炼及压延加工业	90461	437			90024	76454	
有色金属冶炼及压延加工业	244900		207972		36928	26328	
金属制品业	9195		300		8645	7960	250
通用设备制造业	101683	2425	1550		96608	42614	1100
专用设备制造业	3043				2843	117	200
交通运输设备制造业	250				250		
电气机械及器材制造业	662				662	662	
通信设备、计算机及其他电子设备							
工艺品及其他制造业	2700				2700		
废弃资源和废旧材料回收加工业							
电力、燃气及水的生产和供应业	725509	26593	202455	7303	474601	171968	14557
电力、热力的生产和供应业	682443	12716	202455	7303	452068	162368	7901
燃气生产和供应业	10099	1000			7592	1000	1507
水的生产和供应业	32967	12877			14941	8600	5149
建筑业	6531				6531	360	
房屋和土木工程建筑业	531				531	360	
其他建筑业	6000				6000		
交通运输、仓储和邮政业	754373	119288	416954		167652	13964	50479
铁路运输业	109398				109398		
道路运输业	620426	119238	414004		36705	10866	50479
城市公共交通业							
水上运输业	300				300		
装卸搬运和其他运输服务业	6200				6200		
仓储业	17679	50	2950		14679	3098	
邮政业	370				370		

3-11 续表2

单位: 万元

行 业	本年资金来源小计	国家预算内资金	国内贷款	利用外资	自筹资金	#企事业单位自有资金	其他资金来源
信息传输、计算机服务和软件业	414				414		
电信和其他信息传输服务业	414				414		
批发和零售业	44006		3900		39976	5300	130
批发业	20448		300		20018		130
零售业	23558		3600		19958	5300	
住宿和餐饮业	34034		900		33134	5000	
住宿业	18399				18399		
餐饮业	15635		900		14735	5000	
金融业	793				793		
银行业	793				793		
房地产业	340817	17096	12754		180499	69477	130468
房地产业	340817	17096	12754		180499	69477	130468
租赁和商务服务业							
科学研究、技术服务和地质勘查业	5296	515			3821		960
专业技术服务业	3542	255			3287		
科技交流和推广服务业	1454	260			234		960
地质勘查业	300				300		
水利、环境和公共设施管理业	147983	47365	10553		81961	19520	8104
水利管理业	29605	15832	10553		2342		878
环境管理业	25896	7633			17313		950

3-11 续表3

单位: 万元

行 业	本年资金来源小计	国家预算内资金	国内贷款	利用外资	自筹资金	#企事业单位自有资金	其他资金来源
公共设施管理业	92482	23900			62306	19520	6276
居民服务和其他服务业	460				460		
其他服务业	460				460		
教育	131917	28063	82537		12797	1163	8520
教育	131917	28063	82537		12797	1163	8520
卫生、社会保障和社会福利业	21837	14882	1285		5408	200	262
卫生	20537	14882	1285		4108	200	262
社会福利业	1300				1300		
文化、体育和娱乐业	27017	7475			17787		1755
广播、电视、电影和音像业	937				237		700
文化艺术业	21862	5042			16320		500
体育	1477	1112			178		187
娱乐业	2741	1321			1052		368
公共管理和社会组织	17701	6698			10170	2382	833
中国共产党机关	1831	1338			493		
国家机构	12372	3960			7579	2382	833
基层群众自治组织	3498	1400			2098		

3-12 城镇固定资产投资规模及新增生产能力（2010年）

单位：万元

指标名称	计量单位	建设规模	本年施工规模	#本年新开工	累计新增生产能力	#本年新增
原煤开采	万吨/年	4247	2507	887	557	222
洗煤	万吨/年	1680	1500	1020	750.8	720
焦炭	万吨/年	215	202	2	200	200
铁矿开采（原矿）	万吨/年	70	40	40	10	10
铁矿选矿处理原矿量	万吨/年	180	94	74	129	59
铁矿石成品矿	万吨/年	10	10	10	10	10
生铁	万吨/年	37.36	22.36	13	13.36	13.36
粗钢	万吨/年	20	20			
连铸坯	万吨/年	45			45	
铜采矿（原矿）	万吨/年	10	10	10	10	10
氧化铝	吨/年	1890000	550000		990000	250000
水力发电	万千瓦	162.13	162.13		162	102
火力发电	万千瓦	312.9	252.9		120.9	120.9
水泥	万吨/年	486	486	186	70	70
石墨及炭素制品	吨/年	4000	2000		2000	
氮肥	吨/年	820000	300000		280000	280000
塑料树脂及共聚物	吨/年	1500	1500	1500	1500	1500
新建铁路投产里程	公里	8.1	8.1		2.5	2.5
新建公路	公里	613.64	600.64	576.14	577.74	577.74
改建公路	公里	1567.75	1567.75	821.15	1488.35	1488.35
新建独立公路桥梁	延长米	735	300	10	306	51
新建独立公路桥梁	座	4	4	1	1	1
新（扩）建公路客、货运站	个	5	4	3	4	3
新（扩）建公路客、货运站	平方米	30832	23213	16813	28863	21713
城市自来水供水能力	万吨/日	3.6	1.1	1.1	0.6	
城市污水处理能力	万吨/日	19.36	8.86	2.86	12.86	6.86

3-13 城镇固定资产投资总规模及新增固定资产（2010年）

单位: 万元

行业	计划总投资	自开始建设至本年底累计完成投资	#本年完成投资	施工项目个数(个)	#本年新开工	本年投产项目个数(个)	本年新增固定资产
总计	12492896	8506378	4172396	2113	1788	1356	2705859
农、林、牧、渔业	227858	141108	95400	159	135	115	55797
农业	30931	11370	6640	10	5	2	579
林业	8113	7598	7598	15	15	11	6801
畜牧业	138009	97124	58287	82	66	67	38601
农、林、牧、渔服务业	50805	25016	22875	52	49	35	9816
采矿业	2722227	1215026	872036	150	134	110	124601
煤炭开采和洗选业	2034711	945354	646942	36	25	7	39323
石油和天然气开采业	50000	12000	12000	1	1		
黑色金属矿采选业	169886	124842	110004	107	104	98	67888
有色金属矿采选业	459830	125030	97290	3	2	2	9590
非金属矿采选业	7800	7800	5800	3	2	3	7800
制造业	2426363	1686426	700837	162	90	98	663638
农副食品加工业	60394	49342	26765	20	13	9	15419
食品制造业	23160	22619	9692	5	2	3	7908
饮料制造业	31865	12916	8546	6	3	2	4246
烟草制品业							
纺织业	1200	1200	230	1		1	1200
纺织服装、鞋、帽制造业	298	298	73	1		1	298
皮革、毛皮、羽毛（绒）及其制品业							
木材加工及木、竹、藤、棕、草制	18002	15670	5919	3	2	2	12800
家具制造业	1624	280	280	1	1		
造纸及纸制品业							

3-13 续表1

单位: 万元

行业	计划总投资	自开始建设至本年底累计完成投资	#本年完成投资	施工项目个数(个)	#本年新开工	本年投产项目个数(个)	本年新增固定资产
印刷业和记录媒介的复制							
文教体育用品制造业							
石油加工、炼焦及核燃料加工业	200197	126020	18340	4		3	121850
化学原料及化学制品制造业	484339	175531	43642	7	3	4	61978
医药制造业	1400	1000	500	1			500
化学纤维制造业							
橡胶制品业							
塑料制品业	8580	8580	8580	2	2	2	8580
非金属矿物制品业	278312	166060	108888	26	11	14	42896
黑色金属冶炼及压延加工业	309504	224760	84932	11	4	8	168004
有色金属冶炼及压延加工业	761851	689205	244868	3		2	117919
金属制品业	15394	11305	9795	5	4	2	5560
通用设备制造业	216966	170834	122777	59	41	42	89258
专用设备制造业	9327	7194	3398	4	1	1	2217
交通运输设备制造业	250	250	250	1	1	1	250
电气机械及器材制造业	1000	662	662	1	1		55
通信设备、计算机及其他电子设备							
仪器仪表及文化、办公用机械制造							
工艺品及其他制造业	2700	2700	2700	1	1	1	2700
废弃资源和废旧材料回收加工业							
电力、燃气及水的生产和供应业	2841814	2329010	762729	57	29	25	969192
电力、热力的生产和供应业	2707986	2237317	716117	28	16	11	924241
燃气生产和供应业	49929	36285	11223	7	2	2	12763
水的生产和供应业	83899	55408	35389	22	11	12	32188
建筑业	7031	6731	6531	4	3	4	5569
房屋和土木工程建筑业	531	531	531	1	1	1	531

3-13 续表2

单位: 万元

行业	计划总投资	自开始建设至本年底累计完成投资	#本年完成投资	施工项目个数(个)	#本年新开工	本年投产项目个数(个)	本年新增固定资产
建筑安装业							
建筑装饰业							
其他建筑业	6500	6200	6000	3	2	3	5038
交通运输、仓储和邮政业	2222182	1907757	972348	484	435	454	491683
铁路运输业	140175	83599	61387	12	8	9	47619
道路运输业	2025467	1780473	886927	459	419	438	430705
城市公共交通业							
水上运输业	300	300	300	1	1	1	300
航空运输业							
管道运输业							
装卸搬运和其他运输服务业	9000	6200	6200	1	1		
仓储业	46870	36930	17279	10	5	6	13059
邮政业	370	255	255	1	1		
信息传输、计算机服务和软件业	414	414	414	1	1	1	414
电信和其他信息传输服务业	414	414	414	1	1	1	414
计算机服务业							
软件业							
批发和零售业	76336	50538	41534	24	16	16	18586
批发业	42021	21481	16391	10	7	7	4678
零售业	34315	29057	25143	14	9	9	13908
住宿和餐饮业	124524	41463	34423	12	8	7	21799
住宿业	98839	18675	17635	6	5	4	6799
餐饮业	25685	22788	16788	1	3	3	15000
金融业	793	574	574	1	1		
银行业	793	574	574	1	1		
房地产业	353352	230181	128868	116	81	57	79288
房地产业	353352	230181	128868	116	81	57	79288
租赁和商务服务业							
科学研究、技术服务和地质勘查业	7057	6039	5209	7	5	5	5291
专业技术服务业	4703	3685	3455	4	3	2	2937
科技交流和推广服务业	1454	1454	1454	2	2	2	1454

3-13 续表3

单位：万元

行业	计划总投资	自开始建设至本年底累计完成投资	#本年完成投资	施工项目个数(个)	#本年新开工	本年投产项目个数(个)	本年新增固定资产
地质勘查业	900	900	300	1		1	900
水利、环境和公共设施管理业	577268	272842	168742	132	112	77	58890
水利管理业	127753	66016	46227	24	16	19	17666
环境管理业	58750	34385	28876	45	40	20	9555
公共设施管理业	390765	172441	93639	63	56	38	31669
居民服务和其他服务业	460	460	460	1	1	1	460
其他服务业	460	460	460	1	1	1	460
教育	159832	150498	138915	698	652	313	103760
教育	159832	150498	138915	698	652	313	103760
卫生、社会保障和社会福利业	88675	26136	17773	26	18	7	6044
卫生	85480	24836	16473	25	17	7	6044
社会福利业	3195	1300	1300	1	1		
文化、体育和娱乐业	37238	28747	26811	39	36	32	11784
广播、电视、电影和音像业	937	937	931	2	1	2	937
文化艺术业	29345	23592	21662	31	29	26	8510
体育	3782	1477	1477	3	3	2	365
娱乐业	3174	2741	2741	3	3	2	1972
公共管理和社会组织	31571	22369	17477	40	31	34	16778
中国共产党机关	2181	2181	2181	14	14	14	2181
国家机构	25892	17660	12768	22	13	17	12299
基层群众自治组织	3498	2528	2528	4	4	3	2298

3-14 非农户固定资产投资主要指标

单位: 万元

指标	2009	2010
一、投资总额	57584	71442
#国有经济控股	20291	19863
#住　宅	21071	8609
按隶属关系分		
中　央		
地　方	57584	71442
按登记注册类型分		
国　有	19061	19838
非国有	38523	51604
按构成分		
建筑工程	50884	44235
安装工程	1618	3850
设备工器具购置	4020	12642
其他费用	1062	10715
按建设性质分（不含房地产投资）		
新　建	19958	44780
扩　建	3417	9396
改建和技术改造	11813	9853
按三次产业分		
第一产业	10507	30297
第二产业	8957	18413
第三产业	38120	22732

3–14 续表

单位: 万元

指　标	2009	2010
二、新增固定资产	42264	55726
中央		
地方	42264	55726
三、建设项目(个)		
施工项目	111	161
中央		
地方	111	161
施工项目中本年新开工	108	106
全部建成投产项目	68	108
四、房屋建筑面积（平方米）		
本年施工房屋面积	186743	265067
#住宅	109120	72820
本年竣工房屋面积	117396	215969
#住宅	74920	33384
五、投资资金来源合计	52194	75383
上年结余资金	58	332
本年资金来源小计	52136	75051
国家预算内资金	5994	6991
国内贷款	300	4482
利用外资		
自筹资金	32472	54702
#企事业单位自有资金	9180	15191
其他资金来源	13370	8876

3-15 按国民经济行业分农村非农户固定资产投资

单位: 万元

行　业	2009	2010
总　　计	57584	71442
农、林、牧、渔业	10507	30297
农业	1893	3708
林业	266	200
畜牧业	6509	17296
渔　业		1600
农、林、牧、渔服务业	1839	7493
采矿业	2110	4825
煤炭开采和洗选业	1630	45
黑色金属矿采选业	480	3900
有色金属矿采选业		268
非金属矿采选业		612
制造业	6285	12889
农副食品加工业	1300	200
食品制造业		
饮料制造业		500
纺织业		
纺织服装、鞋、帽制造业		
皮革、毛皮、羽毛（绒）及其制品业	180	
造纸及纸制品业		300
石油加工、炼焦及核燃料加工业		
化学原料及化学制品制造业		
医药制造业		
非金属矿物制品业	3605	6960

3-15 续表1

单位: 万元

行业	2009	2010
黑色金属冶炼及压延加工业		
有色金属冶炼及压延加工业		
金属制品业		580
通用设备制造业	1200	4349
电气机械及器材制造业		
通信设备、计算机及其电子设备制造业		
仪器仪表及文化、办公用机械制造业		
工艺品及其他制造业		
电力、燃气及水的生产和供应业	562	699
电力、热力的生产和供应业		
燃气生产和供应业	50	
水的生产和供应业	512	699
建筑业		
房屋和土木工程建筑业		
交通运输、仓储和邮政业	4103	2110
铁路运输业		
道路运输业	4103	2110
仓储业		
信息传输、计算机服务和软件业		
电信和其他信息传输服务业		
批发和零售业	2008	1468
批发业	2008	1138
零售业		330
住宿和餐饮业		300
住宿业		

3-15 续表2

单位: 万元

行 业	2009	2010
金融业		
房地产业	20952	11860
房地产业	20952	11860
租赁和商务服务业		
商务服务业		
科学研究、技术服务	778	
水利、环境和公共设施管理业	3580	2027
水利管理业		240
环境管理业	3310	457
公共设施管理业	270	1330
居民服务和其他服务业		645
教育	4588	1055
卫生、社会保障和社会福利业	1211	578
卫生		88
文化、体育和娱乐业	530	1937
文化艺术业		1837
体育		100
公共管理和社会组织	370	752
中国共产党机关		
国家机构		449
群众团体、社会团体和宗教组织		
基层群众自治组织	370	303

3-16 房地产开发完成情况

项　目	计量单位	2009	2010
本年完成投资	万元	144405	181315
# 商品住宅		130264	159908
本年新增固定资产	万元	59995	72285
本年商品房屋销售额	万元	105965	143645
# 商品住宅		98731	136664
本年销售面积	平方米	817595	689488
# 商品住宅		783197	670708
本年施工房屋面积	平方米	2145818	3254558
# 商品住宅		1991998	2800530
本年新开工施工 房屋面积	平方米	1253219	1538921
# 商品住宅		1127104	1221470
本年竣工房屋面积	平方米	399074	446569
# 商品住宅		354544	405696
本年竣工房屋价值	万元	58004	65490
# 商品住宅		50476	58774

3-17 房地产开发施工、销售和空置情况（2010年）

指 标	计量单位	合 计	住 宅	#90平方米以下住房	#经济适用房	#别墅高档公寓	办公楼	商业营业用房	其 他
房屋施工面积	平方米	3254558	2800530	462057	80630		26025	345031	82972
#本年新开工		1538921	1221470	202103	30520		23955	254379	39117
房屋竣工面积	平方米	446569	405696	66529	13000			27896	12977
#不可销售		6953	5628	1440				612	713
商品住宅竣工套数	套		3821	946	144				
竣工房屋价值	万元	65490	58774	8352	1000			5027	1689
出租房屋面积	平方米	6012						6012	
商品房销售面积	平方米	689488	670708	50411	16910			12213	6567
现 房		68793	62307	11452	4645			4486	2000
期 房		620695	608401	38959	12265			7727	4567
商品房销售额	万元	143645	136664	8979	2823			6166	815
现 房		13172	10617	1862	557			2109	446
期 房		130473	126047	7117	2266			4057	369
商品住宅销售套数	套		5791	630	172				
现 房			648	175	49				
期 房			5143	455	123				
空置面积	平方米	64919	51863	14796				13056	
空置1-3年面积		32284	31859	236				425	
空置3年以上面积									

3-18 房地产开发资金来源情况（2010年）

单位: 万元

指　标	本年资金来源合计	上年末结余资金	本年资金来源小计				
				国内贷款	自筹资金	其他资金来源	# 定金及预付款
总　计	236005	35993	200012	7284	93112	99616	92854
按登记注册类型							
内　资	236005	35993	200012	7284	93112	99616	92854
国　有	6107	1954	4153	100		4053	3753
股份合作							
其他联营							
其他有限责任公司	167503	20359	147144	2450	66218	78476	73866
股份有限公司	3366	432	2934		2934		
私营独资							
私营合伙							
私营有限责任公司	58527	12986	45541	4734	23720	17087	15235
私营股份有限公司							
其他企业	502	262	240		240		
按隶属关系	236005	35993	200012	7284	93112	99616	92854
中　央							
省							
地　区	105259	15607	89652	2350	33602	53700	49110
县	60136	2557	57579		33257	24322	24302
乡　镇							
其　他	70610	17829	52781	4934	26253	21594	19442

3-19 房地产开发

指　标	计划总投资	累计完成投资	本年完成投资	# 土地开发投资额	建筑工程	安装工程	设备工器具购置
总　计	587901	390059	181315		128425	24218	802
按登记注册类型							
内　资	587901	390059	181315		128425	24218	802
国　有	72861	59073	5048		1968	2950	
股份合作							
其他联营							
其他有限责任公司	394245	251194	128303		96145	16114	596
股份有限公司	11531	4907	3197		2146	180	
私营独资							
私营合伙							
私营有限责任公司	108899	74446	44328		27879	4974	206
私营股份有限公司							
其他内资企业	365	439	439		287		
按隶属关系							
中　央							
省							
地　区	342601	243601	81697		54776	17502	366
县	122960	62285	49187		40878	1476	230
乡　镇							
其　他	122340	84173	50431		32771	5240	206

投资（2010年）

单位：万元

其他费用	#旧建筑物购置费	#土地购置费	住宅	#90平方米以下住房	#经济适用房	办公楼	商业营业用房	其他	本年新增固定资产
27870	117	21911	159908	22297	4800	895	16056	4456	72285
27870	117	21911	159908	22297	4800	895	16056	4456	72285
130		130	4548	1548	777		500		1621
15448	117	10899	112613	15192	3814	849	10826	4015	52434
871		871	3132	681		18	47		2000
11269		9859	39416	4677	209		4651	261	16230
152		152	199	199		28	32	180	
9053	117	5660	75800	6923	3591		4778	1119	43096
6603		5447	39515	9886		734	5862	3076	8310
12214		10804	44593	5488	1209	161	5416	261	20879

3-20 房地产开发企业

指 标	固定资产原 价	固定资产累计折旧	#本年折旧	资 产总 计	负 债总 计	所有者权益合计	经营收入总 计
总 计	197810	34263	7040	3812001	3082994	729007	990538
按登记注册类型							
内 资	197810	34263	7040	3812001	3082994	729007	990538
国 有	12895	4303	544	621978	659103	-37125	123603
集 体							
股份合作							
国有联营							
集体联营							
国有与集体联营							
其他联营							
国有独资公司							
其他有限责任公司	130809	24005	4255	2421634	1890450	531184	608329
股份有限公司	14794	783	474	33761	18605	15156	22570
私营独资	5000			5000		5000	
私营合伙							
私营有限责任公司	29183	3254	1767	719660	510439	209221	236036
私营股份有限公司							
其他内资企业	5129	1918		9968	4397	5571	
按隶属关系							
中 央							
省							
地 区	75700	18325	2966	2461134	2282229	178905	345973
县	67588	11173	1751	520955	237632	283323	356179
乡 镇							
其 他	54522	4765	2323	829912	563133	266779	288386

财务状况（2010年）

单位：万元

				经营成本	经营税金及附加	主营业务利润	利润总额	应交所得税	全部从业人员年平均人数
土地转让收入	商品房屋销售收入	房屋出租收入	其他收入						
	952530	1112	36896	837651	80226	71012	2197	8724	2665
	952530	1112	36896	837651	80226	71012	2197	8724	2665
	123526	75	2	102701	17373	3529	-3243	335	115
	571277	1037	36015	491368	46111	70255	21881	5281	1693
	22570			21598	1112	-198	-1237	111	347
									30
	235157		879	221984	15630	-2574	-14459	2997	459
							-745		21
	345074	897	2	287719	39841	18198	-23808	2921	700
	319949	215	36015	283959	21735	50115	38470	2364	1081
	287507		879	265973	18650	2699	-12465	3439	884

3-21 房地产开发企业土地购置、开发和空置情况（2010年）

单位：平方米

指　　标	待开发土地面积	本年购置土地面积	本年土地成交价款（万元）	契税（万元）	空置面积	#空置面积（一年至三年）	#空置面积（三年以上）
总　　计	80926	385768	17927	700	64919	32284	
按登记注册类型							
内资	80926	385768	17927	700	64919	32284	
国有		1670	130		11700		
集体							
股份合作							
国有联营							
集体联营							
国有与集体联营							
其他联营							
国有独资公司							
其他有限责任公司	41223	191556	8611	290	11763		
股份有限公司		7090	511	9			
私营独资							
私营合伙							
私营有限责任公司	39703	182095	8523	395	41456	32284	
私营股份有限公司							
其他内资企业		3357	152	6			
按隶属关系	80926	385768	17927	700			
中央							
省							
地区	41223	135233	5791	206	11763		
县		58897	3133	87			
乡镇							
其他	39703	191638	9003	407	53156	32284	

主要统计指标解释

全社会固定资产投资　是以货币形式表现的在一定时期内全社会建造和购置固定资产的工作量以及与此有关的费用的总称。该指标是反映固定资产投资规模、结构和发展速度的综合性指标,又是观察工程进度和考核投资效果的重要依据。全社会固定资产投资按登记注册类型可分为国有、集体、个体、联营、股份制、外商、港澳台商、其他等。

城镇固定资产投资　指城镇各种登记注册类型的企业、事业、行政单位及个体户进行的计划总投资(或实际需要总投资)50 万元及 50 万元以上的建设项目投资、房地产开发投资。县城及以上区域内发生的投资,县及县以上各级政府及主管部门直接领导、管理的建设项目和企业事业单位的投资均为城镇固定资产投资。

房地产开发投资　指各种登记注册类型的房地产开发公司、商品房建设公司及其他房地产开发法人单位和附属于其他法人单位实际从事房地产开发或经营活动的单位统一开发的包括统代建、拆迁还建的住宅、厂房、仓库、饭店、宾馆、度假村、写字楼、办公楼等房屋建筑物和配套的服务设施,土地开发工程(如道路、给水、排水、供电、供热、通讯、平整场地等基础设施工程)的投资;不包括单纯的土地交易活动。

农村投资　包括在农村区域范围内进行固定资产投资活动的企业、事业、行政单位及农村个人投资。

固定资产投资的资金来源　根据固定资产投资的资金来源不同,分为国家预算内资金、国内贷款、利用外资、自筹资金和其他资金。

(1)国家预算内资金:分为财政拨款和财政安排的贷款两部分。包括中央财政的基本建设基金(分经营性基金和非经营性基金两部分)、专项支出(如煤代油专项等)、收回再贷、贴息资金,财政安排的挖潜改造和新产品试制支出、城建支出、商业部门简易建筑支出、不发达地区发展基金等资金中用于固定资产投资的资金;地方财政中由国家统筹安排的资金等。

(2)国内贷款:指报告期固定资产投资单位向银行及非银行金融机构借入的用于固定资产投资的各种国内借款,包括银行利用自有资金及吸收的存款发放的贷款、上级主管部门拨入的国内贷款、国家专项贷款(包括煤代油贷款、劳改煤矿专项贷款等)、地方财政专项资金安排的贷款、国内储备贷款、周转贷款等。

(3)利用外资:指报告期收到的用于固定资产建造和购置的国外资金(包括设备、材料、技术在内)。包括对外借款(外国政府、国际金融组织贷款、出口信贷、外国银行商业贷款、对外发行债券和股票)、外商直接投资及外商其他投资。不包括我国自有外汇资金(国家外汇、地方外汇、留成外汇、调剂外汇和中国银行自有资金发行的外汇贷款等)。计算利用外资时,需要折算成人民币,折算中所使用的外汇汇率按现汇计算,即按使用外汇时的汇率计算。

(4)自筹资金:指固定资产投资单位报告期收到的,由各地区、各部门及企、事业单位筹集用于固定资产投资的预算外资金,包括中央各部门、各级地方和企、事业单位的自筹资金。

(5)其他资金:指在报告期收到的除以上各种资金之外其他用于固定资产投资的资金,包括企业或金融机构通过发行各种债券筹集到的资金、群众集资、个人资金、无偿捐赠的资金及其他单位拨入的资金等。

固定资产投资按国民经济行业分　根据建设项目建成投产后的主要产品或主要用途及社会经济活动性质来确定国民经济行业。一般情况下,一个建设项目或一个企业、事业单位只能属于一种国民经济行业。

固定资产投资按隶属关系分　是按建设单位或企业、事业、行政单位的主管上级机关确定的。

(1)中央:是指中共中央、人大常委会和国务院各部、委、局、总公司以及直属机构直接领导的建设项目企业、事业、行政单位。这些单位的固定资产投资计划由国务院各部门直接编制和下达，建设中所需物资、主要设备以及建设中的问题都由中央有关部门安排和解决。

(2)地方：是由省(自治区、直辖市)、地区(州、盟、省辖市)、县(旗、县级市)三级政府及业务主管部门直接领导和管理的建设项目、企业、事业、行政单位。地方项目还包括不隶属以上各级政府及主管部门的建设项目和企业、事业单位，如外商投资企业和无主管部门的企业等。

固定资产投资按建设性质分　根据整个建设项目情况来确定。建设项目的性质一般分为新建、扩建、改建和技术改造、迁建、恢复。

(1)新建：一般指从无到有"平地起家"开始建设的企业、事业和行政单位或建设项目。现有企业、事业、行政单位一般不属于新建。但如有的单位原有基础很小，经过建设后新增的固定资产价值超过该企、事业、行政单位原有固定资产价值(原值)三倍以上的也应作为新建。

(2)扩建：指在厂内或其他地点，为扩大原有产品的生产能力(或收益)或增加新的产品生产能力，而增建主要的生产车间(或主要工程)、分厂、独立的生产线。行政、事业单位在原单位增建业务用房(如学校增建教学用房、医院增建门诊部、病房等)也作为扩建。

现有企、事业单位为扩大原有主要产品生产能力或增加新的产品生产能力，增建一个或几个主要生产车间(或主要工程)、分厂，同时进行一些更新改造工程的，也应作为扩建。

(3)改建和技术改造：指现有企业、事业单位，对原有设施进行技术改造或更新(包括相应配套的辅助性生产、生活福利设施)的建设项目。现有企业、事业单位为适应市场变化的需要，而改变企业的主要产品种类(如军工企业转产民用品等)的建设项目，应作为改建。原有产品生产作业线由于各工序(车间)之间能力不平衡，为填平补齐充分发挥原有生产能力而增建不增加本企业主要产品设计能力的车间，也就在作为改建。技术改造是指企业、事业单位在现有基础上，用先进的技术代替落后的技术，用先进的工艺和装备代替落后的工艺和装备，以改变企业落的技术经济面貌，实现以内涵为主的扩大再生产，达到提高产品质量、促进产品更新换代、节约能源、降低消耗、扩大生产规模、全面提高社会经济效益的目的。技术改造具体包括以下内容：机器设备和工具的更新改造；生产工艺改革、节约能源和原材料的改造；厂房建筑和公共设施的改造；劳动条件和生产环境的改造等。

固定资产投资按构成分　固定资产投资活动按其工作内容和实现方式分为建筑安装工程，设备、工具、器具购置，其他费用三个部分。

(1)建筑安装工程(建筑安装工作量)：指各种房屋、建筑物的建造工程和各种设备、装置的安装工程。包括各种房屋建造工程；各种用途设备基础和各种工业窑炉的砌筑工程及金属结构工程；为施工而进行的各种准备工作和临时工程以及完工后的清理工作等；铁路、道路的铺设，矿井的开凿及石油管道的架设等；水利工程；防空地下建筑等特殊工程；列入房屋工程预算内的暖气、卫生、通风、照明、煤气等设备的价值及闭市油饰工程；列入建筑工程预算内的各种管道(蒸气、压缩空气、石油、给排水等管道)、电力、电讯电缆导线等的敷设工程；以及各种机械设备的安装工程；为测定安装工程质量，对设备进行的试运式工作；房地产开发单位进行的商品房屋开发建设工程、土地开发工程。

安装工程中，不包括被安装设备本身的价值。

(2)设备、工具、器具购置：指建设单位或企、事业单位购置或自制的，达到固定资产标准的设备、工具、器具的价值。新建单位扩建单位的新建车间，按照设计或计划要求购置或自制的全部设备、工具、器具，不论是否达到固定资产标准均计入"设备、工具、器具购置"中。

(3)其他费用：指在固定资产建造和购置过程中发生的，除上述几项内容以外的各种应分摊计入固定资产的费用。

施工项目 指报告期内进行建筑或安装施工活动的项目。凡是报告期内施过工的建设项目,不论施工时间长短,均作为施工项目统计。施工项目个数可以反映一定时期固定资产投资的实际规模,与同期全部建成投产项目个数相比,可以从建设速度的角度反映固定资产投资的效果。根据建设项目施工活动的不同性质,施工项目又分为:本年正式施工项目、本年收尾项目睡以前年度全部停缓建项目。

全部建成投产项目 工业项目指设计文件规定形成生产能力的主体工程琢其相应配套的辅助设施全部建成,经负荷试运转,证明具备生产设计规定合格产品的条件,并经过验收鉴定合格或达到竣工验收标准,与生产性工程配套的生活福利设施可以满足近期正常生产的需要,正式移交生产的建设项目非工业项目指设计文件规定的主体工程和相应的配套工程全部建成,能够发挥设计规定的全部效益,经验收鉴定合格或达到竣工验收标准,正式移交使用的建设项目。

新增生产能力(或工程效益) 指通过固定资产投资活动而增加的设计能力(或工程效益),该指标是以实物形态表现的反映固定资产投资成果的指标,也是考核投资经济效果的重要依据之一。

新增生产能力(或工程效益)一般有以下几种表现形式:

(1)用产品数量表示,以工程在单位时间内(一般是一年)所能生产的产品数量(即年产量)表示。如原煤矿开采用万吨/年表示,化学农药用吨/年表示,拖拉机制造用台/年表示等。某些化工产品由于含量差别大,按其设计含量计算折合量表示,如硫酸、纯碱、烧碱等。

(2)用单位时间内所能处理的原料数量表示,以工程每天(或小时)所能处理原料的数量表示。如机制糖工程日处理原料吨,食用植物油日处理原料吨,城市污水处理能力用万吨/日表示等。

(3)用新增加的主要设备的数量或容量表示,如新增棉布织机、丝织机等台数,毛纺锭等锭数,发电厂新增发电机组容量用千瓦表示等。

(4)用建筑物容积、容量、面积、长度表示,是非工业项目或工程新增效益的一种表现形式。如铁路投产里程、新建公路、水库容量、粮食仓库、学校学生席位、医院病床、有效灌溉面积等。

根据工程的特点,有时需要用两种或两种以上的复合计量单位表示新增生产能力(或工程效益),如新增内燃机生产能力同时用年产台数、千瓦数表示等。

房屋建筑面积 指房屋建筑物勒脚以上外墙外围的水平截面面积,包括房屋建筑物的有效面积和结构面积。该指标是从实物形态上反映建设规模和建设成果的重要指标之一,也是检查工程形象进度、计算工程造价、分析投资效果、研究施工任务和建筑材料之间平衡情况的重要依据。

住宅建筑面积 指施工和竣工房屋建筑面积中供居住用的房屋建筑面积。

施工面积 指报告期内施工的全部房屋建筑面积。包括本期新开工的面积和上期开工跨入本期继续施工的房屋面积,以及上期已停建在本期恢复施工的房屋面积。本期竣工和本期施工队工又停缓建的房屋,其建筑面积仍计入本期房屋施工面积中。

竣工面积 指在报告期内房屋建筑按照设计要求已经全部完工,达到住人和使用条件,经验收鉴定合格(或达到竣工验收标准),可正式移交使用的各栋房屋建筑面积的总和。

房屋建筑面积竣工率 指一定时期内房屋竣工面积占同期房屋施工面积的比率。是从房屋建筑施工速度的角度反映投资效果的指标。

新增固定资产 指报告期内已经完成建造和购置过程,并已交付生产或使用单位的固定资产价值。该指标是表示固定资产投资成果的价值指标,也是反映建设进度,计算固定资产投资效果的重要指标。

项目建设投产率 指一定时期内全部建成投产项目个数与同期施工项目个数的比率。该指标是从建设单位建设速度的角度反映投资效果的指标。

固定资产交付使用率 指一定时期新增固定资产与同期完成投资额的比率。该指标是反映固定资产动用速度，衡量建设过程中宏观投资效果的综合指标。由于新增固定资产是较长时期内形成的结果，而投资额则是当年完成的，因此，该指标一般适宜于反映较长时期内固定资产的动用情况。

商品房销售面积 指报告期内出售商品房屋的合同总面积（即双方签署的正式买卖合同中所确定的建筑面积）。由现房销售建筑面积和期房销售建筑面积两部分组成。

商品房销售额 指报告期内出售商品房屋的合同价款（即双方签署的正式买卖合同中所确定的合同总价）。该指标与商品房销售面积同口径，由现房销售和期房销售额两部分组成。

经济适用房 指根据地方经济适用房计划安排建设的政策性住宅。经济是指房屋建筑造价和销售售价格低于一般商品住宅；适用是指适合中低收入家庭购买使用。经济适用房主要是由地方政府统一下达投资计划，房地产公司开发，对外销售；用地一般采用行政划拨或招标投标方式，免收土地出让金；对各种经批准的收费减半征收，开发利润不超过 3%；销售价格实行政府指导价。该指标可以分析房地产投资结构，反映中低收入家庭商品住宅的供求平衡情况。

能源消费与库存

NENG YUAN XIAO FEI YU KU CUN

资 料 整 理 人 员

王俊梅　宿秀婧　寇艳清

4-1 煤炭产品产销存（2010年）

单位：万吨

产品名称	年初库存量	本月止累计收入量	#生产量	本月止累计销售量		
				合计	省内地销	售给煤焦集运站
原　煤	59.39	3209.79	3207.26	3188.70	1021.73	1355.61
规模以上工业企业	59.39	3209.79	3207.26	3188.70	1021.73	1355.61
其中：重点煤矿	42.42	813.09	813.09	834.04	315.39	59.95
规模以下工业企业及其它						
洗精煤	0.6	48.56	48.56	36.01	36.01	
其它洗煤		6.59	6.59	6.59	6.59	

产品名称	通过铁路直接售予外省市数	通过公路售予外省市数量	#通过铁路、公路供应出口	本月止累计企业自用量	水冲成自然损失量	盘盈(+)或盘亏(-)	月末库存量
原　煤	811.36			5.59	0.23	7.90	82.56
规模以上工业企业	811.36			5.59	0.23	7.90	82.56
其中：重点煤矿	458.70			3.78	0.23	-0.10	17.36
规模以下工业企业及其它							
洗精煤				12.50			0.65
其它洗煤							

4-2 焦炭产品产销存（2010年）

单位：万吨

产品名称	年初库存量	本月止累计收入量	#生产量	本月止累计销售量		
				合计	省内地销	售给煤焦集运站
焦　炭	9.18	169.46	169.46	171.01	33.50	
大机焦	8.88	155.26	155.26	157.11	19.60	
小机焦	0.30	14.20	14.20	13.90	13.90	
清洁型焦炭						
改良焦，土焦及其它焦						

产品名称	通过铁路直接售予外省市数	通过公路售予外省市数量	#通过铁路、公路供应出口	本月止累计企业自用量	水冲成自然损失量	盘盈(+)或盘亏(-)	月末库存量
焦　炭	137.51					-0.36	7.27
大机焦	137.51					-0.36	6.67
小机焦							0.6
清洁型焦炭							
改良焦，土焦及其它焦							

4-3 煤炭集运站收支与库存

单位：万吨

产品名称	年初库存量	本月止累计收购量	本月止累计销售量		
			合计	通过铁路直接售予外省市数	通过公路售予外省市数量
煤　炭	53.50	873.76	818.27	818.27	
原　煤	53.50	873.76	818.27	818.27	
洗精煤					
其它洗煤					

产品名称	其中:通过铁路、公路供应出口	水冲或自然损失量	盘盈（+）或盘亏（-）	月末库存量	附:年末已有发运能力
煤　炭				108.99	
原　煤				108.99	
洗精煤					
其它洗煤					

4-4 工业企业能源

能源名称	计量单位	年初库存量	1至本季购进量	
			实物量	金 额（千元）
原煤	吨	742737.44	9487250.37	3470571.70
其中：1.无烟煤	吨		6591.47	3691.22
2.炼焦烟煤	吨	25947.00	353968.91	229752.47
3.一般烟煤	吨	716780.44	9126689.99	3237128.01
4.褐煤	吨			
洗精煤	吨	209585.00	2251281.82	2840661.10
其它洗煤	吨	43224.01	34055.78	7381.60
煤制品	吨	2165.00	25906.97	22788.09
焦炭	吨	142710.61	195377.46	236163.42
其它焦化产品	吨			
焦炉煤气	万立方米		3004.66	14980.35
高炉煤气	万立方米			
转炉煤气	万立方米			
发生炉煤气	万立方米			
天然气（气态）	万立方米		10506.28	252904.96
液化天然气（液态）	吨			
煤层气（煤田）	万立方米			
原油	吨			
汽油	吨		2435.79	16050.37
煤油	吨			
柴油	吨	477.47	42379.23	299521.07
燃料油	吨		6.00	32.00
液化石油气	吨		1.00	7.00
炼厂干气	吨			
石脑油	吨			
润滑油	吨			
石蜡	吨			
溶剂油	吨			
石油焦	吨			
石油沥青	吨			
其它石油制品	吨	1.00	51.98	467.71
热力	百万千焦		260880.00	11760.00
电力	万千瓦时		278904.35	1461462.97
煤矸石用于燃料	吨		336438.77	49643.05
城市垃圾用于燃料	吨			
生物质废料用于燃料	吨			
余热余压	百万千焦			
其它工业废料用于燃料	吨			
其它燃料	吨标准煤			
能源合计	吨标准煤			

购进、消费与库存（2010年）

1至本季消费量				合计中：运输工具消费	期末库存量
合　计	1.工业生产消费	#用于原材料	2.非工业生产消费		
8993873.90	8881107.90	30460.00	112766.00		1325465.89
6591.47	6591.47				
335742.76	335034.76		708.00		44173.15
8651539.67	8539481.67	30460.00	112058.00		1281282.74
2185652.71	2185652.71				401702.55
48362.00	48362.00				28917.79
25775.89	25020.01		755.88		2296.08
207529.77	207529.77	43386.47			130558.30
3004.66	2929.04	106.35	75.62		
10506.28	10506.00		0.28		
2435.79	1119.22		1316.57	630.42	
41739.61	38090.24	693.00	3649.37	1490.72	1117.09
6.00	6.00				
1.00			1.00		
51.73	51.73				
9023316.00	8762436.00		260880.00		
476924.45	455804.44		21120.01		
563429.77	563429.77				
9033940.26	8911353.38		122586.88		

4-5 工业企业能源购进 、消费与库存附表

能源名称	计量单位	工业生产消费量	加工转换投入合计	火力发电	供热	原煤入洗	炼焦	能源加工转换产出
原煤	吨	8318832.13	8264431.85	6863729.52	796983.57	500018.76	103700.00	
其中：1.无烟煤	吨							
2.炼焦烟煤	吨	246084.76	246084.76			246084.76		
3.一般烟煤	吨	8072747.37	8018347.09	6863729.52	796983.57	253934.00	103700.00	
4.褐煤	吨							
洗精煤	吨	2174354.71	2174354.71				2174354.71	323300.40
其它洗煤	吨	27124.00	27124.00	12477.00	14647.00			86862.56
煤制品	吨							
焦炭	吨	53799.15						1694705.00
其它焦化产品	吨							79482.78
焦炉煤气	万立方米							9991.00
高炉煤气	万立方米							
转炉煤气	万立方米							
发生炉煤气	万立方米							
天然气（气态）	万立方米	10494.00						
液化天然气（液态）	吨							
煤层气（煤田）	万立方米							
原油	吨							
汽油	吨	337.45						
煤油	吨							
柴油	吨	1919.65						
燃料油	吨							
液化石油气	吨							
炼厂干气	吨							
石脑油	吨							
润滑油	吨							
石蜡	吨							
溶剂油	吨							
石油焦	吨							
石油沥青	吨							
其它石油制品	吨							
热力	百万千焦	8762436.00						12573130.20
电力	万千瓦时	159623.41						1385624.52
煤矸石用于燃料	吨	563429.77	563399.87	374652.77	188747.10			
城市垃圾用于燃料	吨							
生物质废料用于燃料	吨							
余热余压	百万千焦							
其它工业废料用于燃料	吨							
其它燃料	吨标准煤							
能源合计	吨标准煤	7914597.77	7213938.25	4333738.93	492043.76	357163.40	2030992.15	4253833.18

主要统计指标解释

能源资源 指报告期全省各种能源资源总量。能源品种包括原煤、洗精煤、焦炭、原油、汽油、柴油、煤油、燃料油、天然气、焦炉煤气、其他煤气、其他焦化制品、热力、电力等品种。能源资源组成包括三部分:

1.期初、期末库存量是指一定时点各种能源的库存量,其中包括产成品库存量,各种能源库存量。产成品库存量中,还包括乡村企业能源产成品库存量。

2.一次能源生产量是指报告期一次能源的生产量,其中包括原煤、水电、天然气(煤矿瓦斯)的生产量,不包括太阳能、风能产量。由一次能源加工转换产出的二次能源产量不包括在内。

3.外省市调入量是指报告期调入的各种能源数量。我省从外省市调入的能源主要是石油制品:汽油、柴油、煤油、燃料油及电网交界处输入部分电力和相邻省调入的部分煤炭。

能源消费总量 是指报告期全省用于生产、生活的各种能源消费量的总和。能源消费总量按标准煤折算。能源消费总量中包括:原煤、原油及其制品、天然气、电力,不包括生物能和太阳能等的利用。能源消费总量包括三部分:

1.能源终端消费量 指报告期全省物质生产部门、非物质生产部门的各种能源消费量。不包括加工转换损失量和运输、管理中的损失量。

2.能源加工转换损失量 指全省投入加工转换的各种能源数量和与产出能源及制品之和的差数,是能源加工转换过程的消费量,也称加工转换损失量。

3.损失量 指能源的运输、储存中发生的经营管理损失量,包括煤炭库存中的水冲、自然等损失量。

能源生产量弹性系数 是研究能源生产量的增长与国民经济增长之间关系的指标。国民经济年平均增长速度,可根据不同目的的需要,用工农业总产值、国内生产总值等指标来计算,本资料是采用国内生产总值指标计算的。其计算公式为:

$$\text{能源生产弹性系数}=\frac{\text{能源生产量年平均增长速度}}{\text{国内生产总值年平均增长速度}}\times 100\%$$

电力生产弹性系数 是研究电力生产的增长与国民经济增长之间关系的指标。其计算公式为:

$$\text{电力生产弹性系数}=\frac{\text{电力生产量年平均增长速度}}{\text{国内生产总值年平均增长速度}}\times 100\%$$

能源消费增长弹性系数 是反映能源消费增长速度与国民经济增长速度之间比例关系的指标。其计算公式为:

$$\text{能源消费弹性系数}=\frac{\text{能源消费年平均增长速度}}{\text{国内生产总值年平均增长速度}}\times 100\%$$

电力消费弹性系数 是反映电力消费增长速度与国民经济增长速度之间比例关系的指标。其计算公式为:

$$\text{电力消费弹性系数}=\frac{\text{电力消费年平均增长速度}}{\text{国内生产总值年平均增长速度}}\times 100\%$$

能源加工转换效率 是指报告期内一次能源产品经过加工转换后,产出的各种能源产品及其制品的数量,与同期投入加工转换的各种一次能源数量的比率。它是观察能源加工转换装置和生产工艺先进与落后、管理水平高低等的重要指标。

能源外调量 是报告期通过铁路、公路售给外省市、供应外贸出口的各种能源数量,我省调给外省市煤炭、焦炭和供应外贸出口煤炭均居全国首位。

一、二次能源外调量构成 是报告期各种能源外调量在能源外调总量中的结构比,它全面反映山西能源加工工业的发展,外调能源结构变化,原煤外调量所占比例逐年减少,二次能源外调量所占比例上升,供应的优质能源逐年增加,它是反映能源产业结构变化的重要标志。

物价

WU JIA

资 料 整 理 人 员

宿清梅　郭美英　李全英

5-1 1978—2010年居民消费价格总指数

年 份	1980年 价格=100 1980=100	1985年 价格=100 1985=100	1990年 价格=100 1990=100	1995年 价格=100 1995=100	2000年 价格=100 2000=100	2005年 价格=100 2005=100	上 年 价格=100
1978							100.1
1979							101.1
1980	100.0						100.5
1981	100.9						100.9
1982	102.5						101.6
1983	103.0						100.5
1984	104.6						101.5
1985	112.9	100.0					108.0
1986	120.8	107.0					107.0
1987	131.8	116.7					109.1
1988	163.1	144.4					123.7
1989	190.8	169.0					117.0
1990	197.5	174.9	100.0				103.5
1991	212.3	188.0	107.5				107.5
1992	234.6	207.7	118.8				110.5
1993	282.5	250.1	143.0				120.4
1994	352.8	312.4	178.6				124.9
1995	412.4	365.2	208.8	100.0			116.9
1996	440.0	389.7	222.8	106.7			106.7
1997	451.9	390.5	223.3	106.9			100.2
1998	437.9	378.4	216.3	103.6			96.9
1999	431.3	372.7	213.1	102.1			98.5
2000	442.1	382.0	218.4	104.6	100.0		102.5
2001	438.6	379.0	216.7	103.8	99.2		99.2
2002	429.8	371.4	212.3	101.7	97.2		98.0
2003	432.8	374.0	213.8	102.4	97.9		100.7
2004	442.3	382.2	218.5	104.7	100.1		102.2
2005	452.5	391.0	262.9	107.1	102.4	100.0	102.3
2006	462.0	399.2	268.4	109.3	104.5	102.1	102.1
2007	484.2	418.4	281.3	114.6	109.5	107.0	104.8
2008	516.2	446.0	299.9	122.2	116.7	114.1	106.6
2009	515.2	445.1	299.3	122.0	116.5	113.9	99.8
2010	529.6	457.5	307.7	125.4	119.8	117.1	102.8

5-2 1978—2010年商品零售价格总指数

年 份	1980年价格=100 1980=100	1985年价格=100 1985=100	1990年价格=100 1990=100	1995年价格=100 1995=100	2000年价格=100 2000=100	2005年价格=100 2005=100	上 年价格=100
1978							100.2
1979							100.2
1980	100.0						100.5
1981	101.0						101.0
1982	102.3						101.3
1983	102.8						100.5
1984	103.9						101.0
1985	111.0	100.0					106.9
1986	118.1	106.4					106.4
1987	129.2	116.4					109.4
1988	161.2	145.2					124.7
1989	187.3	168.7					116.2
1990	192.3	173.2	100.0				102.7
1991	205.0	184.7	106.6				106.6
1992	224.7	202.4	116.8				109.6
1993	261.5	235.6	136.0				116.4
1994	318.8	287.2	165.8				121.9
1995	367.3	330.8	191.0	100.0			115.2
1996	389.7	351.0	202.7	106.1			106.1
1997	395.2	355.9	205.5	107.6			101.4
1998	379.4	341.7	197.3	103.3			96.0
1999	366.1	329.7	190.4	99.7			96.5
2000	353.3	318.2	183.7	96.2	100.0		96.5
2001	340.9	307.0	177.3	92.8	96.5		96.5
2002	337.5	303.9	175.5	91.9	95.5		99.0
2003	329.4	296.6	171.3	89.7	93.2		97.6
2004	332.1	299.0	172.7	90.4	94.0		100.8
2005	327.7	295.1	170.4	89.2	92.8	100.0	98.7
2006	332.7	299.6	173.0	90.6	94.2	101.5	101.5
2007	346.3	311.8	180.1	94.3	98.0	105.7	104.1
2008	370.9	333.9	192.9	101.0	105.0	113.2	107.1
2009	366.8	330.2	190.8	99.9	103.9	112.0	98.9
2010	372.7	335.5	193.9	101.5	105.6	113.8	101.6

5-3 商品零售价格分类指数（2010年）

上年价格 = 100

指　　标	市　区	指　　标	市　区
商品零售价格总指数	101.6	鸭	
一、食品	109.0	其　他	
1.粮食	111.3	（3）肉禽加工制品	101.2
大　米	125.7	畜肉制品	100.2
面　粉	106.9	禽制品	103.6
粮食制品	104.1	6.蛋	110.8
其　他	119.4	鲜　蛋	111.0
2.淀粉	99.5	蛋 制 品	106.0
淀　粉	99.5	7.水产品	111.0
3.干豆类及豆制品	107.5	（1）鱼	114.0
干　豆	138.3	淡 水 鱼	113.3
豆 制 品	102.0	海 水 鱼	114.6
4.油脂	100.0	（2）其他水产品	99.9
食用植物油	100.6	虾 蟹 类	99.3
植物油制品	98.7	其　他	102.1
其　他	100.2	8.菜	125.1
5.肉禽及其制品	102.0	鲜　菜	126.3
（1）食用畜肉及副产品	101.7	干菜及菜制品	106.7
猪　肉	103.2	薯　类	118.3
牛　肉	102.8	9.调味品	101.6
羊　肉	94.2	盐	100.0
畜肉副产品	100.4	酱　油	100.0
其　他		醋	101.6
（2）禽	105.9	味　精	107.5
鸡	105.9	其　他	106.9

5-3 续表1

上年价格 = 100

指　　标	市　区	指　　标	市　区
10.糖	105.8	（1）茶叶	100.0
食　糖	116.9	茶　叶	100.0
糖　果	100.4	（2）饮料	106.5
巧克力制品	102.3	固体饮料	111.5
糖类小食品	101.1	液体饮料	104.1
11.干鲜瓜果	116.0	冷冻饮品	100.0
鲜瓜果	117.9	2.烟草	100.0
干(坚)果	109.7	国产卷烟	100.0
12.糕点饼干面包	102.2	进口卷烟	100.0
糕　点	100.5	其　他	100.0
饼　干	105.1	3.酒	121.1
面　包	101.9	白　酒	126.2
13.液体乳及乳制品	103.1	葡萄酒	102.3
巴氏杀菌奶或消毒奶	104.5	啤　酒	104.1
酸　奶	100.0	其　他	108.3
奶　粉	100.8	三、服装、鞋帽	97.6
其　他	100.0	1.服装	98.3
14.在外用膳食品	104.1	（1）男式服装	94.9
主　食	103.3	大　衣	98.4
炒　菜	103.1	毛线衣	97.3
地方小吃	114.7	夹克衫	100.8
15.其他食品	105.9	衬　衫	103.0
其他食品	105.9	T恤衫	78.6
二、饮料、烟酒	106.0	裤　子	93.0
1.茶及饮料	105.4	西　服	86.7

5-3 续表2

上年价格＝100

指　　标	市　区	指　　标	市　区
运动衫裤	99.2	童　鞋	98.1
内　衣	108.2	（2）袜子	100.9
羽绒衣	106.8	男　袜	102.7
其　他	88.5	女　袜	99.4
（2）女式服装	99.1	（3）帽子	101.7
大　衣	93.2	男　帽	118.4
毛线衣	93.4	女　帽	91.2
羽绒衣	109.3	3.其他	99.8
套　装	90.9	领　带	99.8
衬　衫	96.3	四、纺织品	106.7
T恤衫	93.1	1.衣着材料	107.4
裙　子	102.8	棉　布	115.7
裤　子	104.6	棉混纺布	119.8
运动衫裤	98.7	化纤布	104.3
内　衣	107.2	毛　线	96.9
其　他	96.7	2.床上用品	106.0
（3）儿童服装	106.0	毛　毯	108.4
套　装	104.4	被　子	109.9
裤　子	114.4	床上套件	101.1
裙　子	98.1	其　他	107.8
其　他	100.4	五、家用电器及音像器材	86.4
2.鞋袜帽	95.0	1.家庭设备	87.5
（1）鞋	94.0	洗衣机	80.7
男　鞋	85.1	电风扇	88.5
女　鞋	97.2	电冰箱（柜）	90.5

5-3 续表3

上年价格 = 100

指　　标	市　　区	指　　标	市　　区
吸排油烟机	75.7	其　他	
空 调 器	95.4	七、日用品	98.7
热 水 器	92.1	1.日用百货	98.7
微 波 炉	78.9	自 行 车	92.1
电 炊 具	88.0	雨　具	106.5
2.文娱用耐用消费品	84.8	剃须刀具	
电 视 机	90.7	电　池	100.3
激光视盘机	73.8	卫 生 纸	100.0
摄 像 机	74.1	卫 生 巾	105.4
家用音响设备	90.0	其　他	101.6
便携式音响	92.3	2.日用杂品	102.9
其　他	79.7	茶　具	101.6
3.音像器材	89.2	餐　具	110.3
专业音响器材	96.8	厨　具	93.7
专业声像器材	73.2	其　他	
六、文化办公用品	88.9	3.洗涤用品	98.5
纸张本册	100.0	洗 衣 粉	100.0
文　具	100.0	肥 皂 类	101.1
电脑及配件	72.0	牙　膏	100.0
打印机及配件	82.4	清洁洗涤剂	89.0
扫 描 仪	89.5	4.其他日用品	95.8
复 印 机	88.7	燃气灶具	81.1
电子辞典	96.6	儿童玩具	99.9
计 算 器	100.0	照明器具	100.0
教学设备	100.0		

5-3 续表4

上年价格＝100

指　　标	市　区	指　　标	市　区
钟表眼镜及配件	96.0	柜	94.4
日用普通饰品	102.8	床	88.1
日用皮革制品	99.4	桌	92.9
其　他	100.0	椅	88.8
八、体育娱乐用品	99.9	沙　发	94.0
1.体育用品	100.8	其　他	81.1
球　类	98.7	十一、化妆品	102.3
棋　牌	103.2	护 肤 品	106.9
健身器材	101.1	美容化妆品	100.7
2.娱乐用品	99.3	护发美容品	100.0
游艺器材	100.0	清洁化妆用品	102.0
照相器材	98.5	药物美容用品	100.2
乐　器	99.4	十二、金银珠宝	111.7
九、交通、通信用品	87.5	金 饰 品	110.8
1.交通运输机械	94.7	银 饰 品	101.1
轿　车	95.6	铂金饰品	125.5
客　车	97.8	其　他	85.6
货　车	92.3	十三、中西药品及医疗保健用品	107.8
摩 托 车	90.8	1.医疗器具及用品	103.7
其　他	94.6	医疗器具及用品	103.7
2.通信器材	77.9	2.中药材及中成药	120.9
固定电话机	100.0	中 药 材	136.6
移动电话机	56.8	中 成 药	101.9
传 真 机	80.4	3.西药	100.8
其　他	105.4	抗微生物药	101.5
十、家具	91.9		

5-3 续表5

上年价格 = 100

指　　标	市　　区	指　　标	市　　区
消化系统用药	95.2	原　煤	103.7
呼吸系统用药	103.4	煤制品	103.9
解热镇痛及非甾体抗炎药	101.7	2.石油及制品	106.7
抗肿瘤药	100.0	液化石油气	102.3
激素及调节内分泌功能药	98.5	管道燃气	100.0
循环系统用药	101.3	汽　油	114.2
神经系统用药	104.2	柴　油	115.9
专科用药	100.5	其　他	99.5
其　他	101.3	十六、建筑材料及五金电料	102.9
4.保健品及器具	100.7	1.建筑装璜材料	104.6
保健器具	100.1	木　材	102.5
滋补保健用品	101.0	木地板	98.1
十四、书报杂志及电子出版物	102.6	钢　材	114.5
1.教材及参考书	106.6	砖	111.2
工具书	100.0	水　泥	100.2
教　材	112.6	涂　料	99.5
参考书	100.0	胶合板	97.6
教育软件	101.3	玻　璃	116.8
2.书报杂志	100.0	粘　胶	102.2
书　籍	100.0	油　漆	95.0
报　纸	100.0	其　他	97.9
杂　志	100.0	2.五金电料	100.3
3.电子音像制品	98.6	五金工具	99.4
音响光盘和磁带	100.0	电工电料	106.5
录像磁带和视盘	99.1	水暖器材	93.8
计算机软件	95.2	其　他	102.8
十五、燃料	106.0		
1.煤炭及制品	103.8		

5-4 居民消费价格分类指数（2010年）

上年价格＝100

指　　标	市　　区	指　　标	市　　区
居民消费价格总指数	102.8	6.蛋	110.8
一、食品	109.3	鲜　蛋	111.0
1.粮食	111.3	蛋 制 品	106.0
大　米	125.7	7.水产品	111.0
面　粉	106.9	（1）鱼	114.0
粮食制品	104.1	淡 水 鱼	113.3
其　他	119.4	海 水 鱼	114.6
2.淀粉	99.5	（2）其他水产品	99.9
淀　粉	99.5	虾 蟹 类	99.3
3.干豆类及豆制品	107.5	其　他	102.1
干　豆	138.3	8.菜	125.1
豆 制 品	102.0	鲜　菜	126.3
4.油脂	100.0	干菜及菜制品	106.7
食用植物油	100.6	薯　类	118.3
植物油制品	98.7	9.调 味 品	101.6
其　他	100.2	盐	100.0
5.肉禽及其制品	102.0	酱　油	100.0
（1）食用畜肉及副产品	101.7	醋	101.6
猪　肉	103.2	味　精	107.5
牛　肉	102.8	其　他	106.9
羊　肉	94.2	10.糖	105.8
畜肉副产品	100.4	食　糖	116.9
其　他		糖　果	100.4
（2）禽	105.9	巧克力制品	102.3
鸡	105.9	糖类小食品	101.1
鸭		11.茶及饮料	105.4
其　他		（1）茶叶	100.0
（3）加工肉禽	101.2	茶　叶	100.0
畜肉制品	100.2	（2）饮料	106.5
禽 制 品	103.6		

5-4 续表1

上年价格 = 100

指　　标	市　　区	指　　标	市　　区
固体饮料	111.5	啤　酒	104.1
液体饮料	104.1	其　他	108.3
冷冻饮品	100.0	3.吸烟、饮酒用品	100.0
12.干鲜瓜果	116.0	吸烟用品	100.0
鲜 瓜 果	117.9	饮酒用品	100.0
干（坚）果	109.7	三、衣着	98.1
13.糕点饼干	102.2	1.服　装	98.5
糕　点	100.5	（1）男式服装	94.9
饼　干	105.1	大　衣	98.4
面　包	101.9	毛 线 衣	97.3
14.液体乳及乳制品	103.1	夹 克 衫	100.8
巴氏杀菌奶或消毒奶	104.5	衬　衫	103.0
酸　奶	100.0	T恤 衫	78.6
奶　粉	100.8	裤　子	93.0
其　他	100.0	西　服	86.7
15.在外用膳食品	104.1	运动衫裤	99.2
主　食	103.3	内　衣	108.2
炒　菜	103.1	羽 绒 衣	106.8
地方小吃	114.7	其　他	88.5
16.其他食品	105.9	（2）女式服装	99.1
其他食品	105.9	大　衣	93.2
二、烟酒及用品	106.4	毛 线 衣	93.4
1.烟草	100.0	羽 绒 衣	109.3
国产卷烟	100.0	套　装	90.9
进口卷烟	100.0	衬　衫	96.3
其　他	100.0	T恤 衫	93.1
2.酒	121.1	裙　子	102.8
白　酒	126.2	裤　子	104.6
葡 萄 酒	102.3	运动衫裤	98.7

5-4 续表2

上年价格 = 100

指　　标	市　　区	指　　标	市　　区
内　衣	107.2	柜	94.4
其　他	96.7	床	88.1
（3）儿童服装	106.0	桌	92.9
套　装	104.4	椅	88.8
裤　子	114.4	沙　发	94.0
裙　子	98.1	其　他	81.1
其　他	100.4	（2）家庭设备	87.5
2.衣着材料	107.4	洗 衣 机	80.7
棉　布	115.7	电 风 扇	88.5
棉混纺布	119.8	电冰箱　（柜）	90.5
化 纤 布	104.3	吸排油烟机	75.7
毛　线	96.9	空 调 器	95.4
3.鞋袜帽	95.1	热 水 器	92.1
（1）鞋	94.1	微 波 炉	78.9
男　鞋	85.1	电 炊 具	88.0
女　鞋	97.2	2.室内装饰品	94.3
童　鞋	98.1	纺织装饰品	93.0
（2）袜子	100.9	装饰灯具	92.7
男　袜	102.7	其　他	98.4
女　袜	99.4	3.床上用品	106.0
（3）帽子	101.7	毛　毯	108.4
男　帽	118.4	被　子	109.9
女　帽	91.2	床上套件	101.1
4.衣着加工服务费	113.7	其　他	107.8
缝　纫	105.2	4.家庭日用杂品	101.6
清　洗	119.0	茶　具	101.6
四、家庭设备用品及维修服务	96.4	餐　具	110.3
1.耐用消费品	89.1	厨　具	93.7
（1）家　具	91.7	家用手工工具	100.7

5-4 续表3

上年价格 = 100

指　　标	市　　区	指　　标	市　　区
洗涤用品	100.4	检查费	111.2
其　他	103.9	手术费	100.2
5.家庭服务及加工维修服务	112.0	住院费	102.3
家庭服务	116.7	理疗费	103.8
加工维修服务	107.8	化验费	100.0
五、医疗保健和个人用品	104.6	其　他	100.0
1.医疗保健	105.0	2.个人用品及服务	103.7
（1）医疗器具及用品	103.7	（1）化妆美容用品	102.4
医疗器具及用品	103.7	化妆美容器具	97.6
（2）中药材及中成药	117.7	美容化妆品	100.7
中药材	136.6	护肤品	106.9
中成药	101.9	护发美容品	100.0
（3）西药	100.8	（2）清洁化妆用品	101.5
抗微生物药	101.5	洗发用品	100.0
消化系统用药	95.2	洗浴用品	99.6
呼吸系统用药	103.4	其　他	108.1
解热镇痛及非甾体抗炎药	101.7	（3）个人饰品	110.5
抗肿瘤药	100.0	首　饰	123.8
激素及调节内分泌功能药	98.5	皮　件	99.3
循环系统用药	101.3	手　表	96.0
神经系统用药	104.2	领　带	99.8
专科用药	100.5	其　他	90.9
其　他	101.3	（4）个人服务	100.5
（4）保健器具及用品	100.7	美　容	103.1
保健器具	100.1	理（烫）发	100.3
滋补保健用品	101.0	洗　浴	99.0
（5）医疗保健服务	102.8	其　他	97.7
挂号费	100.0	六、交通和通信	97.0
注射费	100.0	1.交通	100.3

5-4 续表4

上年价格 = 100

指　　标	市　区	指　　标	市　区
（1）交通工具	92.8	其　他	93.6
摩 托 车	90.8	（2）通信服务	100.0
自 行 车	92.1	移动通信费	100.0
轿　车	95.6	市内电话费	100.0
其　他	99.9	长途电话费	100.0
（2）车用燃料及零配件	110.7	月租费	100.0
汽　油	114.2	上网费	100.0
柴　油	115.9	信件邮寄	100.0
零 配 件	100.0	包裹邮寄	100.0
其　他	100.0	其　他	100.0
（3）车辆使用及维修费	100.9	七、娱乐教育文化用品及服务	97.9
驾 驶 证	105.2	1.文娱用耐用消费品及服务	83.4
保 险 费	100.0	电 视 机	90.7
停 车 费	100.0	激光视盘机	73.8
车辆修理服务费	100.0	摄 像 机	74.1
其　他	100.0	照 相 机	80.1
（4）市区公共交通费	102.0	家用音响	90.0
公共汽车票	100.0	便携式音响	92.3
出租汽车	104.5	电　脑	72.0
其　他	100.0	修理服务	100.0
（5）城市间交通费	100.7	其　他	79.7
飞 机 票		教育	100.7
火 车 票	100.0	（1）教材及参考书	106.6
长途汽车	101.0	工 具 书	100.0
其　他		教　材	112.6
2.通信	94.7	参 考 书	100.0
（1）通信工具	62.4	教育软件	101.3
固定电话机	100.0	（2）学杂托幼费	100.2
移动电话机	56.8	义务教育杂费	

5-4 续表5

上年价格 = 100

指　　标	市　区	指　　标	市　区
非义务教育学杂费	100.0	其他住宿	100.0
技能培训学费	101.4	八、居住	101.8
托幼费	101.1	1.建房及装修材料	103.1
其　他	100.0	木　材	102.5
3.文化娱乐类	101.4	木地板	98.1
（1）文化娱乐用品	97.7	砖	111.2
乐　器	99.4	水　泥	100.2
音响光盘和磁带	100.0	涂　料	99.5
照相胶卷和存储卡	82.9	胶合板	97.6
录像磁带和视盘	99.1	玻　璃	116.8
儿童玩具	99.9	粘　胶	102.2
纸张本册	100.0	油　漆	95.0
文　具	100.0	其　他	97.9
体育用品	99.2	2.租房	108.1
其　他	100.0	公房房租	100.0
（2）书报杂志	100.0	私房房租	111.9
书　籍	100.0	其他费用	100.0
报　纸	100.0	3.自有住房	100.3
杂　志	100.0	房屋贷款利率	100.5
（3）文娱费	106.6	物业管理费用	100.0
电影票	133.3	维护修理费用	100.0
景点门票	100.0	其　他	100.0
有线电视	100.0	4.水、电、燃料	100.7
健身活动	99.7	水	100.0
其　他	100.0	电	100.0
4.旅游	101.0	液化石油气	102.3
旅行社收费	101.5	管道燃气	100.0
宾馆住宿	100.0	其他燃料	105.4

5-5 调查市县居民消费价格指数（2010年）

上年价格=100

市　县	居民消费价格总指数	食品类	烟酒及用品类	衣着类	家庭设备及用品类	医　疗保健类	交通和通讯类	娱乐教育文化类	居住类
市平均	102.8	107.4	102.8	98.1	101.2	104.2	97.9	99.5	102.7
忻州	102.8	109.3	106.4	98.1	96.4	104.6	97.0	97.9	101.8
定襄	102.7	106.1	101.9	99.9	100.0	103.6	101.8	100.0	102.4
五寨	102.5	104.8	104.8	97.5	102.9	104.4	99.0	100.5	102.8
河曲	103.3	109.8	98.5	101.2	98.4	100.1	98.9	95.5	101.7
五台	102.9	106.5	100.0	102.6	99.5	102.4	99.0	103.0	100.1
原平	102.7	108.0	105.3	89.3	109.7	110.2	91.8	100.3	107.4

5-6 调查市县商品

类别	市平均	忻州	定襄
总指数	102.6	101.6	102.6
一、食品类	107.4	109.0	106.5
二、饮料、烟酒类	102.7	106.0	101.2
三、服装、鞋帽类	97.9	97.6	99.8
四、纺类	102.8	106.7	99.6
五、家用电器类	100.1	86.4	98.9
六、文化用品类	94.9	88.9	99.0
七、日用品类	101.5	98.7	101.2
八、体育用品	98.0	99.9	101.9
九、交通、通讯类	98.6	87.5	96.8
十、家俱类	97.8	91.9	100.0
十一、化妆品类	102.3	102.3	101.8
十二、金银珠宝类	107.5	111.7	100.0
十三、中西药品类	105.5	107.8	107.3
十四、书报杂志类	99.3	102.6	100.0
十五、燃料类	102.9	106.0	106.1
十六、建材类	102.8	102.9	103.6

零售价格指数（2010年）

上年价格=100

五寨	河曲	五台	原平
102.1	103.6	102.9	102.8
105.4	109.7	105.0	108.8
105.8	100.7	100.3	102.1
96.5	101.0	102.6	89.8
107.9	96.5	101.7	104.3
99.4	100.1	113.4	102.6
96.6	98.5	99.4	87.0
100.6	99.2	99.5	109.9
98.4	100.9	97.4	89.7
98.2	107.3	96.0	105.8
103.7	90.2	99.4	101.6
101.7	104.0	98.8	105.4
99.9	110.3	116.0	107.3
102.9	100.6	101.8	112.7
104.8	95.8	100.0	92.3
106.0	95.5	104.1	99.7
101.6	101.3	99.9	107.3

5-7 2002-2010年原材料、燃料动力购进价格指数

上年价格=100

名　　称	2002	2003	2004	2005	2006	2007	2008	2009	2010
总 指 数	99.7	109.2	114.3	124.3	105.6	105.1	121.6	102.2	106.5
一、燃料动力类	100.6	113.9	121.7	132.5	106.8	104.8	124.5	109.8	102.8
二、黑色金属材料类	100.4	106.9	114.9	113.0	98.1	109.3	119.2	86.7	108.3
钢　材	100.1				96.7	101.3	105.5	74.0	88.2
其　他	101.0	106.9	114.9	113.0	98.8	112.0	124.2	89.8	119.2
三、有色金属材料和电线类	96.8	104.4	108.3	110.3	113.5	100.0	104.0	75.4	95.8
四、化工原料类	102.7	101.1	103.7	119.7	92.2	103.7	162.7	70.5	105.2
五、木材及纸浆类	98.7				105.2	98.3	109.0	109.3	88.5
六、建筑材料及非金属矿类	101.5	100.2	99.7	106.4	108.7	100.7	112.5	112.7	108.8
七、其他工业原材料及半成品类	98.8	101.1	104.9		104.8	103.9	101.0	107.4	124.8
八、农副产品类	97.7			112.1	112.0	106.0	117.3	105.4	122.2
九、纺织原料类				107.1			100.0		

5-8 2007-2010年房地产价格指数

上年价格＝100

名　　称	2007	2008	2009	2010
房屋销售价格指数		101.3	106.3	108.1
一、商品房		101.2	106.9	108.4
㈠住　宅		101.2	106.9	108.4
1.经济适用房		100.0		
2.普通住宅	106.6	101.2	107.1	110.2
⑴多　层	106.8	101.5	108.4	107.8
⑵高　层	105.3	100.9	103.8	109.9
⑶其　他			101.9	104.9
3.高档住宅	104.2	100.0	100.8	100.6
⑴别　墅			100.8	100.6
⑵高档公寓				
㈡非住宅				
1.办公楼				
⑴写字楼				
⑵普通办公用房				
2.商业娱乐用房	107.1		100.0	
3.工业仓储用房	101.1			
4.其它用房				
二、二手房		101.4	105.7	108.6
㈠住　宅		101.4		108.6
1.高　层		101.3	100.8	102.2
2.多　层	107.2	101.3	106.1	110.5
3.其　他			101.2	101.2
㈡非住宅				
房屋租赁价格指数	107.3	104.6	106.3	103.1

5-8 续表

上年价格 = 100

名　　称	2007	2008	2009	2010
一、住　宅	113.1	105.6	107.5	103.7
㈠普　通	116.2	105.2	110.4	104.0
㈡高　档			107.1	
1.别　墅				
2.高档公寓		107.1		
㈢经济适用房	106.4			
㈣廉租房				
二、办公楼	108.3	100.0	101.0	
㈠写字楼	113.3			
㈡普通办公用房	108.9			
三、商业娱乐用房	105.3	103.3	106.5	
四、工业仓储用房	105.4			
㈠工业厂房	105.8			
㈡仓　库	107.1			
五、其　它				
土地交易价格指数	106.0	102.1	104.4	103.0
一、居民住宅用地			105.7	103.0
1.豪华住宅		102.5		
2.普通住宅	105.8	103.4	104.8	
3.经济适用房		99.6	101.2	
二、工业用地	110.6			
三、商业、旅游、娱乐用地	107.7			
四、其它用地	106.5	102.0	102.0	
物业管理费用指数	106.0	100.0	101.8	105.4

5-9 2004-2010年工业品出厂价格指数

项　目	2004	2005	2006	2007	2008	2009	2010
全部工业品	115.0	118.2	102.7	109.0	117.1	98.4	111.8
按轻重工业分							
轻工业	106.5	111.0	103.0	100.7	106.7	103.5	111.8
以农产品为原料	109.0	102.7	101.6	101.3	107.2	99.7	116.4
以非农产品为原料	104.3	121.8	104.4	100.2	106.3	106.5	98.9
重工业	117.0	119.0	102.7	110.4	118.7	97.7	111.8
采掘工业	123.9	148.8	106.8	116.3	127.7	91.6	116.8
原料工业	113.4	104.8	99.6	108.6	116.5	105.0	109.0
加工工业	113.2	110.8	99.8	102.5	1107.5	96.5	101.7
按生产、生活资料分							
生产资料	115.9	118.4	102.6	109.8	118.2	98.1	111.7
采掘工业	123.9	148.8	106.6	115.7	127.8	94.2	117.0
原料工业	113.4	104.9	99.6	108.8	115.5	102.9	108.6
加工工业	110.8	109.2	100.2	102.2	107.9	98.6	101.7
生活资料	105.4	117.7	103.6	100.8	104.7	102.7	113.8
食品工业	105.7	121.4	103.7	100.9	104.9	102.2	114.8
一般日用品	101.4	99.3	100.0	100.0	100.1	105.6	99.7
按行业分							
煤炭采选业	123.2	156.0	112.6	115.5	128.8	99.0	112.2
黑色金属矿采选业	189.8	103.9	90.0	118.9	130.6	60.8	127.1

5-9 **续表**

项　目	2004	2005	2006	2007	2008	2009	2010
有色金属矿采选业	105.0	110.7	106.3	104.6	107.5	109.4	124.4
农副食品加工业							118.6
食品造业制	105.4	107.0	107.1	109.1	104.9	100.9	115.3
饮料造业制	102.6	101.0	99.3	100.6	105.6	96.2	124.1
纺织业	105.5	106.3	101.2		108.7	98.8	105.9
炼焦、煤气及煤制品业	109.9	96.7	92.8	127.9	193.8	82.1	109.7
化学原料及化学制品制造业	113.4	118.5	100.6	116.9	115.8	126.1	97.9
医药工业	97.2	99.6	104.3	100.3	106.6	107.7	100.0
橡胶制品工业	100.0	100.8	93.3	107.2	98.7	100.0	93.8
建材及其它非金属矿制品业	107.5	106.1	102.5	99.7	110.5	110.3	101.1
黑色金属冶炼及压延加工业	134.3	107.0	92.7	103.0	102.8	75.4	103.5
有色金属冶炼及压延加工业	100.0	100.0	100.0	100.9	97.2	70.2	113.2
通用设备制造业							101.5
专业设备制造业							105.1
电气机械及器材制造业	111.5	112.5	102.4	106.0	103.7	100.0	99.5
电力、热力的生产和供应业							103.3
煤气生产和供应业							100.0
水的生产与供应业	100.0	236.7	106.3	100.2	100.2	100.0	100.0

主要统计指标解释

居民消费价格指数　反映居民生活消费品及服务项目价格变动趋势和变动程度的相对数,采用链式拉斯贝尔公式,加权平均计算。

商品零售价格指数　反映市场商品零售价格变动趋势和变动程度的相对数。

农业生产资料价格指数　反映农业生产资料价格变动趋势和变动程度的相对数,计算方法同上,根据抽样调查方法在全省抽取 7 个县、市为填报单位。

工业产品出厂价格指数　是反映全部工业产品出厂价格总水平的变动趋势和程度的相对数,根据全市部分重点企业的产品出厂价格的定期调查资料,按加权算术平均公式计算。

原材料、燃料、动力购进价格指数　是反映工业企业购进主要原材料、燃料、动力价格水平变动趋势和程度的相对数。根据全省部分重点企业主要原材料、燃料、动力购进价格的定期调查资料,按加权算术平均公式计算。

房地产价格指数　是反映全社会各类房地产销售、租赁、土地交易价格变动趋势和幅度的相对数。包括房屋销售价格指数,房屋租赁价格指数和土地交易价格指数。

人民生活

REN MING SHENG HUO

资料整理人员

杨巧玲

6-1 主要年份城镇居民家庭生活基本情况

指　　标	计量单位	2000	2006	2007	2008	2009	2010
一、调查户数	户	70	100	100	100	100	100
二、平均每户家庭人口数	人	3.12	2.99	2.98	2.89	2.89	2.88
三、平均每户就业人口数	人	1.73	1.49	1.45	1.33	1.28	1.25
四、平均每一就业者负担人数	人	1.80	2.01	2.06		2.26	2.30
五、平均每人全年可支配收入	元	4600.56	8480.26	10009.34	11718.39	12863.3	14938.63
六、平均每人全年消费性支出	元	3842.02	5608.22	6971.92	8702.48	9549.9	9785.66
七、人均使用面积	平方米	12.90	20.45	20.26	21.41	21.77	22.11

6-2 2007-2010年城镇居民家庭人均全部收入及构成

指　　标	2007	2008	2009	2010
家庭总收入(元)	10345.43	12199.93	13589.47	15811.56
#可支配收入	10009.34	11718.39	12863.3	14938.63
一、工薪收入	6969.44	7825.64	8299.75	9584.49
1.工资及补贴收入	6680.9	7486.61	8102.96	9378.23
2.其他劳动收入	288.54	339.03	196.79	206.26
二、经营净收入	805.3	590.69	663.49	766.93
三、财产性收入	65.5	144.87	98.98	104.89
#1.利息收入	19.91	63.16	43.49	57.87
2.股息与红利收入	34.88	14.23		7.28
3.其他投资收入			29.99	3.64
4.出租房屋收入		51.94	13.84	29.82
四、转移性收入	2505.19	3638.73	4527.26	5355.25
#1.养老金或离退休金	2114.63	3246.89	4206.84	5120.82
2.社会救济收入	18.56	55.17	64.86	37.03
3.辞退金				
4.赡养收入	128.71	15.19	73.14	5.1
5.捐赠收入	141.67	199.31	106.35	144.97
6.提取住房公积金		15.82	1.05	
家庭总收入构成(%)	100.00	100.00	100.00	100.00
#可支配收入	96.75	96.05	94.66	94.48
一、工薪收入	67.37	64.14	61.08	60.62
1.工资及补贴收入	64.58	61.37	59.63	59.31
2.其他劳动收入	2.79	2.78	1.45	1.3
二、经营净收入	7.78	4.84	4.88	4.85
三、财产性收入	0.63	1.19	0.73	0.66
#1.利息收入	0.19	0.52	0.32	0.37
2.股息与红利收入	0.34			0.05
3.其他投资收入			0.22	0.02
4.出租房屋收入		0.43	0.1	0.19
四、转移性收入	24.22	29.83	33.31	33.87
#1.养老金或离退休金	20.44	26.61	30.96	32.39
2.社会救济收入	0.18	0.45	0.48	0.23
3.辞退金	0.00			
4.赡养收入	1.24	0.12	0.54	0.03
5.捐赠收入	1.37	1.63	0.78	0.92
6.提取住房公积金		0.13	0.01	

6-3 2007-2010年城镇居民家庭平均每人全年消费性支出及构成

项目	2007	2008	2009	2010
消费性支出(元)	6971.92	8702.48	9549.9	9785.66
一、食品	2101.59	2860.29	2805.55	2692.91
1.粮油类	425.92	476.80	464.39	416.07
2.肉禽蛋水产品类	386.51	505.55	482.89	429.46
3.蔬菜类	273.79	341.12	343.01	344.56
4.调味品	27.20	32.24	39.67	47.9
5.糖烟酒饮料类	202.77	283.29	293.5	261.02
6.干鲜瓜果类	143.09	197.85	213.93	240.95
7.糕点、奶及奶制品	226.86	290.93	291.1	213.92
8.其他食品	52.43	76.52	74.66	108.47
9.饮食服务	363.01	655.99	602.38	630.56
二、衣着	1194.93	1372.10	1368.39	1291.91
三、家庭设备用品及服务	291.89	578.41	531.8	632.58
四、医疗保健	521.90	633.58	1006.59	1012.02
五、交通和通信	623.48	643.70	1667.25	1557.73
六、教育、文化、娱乐服务	1174.39	1286.22	927.95	1170.69
七、居住	905.05	1191.83	1061.75	1169.25
八、杂项商品及服务	158.70	136.33	180.61	258.57
消费性支出构成(%)	100.00	100.00	100.00	100.00
一、食品	30.14	32.87	29.38	27.52
1.粮油类	6.11	5.48	4.86	4.25
2.肉禽蛋水产品类	5.54	5.81	5.06	4.39
3.蔬菜类	3.93	3.92	3.59	3.52
4.调味品	0.39	0.37	0.42	0.49
5.糖烟酒饮料类	2.91	3.26	3.07	2.67
6.干鲜瓜果类	2.05	2.27	2.24	2.46
7.糕点、奶及奶制品	3.25	3.34	3.05	2.19
8.其他食品	0.75	0.88	0.78	1.11
9.饮食服务	5.21	7.54	6.31	6.44
二、衣着	17.14	15.77	14.33	13.2
三、家庭设备用品及服务	4.19	6.65	5.57	6.47
四、医疗保健	7.49	7.28	10.54	10.34
五、交通和通信	8.94	7.4	17.46	15.92
六、教育、文化、娱乐服务	16.84	14.78	9.71	11.96
七、居住	12.98	13.69	11.12	11.95
八、杂项商品及服务	2.28	1.56	1.89	2.64

6-4 主要年份城镇居民家庭平均每人全年购买的主要商品数量

指　标	计量单位	2000	2006	2007	2008	2009	2010
粮　食	公斤	91.74	84.71	50.44	50.22	44.01	66.89
食用植物油	公斤	6.03	6.99	6.79	6.55	5.8	4.81
猪　肉	公斤	8.95	9.78	8.75	9.53	10.36	9.79
牛 羊 肉	公斤	0.48	0.59	0.67	0.67	0.64	0.53
家　禽	公斤	0.52	1.28	0.32	0.26	0.15	2.73
蛋　类	公斤	13.27	14.12	13.64	11.73	11.71	9.68
鱼　虾	公斤	1.88	2.29	2.15	1.85	1.85	1.52
蔬　菜	公斤	112.01	146.97	146.44	162.77	151.15	127.16
酒　类	公斤	2.67	1.54	4.16	2.53	2.64	1.93
服　装	件	5.11	7.55	8.17	7.29	6.85	5.69
男　装							
女　装							
童　装							
鞋　类	双	1.94	2.56	2.83	2.69	2.45	2.19
煤　炭	公斤	68.69	111.85	36.78	54.71	29.02	8.84

6-5 城镇居民家庭平均每百户年末耐用消费品拥有量

品　　名	计量单位	2000	2006	2007	2008	2009	2010
洗 衣 机	台	100.00	96.00	99.00	96.00	97.00	97.00
电 冰 箱	台	82.80	85.00	90.00	92.00	93.00	93.00
微 波 炉	台		0.00	0.00	0.00	35.00	35.00
彩色电视机	台	115.70	107.00	107.00	108.00	110.00	110.00
组合音响	套	24.30	29.00	19.00	22.00	23.00	23.00
空 调 器	台	8.60	15.00	15.00	21.00	21.00	21.00
照 相 机	架		28.00	26.00	33.00	32.00	32.00
摩 托 车	辆	27.10	28.00	13.00	9.00	13.00	12.00
家用电脑	台		32.00	44.00	46.00	48.00	50.00
移动电话	部		136.00	134.00	141.00	139.00	140.00
家用汽车	辆		2.00	0.00	7.00	10.00	11.00

6-6 2007-2010年城镇居民家庭年末居住情况

单位: %

指 标	2007	2008	2009	2010
一、按房屋产权	100	100	100	100
租赁公房	1	1	1	1
租赁私房		2	3	3
原有私房		3	3	3
房改私房	85	76	76	76
商品房	14	18	17	17
其 他				
二、住宅建筑式样	100	100	100	100
单栋住宅		4	5	5
四居室	1	1		
三居室	60	59	60	61
二居室	35	34	33	32
一居室				
普通楼房	3	1	1	1
平房及其他	1	1	1	1
三、饮水情况	100	100	100	100
自来水	100	100	100	100
矿泉水				
纯净水				
井、河水				
其 他				
四、用水情况	100	100	100	100
独用自来水	100	100	100	100
公用自来水				
井、河水				
其 他				
五、卫生设备	100	100	100	100
无卫生设备				
有厕所浴室	39	49	50	51
有厕所无浴室	59	51	50	49
公 用	2			
六、取暖设备	100	100	100	100
无取暖设备				
空调设备				
暖 气	100	100	100	100
其 他				
七、炊用燃料使用情况	100	100	100	100
管道煤气	62	63	64	65
液化石油气	17	18	12	13
煤	14	11	11	11
其 他	7	8	13	11

6-7 按家庭规模分组（2010年）

指　标	计量单位	总　计	一人户	二人户	三人户	四人户	五人及以上户
调查户数	户	100		31.58	50.42	16	2
比　　重	%	100		31.58	50.42	16	2
每户家庭人口数	人	2.88		2	3	4	5
每户就业人口数	人	1.25		0.45	1.65	1.57	1.5
每一就业者负担人数	人	2.3		4.44	1.82	2.55	3.33
每人可支配收入	元	14938.63		21701.77	15155.23	8405.63	10753.18
每人消费性支出	元	9785.66		11655.2	10775.42	6342.4	5043.12

6-8 **按收入等**

指　　标	计量单位	总计组	最低收入户	更低收入户
调查户数	户	100	10	5
比　重	%	100	10	5
每户家庭人口数	人	2.88	3.7	3.8
每户就业人口数	人	1.25	1.4	1.2
每一就业者负担人数	人	2.3	2.64	3.17
每人可支配收入	元	14938.63	3926.34	2316.78
每人消费性支出	元	9785.66	3657.39	3242.77

做分组(2010年)

低收入户	中下收入户	中等收入户	中上收入户	高收入户	最高收入户
10	20	20	20	10	10
10	20	20	20	10	10
3.1	3.1	2.95	2.57	2.5	2.3
1.2	1.35	1.3	1.19	1.5	0.76
2.58	2.3	2.27	2.16	1.67	3.03
8034.85	11282.18	14679.68	19566.33	23942.51	32347.83
7628.01	7642.95	10782.34	12288.36	15899.92	13530.84

主要统计指标解释

城镇居民家庭就业人口 指从事社会劳动并取得劳动报酬或经营收入的人口。我国的就业方针是:“在国家统筹规划和指导下,实行劳动部门介绍就业,自愿组织起来就业和自谋职业相结合”。因此通过这三种方式就业的,不论在全民所有制、集体所有制单位工作或从事个体劳动,不论有固定性职业或临时性职业就是就业人口。

城镇居民家庭总收入 指调查户中生活在一起的所有家庭成员在调查期得到的工薪收入、经营净收入、财产性收入、转移性收入的总和,不包括出售财物和借贷收入。

城镇居民家庭可支配收入 指调查户可用于最终消费支出和其它非义务性支出以及储蓄的总和,即居民家庭可以用来由支配的收入。它是家庭总收入扣除交纳的个人所得税、个人交纳的社会保障费以及调查户的记帐补贴后的收入。计算公式为:

可支配收入=家庭总收入-交纳个人所得税-个人交纳的社会保障支出-记帐补贴

城镇居民家庭工薪收入 指就业人员通过各种途径得到的全部劳动报酬,包括所从事的主要职业的工资以及从事第二职业,其他兼职和零星劳动得到的其它劳动收入。

城镇居民家庭消费支出 指调查户用于本家庭日常生活的全部支出,包括食品、衣着、家庭设备用品及服务、医疗保健、交通和通讯、娱乐教育文化服务、居住、其它商品和服务八大类等。包括用于赠送的商品或服务。

农村居民家庭纯收入:指农村住户当年从各个来源得到的总收入相应地扣除所发生的费用后的收入总和。纯收入主要用于再生产投入和当年生活消费支出,也可用于储蓄和各种非义务性支出。“农民人均纯收入”按人口平均的纯收入水平,反映的是一个地区或一个农户农村居民的平均收入水平。计算方法:

纯收入=总收入-家庭经营费用支出-税费支出-生产性固定资产折旧-赠送农村内部亲友支出

农村居民家庭生活费支出:指农村住户用于物质生活和精神生活方面的支出。生活消费支出包括食品支出、衣着支出、居住支出、家庭设备用品及服务支出、医疗保健支出、交通和通讯支出、文化教育娱乐用品及服务支出、其他商品和服务支出。

农村经济

NONG CUN JING JI

资料整理人员

苗金秀　白　哲　李　雯

7-1 2004—2010年农村基层组织情况

指　　标	计量单位	2004	2005	2006	2007	2008	2009	2010
一、农村基层组织情况								
1.乡(镇)政府	个	188	188	188	188	188	185	173
# 镇政府	个	59	59	59	59	59	59	47
2.村民委员会	个	4895	4895	4900	4900	4894	4888	4888
二、乡村户数	户	684555	689640	699547	709454	718212	728639	756780
三、乡村人口	人	2337257	2348576	2362988	2377400	2384156	2381322	2404308
四、乡村从业人员数	人	843552	861793	875525	889256	932765	940875	972394
1.按性别分								
男劳动力	人	480769	492705	497315	501924	531078	537236	549677
女劳动力	人	362783	369088	378210	387332	401687	403639	422717
2.按行业分								
农林牧渔业	人	561879	569338	566626	563914	577650	579720	585520
工　业	人	72442	74676	81176	87675	94008	86007	91472
建筑业	人	70389	73110	78947	84785	93670	100522	104114
交通运输、仓储及邮电通讯业	人	43586	44840	47090	49339	54583	46955	52574
批发、零售贸易业、餐饮业	人	38099	39622	41591	43560	48707	42578	45161
其他非农行业	人	57157	60207	60095	59983	64147	60213	63436

7-2 主要年份农林牧渔业总产值

按现行价格计算　　　　单位：万元

年份	农林牧渔业总产值	农业产值	林业产值	牧业产值	渔业产值	农林牧渔服务业产值
1952	11108	9509	108	1491		
1957	12101	9500	369	2232		
1962	8561	6907	341	1312	1	
1965	16642	12302	1340	3000		
1970	23858	20802	578	2478		
1975	31856	25727	1726	4353	50	
1978	35432	26672	2648	6112		
1980	41161	30544	3045	7572		
1985	76762	55948	7897	12894	23	
1990	121505	89949	5589	25602	365	
1995	247648	149935	10759	85961	993	
2000	305932	166489	21166	116982	1295	
2001	223901	80874	23148	118798	1081	
2002	319132	155382	38044	124679	1027	
2003	352672	184343	27696	131577	1153	7903
2004	388743	199575	21168	156497	1364	10139
2005	391989	188089	17553	175220	1329	9798
2006	390313	212293	24281	139412	1388	12939
2007	494114	293315	24551	157700	1447	17101
2008	580242	326430	29006	203734	1804	19268
2009	725901	339641	111979	250808	2355	21118
2010	823049	465090	57219	273392	2364	24984

注:由于国家统计报表制度的改革，2003年-2006年农林牧渔业总产值口径有变动。一是总产值中包括了农林牧渔服务业产值；二是其中的“农业产值”中不包括“农民家庭兼营工业”；三是林业产值中“竹木采运”产值为全社会口径。

7-3 2004—2010年农林牧渔业增加值

单位: 万元

指标	2004	2005	2006	2007	2008	2009	2010
一、农林牧渔业总产值	388743	391989	390313	494114	580242	725901	823049
农业	199575	188089	212293	293315	326430	339641	465090
林业	21168	17553	24281	24551	29006	111979	57219
牧业	156497	175220	139412	157700	203734	250808	273392
渔业	1364	1329	1388	1447	1804	2355	2364
农林牧渔服务业	10139	9798	12939	17101	19268	21118	24984
二、农林牧渔业中间消耗	167418	176800	164745	209551	239536	300086	330839
农业	85044	88511	88842	121511	130786	145623	158633
林业	11042	10196	10940	11069	12667	45829	29837
牧业	66645	72087	58578	68913	86479	97475	130361
渔业	560	560	598	609	824	504	1003
农林牧渔服务业	4127	5446	5787	7449	8780	10655	11005
三、农林牧渔业增加值	221325	215189	225568	284563	340706	425815	492210
农业	114531	99578	123451	171804	195644	194018	306457
林业	10126	7357	13341	13482	16339	66150	27382
牧业	89852	103133	80834	88787	117255	153333	143031
渔业	804	769	790	838	980	1851	1361
农林牧渔服务业	6012	4352	7152	9652	10488	10463	13979

7-4 主要年份耕地面积和机械动力

单位: 千公顷

年 份	农业机械总动力(万千瓦特)	耕地总资源	有效灌溉面 积	#机电灌溉面积	机耕地面积
1952		643.63	57.98		
1957	0.11	640.27	77.62	0.35	5.44
1962	1.39	616.41	81.86	2.89	51.90
1965	2.22	615.63	83.52	8.89	60.21
1970	4.93	554.29	95.55	34.56	71.91
1975	30.36	556.41	118.21	64.32	136.13
1978	48.70	558.68	124.29	76.06	175.02
1980	54.82	556.41	123.85	69.32	158.14
1985	78.96	509.56	115.91	60.14	166.38
1990	88.75	500.40	126.09	72.52	174.22
1995	102.70	496.17	131.16		
2000	125.51	710.72	111.49	27.80	192.24
2001	127.30	697.93	128.93	20.06	204.35
2002	136.32	663.06	128.95		203.49
2003	146.77	639.74	128.27	26.35	206.99
2004	168.83	630.50	128.11	7.68	192.46
2005	173.09	623.05	127.94	7.08	188.79
2006	180.08	648.74	127.69	14.75	192.49
2007	184.33	648.66	127.39	22.69	191.84
2008	185.13	649.55	127.21	46.45	216.10
2009	200.17		127.20	62.52	245.07
2010	216.15		129.13	65.54	279.27

7-5 2004-2010年农作物播种面积

单位: 千公顷

指　　标	2004	2005	2006	2007	2008	2009	2010
农作物总播种面积	430.56	435.22	443.15	449.22	461.98	466.35	470.32
一、粮　食	348.65	363.98	389.00	399.02	407.10	417.15	420.88
(一)谷　物	252.71	261.24	290.90	307.37	311.17	316.87	321.96
#稻　谷	1.51	0.87	0.71	0.60	0.71	0.62	0.53
小　麦	0.35	0.30	0.27	0.26	0.35	0.36	0.29
玉　米	192.93	198.61	210.05	225.87	227.63	229.92	237.99
谷　子	17.56	25.05	31.64	29.53	28.47	29.56	32.62
高　粱	3.17	3.08	2.29	2.32	2.59	2	2.59
燕　麦	20.53	17.18	19.68	21.68	23.30	23.77	21.35
(二)豆　类	46.64	53.83	50.85	49.54	54.65	57.78	55.49
#大　豆	23.12	25.64	22.20	20.80	25.06	24.61	25.58
(三)薯　类	49.30	48.91	47.25	42.11	41.28	42.5	43.43
#马铃薯	48.27	47.95	46.53	41.37	40.42	41.63	42.47
二、油　料	59.70	53.82	40.33	36.77	37.93	35.21	35.23
#花　生	1.18	0.91	0.95	1.10	1.03	0.98	1
油　菜	0.10	0.09	0.12	0.09	0.08	0.08	0.03
芝　麻	0.02	0.05	0.05	0.06	0.03	0.05	0.05
胡　麻	23.25	24.89	18.18	17.13	21.71	21.31	22.86
向日葵	27.23	20.34	15.91	12.49	8.66	7.75	6.23
三、棉　花	0.08	0.04	0.05	0.04	0.08	0.15	0.13
四、麻　类							
五、甜　菜	0.01			0.01			
六、烟　叶							
七、药　材	1.23	0.52	0.44	0.18	0.29	0.25	0.25
八、蔬　菜	7.36	6.83	6.12	6.43	8.18	6.02	6.38
九、瓜果类	2.42	2.35	2.14	2.48	3.47	3.20	3.24
十、其他作物	11.11	7.68	5.07	4.29	4.93	4.37	4.19
#青饲料	8.28	6.69	4.51	3.17	4.52	3.81	3.93

7-6 主要年份主要

年份	粮食	1.谷物				
			#稻谷	#小麦	#玉米	#谷子
1978	708400	599639	11445	51945	156615	74830
1980	730420	620651	11360	36405	157105	71515
1985	877385	742577	16132	69439	180310	85181
1989	1007889	812131	15317	29725	326959	74051
1990	1067783	868909	17511	31673	349872	75014
1991	663564	554446	19260	23453	269919	30483
1992	1010590	837710	19485	22183	409266	69367
1993	1061380	811791	14063	18447	428402	62184
1994	1170675	920085	15241	8024	520346	77022
1995	838994	706418	11316	4996	507001	42522
1996	1175000	942459	11837	3595	608791	77977
1997	909720	725738	11820	3754	536633	45185
1998	1137883	911114	12706	3292	715990	56659
1999	557618	479763	9277	2255	405131	18411
2000	917225	735647	12394	3688	557686	45617
2001	505539	430603	7181	3313	363201	13345
2002	936475	738192	9070	1552	594985	43012
2003	1034587	839855	6959	1643	711981	41540
2004	1185514	1018540	8393	1349	926015	29484
2005	1022009	884299	3920	1131	800936	33775
2006	1089803	974478	3667	1013	886465	36436
2007	1230716	1095595	3176	933	986339	45375
2008	1170005	1032158	3464	1188	923382	41890
2009	1141777	1007839	3102	1542	895086	43840
2010	1478991	1316506	1947	896	1162828	71398

农作物产量

单位：吨

#高粱	2.豆类	#大豆	3.薯类	#马铃薯	油料	蔬菜
203765	23036	16125	85725	80008	13180	127955
199235	24579	17205	85190	79633	38640	125175
251010	31587	22111	103221	97219	91001	234454
209503	42031	29422	153727	148388	65606	276217
232875	43470	30429	155404	147725	86245	250685
127594	22386	13724	86732	83655	76932	200521
200395	27871	19510	145009	138032	90415	253172
191463	81511	28697	168078	160331	111040	266721
204127	93310	32411	157280	146035	118648	300148
104750	42555	14967	90021	83301	34293	233864
149462	66451	29647	166090	159700	59678	302769
72033	48524	20484	135458	128134	87180	278759
59334	60119	25494	166650	160679	105160	347518
28600	16190	6275	61665	58275	37032	247286
59564	44510	20590	137068	127759	78617	347624
30565	16350	9631	58586	53808	17498	254819
40964	36294	17067	161989	157490	72697	291169
30539	46126	22408	148606	143664	82355	256133
11122	51442	26304	115532	112719	52443	201413
8653	45548	22186	92162	90264	40037	183804
7604	36630	15356	78695	77050	31075	159893
9292	48417	20650	86704	84446	43562	150966
8980	46812	23991	91035	87577	43012	201507
6772	54819	25956	79119	77170	38507	163843
6799	61847	30197	100638	98176	36696	180973

7-7 主要年份主要农作物单位面积产量

单位：公斤/公顷

年份	粮食	1、谷物	#稻谷	#小麦	#玉米	#谷子	#高粱	豆类	#大豆	3、薯类	#马铃薯	油料	蔬菜	瓜果
1952	751	733	1973	484	1690	840	1200	730		1223		366		
1957	646	619	1635	550	1433	593	1020	561		1013		316		
1962	578	566	1020	430	1365	593	1013	584		787		158		
1965	692	726	1785	768	1755	600	1185	546		713		333		
1970	1171	1223	2925	797	2228	990	2325	941		1125		450		
1975	1621	1735	4005	1063	3900	1215	3698	1134		1696		364		
1978	1463	1548	4133	730	3360	1058	3383	1182		1462		272		
1980	1577	1675	4695	825	3735	1125	3750	954	622	1622		610	12908	9705
1985	2294	2427	6780	3375	5115	1965	5370	1065	825	1999	1935	822	26595	17085
1990	2675	2721	6030	3130	5685	1770	4875	924	915	2685	2670	1046	33600	20205
1995	2234	2983	5074	2108	5115	1211	4311	598	572	1332	1278	371	28244	14237
2000	2494	3244	6197	3207	5005	1388	3681	710	758	1795	1721	880	26435	18130
2001	1461	2037	4132	3641	2968	503	1605	184	237	593	552	260	23372	22878
2002	2664	3141	4693	3302	4430	1328	3204	730	700	1690	1650	1021	25319	20527
2003	3101	3811	4670	3821	5230	1545	3514	963	970	2273	2263	1200	27993	20991
2004	3400	4030	5558	3854	4800	1679	3509	1103	1138	2343	2335	878	27366	28738
2005	2808	3385	4505	3770	4032	1348	2809	846	865	1884	1882	744	26911	20329
2006	2802	3350	5165	3752	4220	1152	3321	720	692	1666	1656	771	26126	22101
2007	3084	3564	5293	3588	4367	1537	4005	977	993	2059	2041	1185	23748	22506
2008	2874	3317	4879	3394	4057	1471	3467	857	957	2205	2167	1134	24634	36996
2009	2737	3181	5003	4283	3893	1483	3386	949	1055	1862	1854	1094	27238	29851
2010	3514	4089	3680	3073	4886	2189	2622	1115	1180	2317	2312	1042	28362	27906

7-8 主要年份主要油料作物产量

单位:吨

年 份	花生果	油菜籽	芝 麻	胡麻籽	向日葵籽	蓖麻籽
1952				6555	370	
1957				5590	2053	
1962				2295	465	
1965				6253	395	
1970				6875		
1975				4695	1401.3	
1978				8463	2395.9	
1980	121	109	77	22891	11957.6	533
1985	3144	31	96	31769	41069	11087
1990	4848	11	209	28340	42440	5338
1995	6818		361	10286	12835	2113
2000	5810	101	402	15226	43188	11154
2001	2411	38	56	2336	9865	1820
2002	3327		71	15205	47355	2425
2003	4260	5	45	20732	49199	3655
2004	3112	81	46	16935	24010	4307
2005	1927	79	82	13726	17983	3086
2006	2286	236	32	12526	11343	1750
2007	2717	219	37	19541	14974	3020
2008	2856	206	23	23234	9179	4388
2009	2646	234	52	21617	8618	2103
2010	2568	21	36	21863	7370	

7-9 主要年份造林面积和果园面积

年　份	造林面积（千公顷）	零星植树（万株）	果园面积（千公顷）
1952	2.29	182.42	3.09
1957	8.92	511.69	3.75
1962	5.70	419.44	4.27
1965	28.66	1236.96	6.02
1970	15.50	1106.70	7.69
1975	22.72	1672.64	9.29
1978	24.97	1948.38	11.61
1980	31.38	2565.44	12.51
1985	82.26	2898.15	21.32
1990	23.25	1573.67	30.68
1995	48.96	1788.61	39.77
2000	55.36	1689.21	34.91
2001	58.16	1515.77	30.94
2002	108.63	1461.88	34.07
2003	84.55	1329.32	28.87
2004	52.69	1172.00	27.09
2005	23.80	837.98	25.96
2006	27.27	898.20	22.55
2007	35.43	906.38	22.48
2008	32.94	923.00	21.67
2009	52.48	1016.63	21.92
2010	39.40	1072.43	17.78

7-10 2004—2010年造林和果园面积

单位: 公顷

项目	2004	2005	2006	2007	2008	2009	2010
一、当年造林面积	52686.00	23801.00	27266.00	35434.00	32942.00	52480.00	39397.00
#用材林	490.00						
经济林	1198.00	259.00	2272.00		1368.00	4089.00	5860.00
防护林	50998.00	23542.00	24986.00	35101.00	31574.00	46511.00	31970.00
二、育苗面积	2239.70	2186.10	2083.40	2386.70	2778.00	3040.00	3072.20
#本年新育	1156.10	1146.20	1064.60	1095.40	1414.60	1282.00	1376.90
三、零星植树(万株)	1172.00	837.98	898.20	906.38	923.00	1016.63	1072.43
四、年末果园面积	27094.00	25958.00	22554.00	22484.00	21670.00	21918.00	17775.42
#苹果园	7868.00	9815.00	7773.00	7310.00	7777.00	7897.00	4199.40
梨园	6760.00	7620.00	6746.00	6821.00	6594.00	6587.00	4612.73
葡萄园	541.00	516.00	525.00	549.00	708.00	476.00	398.26

7-11 2004—2010年主要林产品与水果产量

单位: 吨

指　标	2004	2005	2006	2007	2008	2009	2010
一、主要干果产量	7489	8640	9311	7458	7608	10531	9580
#核　桃	1027	996	721	1573	1430	2013	597
二、主要调料品产量	99	96	83	89	104	123	63
#花椒	99	96	83	89	104	123	63
三、水果产量	39293	39545	36407	61781	61231	71214	61659
#苹　果	13039	11683	10211	12896	17222	15257	17855
梨	15503	14608	13441	35103	28732	39686	24724
葡　萄	2712	3015	2835	3287	5687	3498	3861
红　枣(鲜枣)	4116	6047	7598	6046	5449	7584	9621
柿　子(鲜柿)	607	607	156	602	575	750	753
沙　果	221	213	55	340	208	264	458
桃	686	667	571	641	795	895	1494

7-12 2004—2010年畜牧业生产情况

项 目	计量单位	2004	2005	2006	2007	2008	2009	2010
一、大牲畜年末存栏	头	468517	460422	199791	191343	271780	268719	248752
1. 牛	头	301549	301385	109011	105911	163514	163454	161609
# 乳牛	头	26710	27151	25487	29173	32901	31176	24003
2.马	匹	10835	10847	6392	5638	6228	7438	5421
3.驴	头	83813	79420	45543	42287	54562	54411	45801
4.骡	头	72320	68770	38845	37508	47476	43416	35921
二、猪年末存栏	头	593327	638690	260364	291336	480343	483557	524604
#能繁殖的母猪	头	50519	51645	19218	23352	55620	52537	50428
三、羊年末存栏	只	2420215	2414474	1705373	1734313	2203944	2145916	2410272
1.山 羊	只	1187659	1199022	969324	972426	1317225	1285402	1513001
2.绵 羊	只	1232556	1215452	625499	594261	886719	860514	897271
四、家禽年末存栏	只	5854295	6857242	3754516	4500055	5912163	5396546	5951000
五、养蜂年末箱数	箱	5766	5781	5970	4885	4667		
六、养兔年末存栏	只	41896	69628	49603	61548	61016	81502	361800
七、猪、牛、羊出栏								
猪全年出栏	头	668667	694966	458684	491280	513479	583076	645456
牛全年出栏	头	95274	101940	35805	36748	51129	62073	56710
羊全年出栏	只	1386120	1392349	756022	784801	1283156	1290738	1198918
八、当年肉类总产量	吨	93528	97083	58010	60073	72989	84269	83278
#猪肉产量	吨	54504	56842	38216	40930	41958	47821	51281
牛肉产量	吨	12334	13081	4809	4992	6601	8419	7316
羊肉产量	吨	19764	19726	10004	10383	18585	20023	17845
禽肉产量	吨	4874	5255	2622	2380	4234	5765	4915
兔肉产量	吨	94	91	173	227	100	107	344
九、畜禽产品产量	吨							
1.奶 类	吨	53944	54555	51772	60537	68995	63990	68151
# 牛 奶	吨	53928	54515	51742	60532	68995	63990	68151
2.绵羊毛产量	吨	1303	1398	763	740	1083	949	1101
3.山羊毛产量	吨	627	628	481	526	692	461	450
4.羊绒产量	吨	296	330	257	305	341	481	325
5.禽蛋产量	吨	40952	47956	39847	43730	43865	39658	41386
6.蜂蜜产量	吨	128	129	121	101	115	42	153

7-13 主要年份肉类产量和猪羊头数

年 份	肉类总产量（吨）	禽蛋（吨）	牛奶（吨）	大牲畜年末存栏（万头）	猪年末头数（万头）	羊年末只数（万只）
1952				22.49	12.00	101.85
1957				22.63	18.64	106.67
1962				21.41	10.19	116.40
1965				23.90	28.41	140.11
1970				26.83	32.42	120.15
1975				26.70	41.69	157.27
1978	20745	2466	865	26.39	47.93	138.42
1980	23079	3101	1829	27.00	53.24	141.29
1985	29356	9318	17096	29.72	43.81	80.17
1990	35938	10254	26208	32.76	43.58	145.75
1995	62840	26449	38650	39.34	56.20	173.80
2000	83264	27735	36529	47.50	63.67	227.97
2001	84621	33888	33657	47.30	59.24	240.66
2002	88783	38186	39707	46.53	57.83	252.05
2003	92553	40413	45419	47.38	56.24	247.08
2004	93528	40952	53928	46.85	59.33	242.02
2005	97083	47956	54515	46.04	63.87	241.45
2006	58010	39847	51742	19.98	26.04	170.54
2007	60073	43730	60532	19.13	29.13	173.43
2008	72989	43865	68995	27.18	48.03	220.39
2009	84268	39658	63990	26.87	48.36	214.59
2010	83278	41386	68151	24.88	52.46	241.03

7-14 2004-2010年农业机械拥有量

项　目	计量单位	2004	2005	2006	2007	2008	2009	2010
农业机械总动力	千瓦特	1688314	1730944	1800802	1843284	1851333	2001726	2161483
大中型农用拖拉机	台	2818	2650	2861	3138	4582	6047	7677
	千瓦特	97987	94938	107622	117369	146551	185658	235028
小型农用拖拉机	台	26119	26380	25714	25662	25543	27344	28835
	千瓦特	278249	307940	273673	295993	261536	283674	295670
大中型拖拉机配套农具	部	3843	4180	4400	5878	7618	9829	13187
小型拖拉机配套农具	部	17852	18085	21380	22441	22248	24980	26837
农用排灌动力机械	台	8748	8729	8737	8813	8582	8678	9555
	千瓦特	141309	141504	140666	142940	132898	138645	149423
农用水泵	台	7908	8075	8186	8131	8816	9497	7882
联合收获机	台	7	10	17	24	60	192	332
	千瓦特	642	325	440	440	2503	11878	22298
割晒机	台	25	26	26	48	164	1115	1165
	千瓦特	360	360	360	360	370	856	1230
机动脱粒机	台	3440	3653	3780	4288	5751	6514	9168
农用运输车	辆	43548	45636	48247	49772	43928	47460	49636
	千瓦特	516007	550357	573686	605128	738142	890001	935128

7-15 主要年份化肥施用量、小水电站和农村用电量

年 份	农用化肥施用量（实物量、吨）	农村小型水电站		农村用电量（万千瓦小时）
		个 数（个）	装机容量（千瓦）	
1952	72			
1957	1611			
1962	4640			
1965	11920	20	739	860
1970	26382	15	544	2606
1975	130254	45	1626	10153
1978	193044	125	3940	11548
1980	195626	129	2720	10550
1985	244633	34	2099	10586
1990	348695	32	3206	14793
1995	425835			26378
2000	445507	16	2023	29396
2001	396243	16	2023	35080
2002	410523	16	2023	34121
2003	414729	16	2023	35164
2004	419159	13	1836	46132
2005	436510	13	1836	49997
2006	437548	13	1836	53138
2007	438748	13	1836	52958
2008	436209	13	1836	48028
2009	436093	13	1836	53245
2010	441585	13	1836	50856

主要统计指标解释

乡村户数 指长期(一年以上)居住在乡镇(不包括城关镇)行政管理区域内的住户,还包括居住在城关镇所辖行政村范围内的农村住户。户口不在本地而在本地居住一年及以上的住户也包括在本地农村住户内;有本地户口,但举家外出谋生一年以上的住户,无论是否保留承包耕 地都不包括在本地农村住户范围内。不包括乡村地区内的国有经济的机关、团体、学校、企业、事业单位的集体户。

乡村从业人员 指乡村人口中劳动年龄在16周岁以上实际参加生产经营活动并取得实物或货币收入的人员,包括劳动年龄内经常参加劳动的人员,也包括超过劳动年龄但经常参加劳动的人员,但不包括户口在家的在外学生、现役军人和丧失劳动能力的人,也不包括待业人员和家务劳动者。从业人员按从事主业时间最长(时间相同按收入)分为农林牧渔业从业人员、工业从业人员、建筑业从业人员、交通运输业、仓储及邮电通信业从业人员、信息传输、计算机服务业和软件业从业人员、批零贸易业、餐饮业从业人员、其它非农行业从业人员。

农林牧渔业总产值 农林牧渔业总产值是以货币表现的农林牧渔业的全部产品总量和对农林牧渔业生产进行的各种支持性服务活动的价值。它反映一定时期内农林牧渔业生产总规模和总成果,是观察农林牧渔业生产水平和发展速度,研究农林牧渔业内部比例关系、农林牧渔业与工业、农林牧渔业与国家建设、人民生活比例关系的重要指标,同时也是计算农林牧渔业劳动生产率和农林牧渔业增加值的基础资料。

农林牧渔业增加值 农林牧渔业增加值是指农、林、牧、渔业生产及农林牧渔服务业提供服务活动所增加的价值,为农林牧渔业现价总产值扣除农林牧渔业现价中间投入后的余额,是农、林、牧、渔及其服务业各单位生产经营对社会所作的贡献。从宏观上来说,农林牧渔业增加值是计算国内生产总值的基础;从微观上来说,农林牧渔业增加值能客观反映农林牧渔业各生产单位或行业的投入、产出、效益、速度和收入等情况。

年末耕地总资源 指能够种植农作物的田地。包括当年实际耕种的熟地; 新开荒且已种植的地;"沿海"、"沿湖"地区已围垦利用三年以上的"海涂"、"湖田";弃耕、休闲不满三年,随时可以复耕的地;因灾害或其他因素,虽然当年内未种植农作物但仍可复耕的地;以种植农作物为主,附带种植桑树、果树和其他林的地;年年进行耕耘种草的地;南方小于1米、北方小于2米宽的沟、渠、路、田埂。不包括因灾害或其他因素,已不能复耕的地;弃耕、休闲满三年的地,或者虽不满三年,但已经成为荒地的土地;不进行耕耘,种植牧草已成为永久性草地的土地;专业性的桑园、茶园、果园、果木苗圃地、芦苇地、天然草场等;以混凝土等铺设的温室、玻璃室,导致栽培的植物体与地面隔绝的基地。

常用耕地 指耕地总资源中专门种植农作物并经常进行耕种、能够正常收获的土地。包括当年实际耕种的熟地;弃耕、休闲不满三年,随时可以复耕的地;开荒利用三年以上的地;南方小于1米、北方小于2米宽的沟、渠、路、田埂。不包括临时种植农作物的坡度在25度以上的陡坡地;在河套、湖畔、库区临时开发的成片或零星土地;也不包括已列为国家和省(区、市)退耕计划但仍临时耕种的土地。常用耕地分为基本农田和零星可用耕地。

水田 指筑有田埂(坎),可以经常蓄水,用于种植水稻、莲藕、席草等水生作物的耕地。因天旱暂没有蓄水而改种旱地作物的,或实行水稻和旱地作物轮种的(如水稻和小麦、油菜、蚕豆等轮种),仍计为水田。

水浇地 指旱地中有一定水源和灌溉设施,在一般年景下能够正常灌溉的耕地。由于雨水充足在当年暂没有进行灌溉的水浇地,也应包括在内。没有灌溉设施的引洪淤灌的耕地,不算水浇地。

临时性耕地 指在常用耕地以外临时开垦种植农作物,不能正常收获的土地。包括临时种植农作物的坡度在25度以上的陡坡地,在河套、湖畔、库区临时开发种植农作物的成片或零星土地。根据我国《水土保护法》规定,现在临时种植农作物坡度在25度以上的陡坡地要逐步退耕还林还草;环北京、黑河流域、塔里木河流域等地区临时开垦种植农作物，易造成水土流失及沙化的土地，已列为国家或地方退耕还林还草的规划，近年也要逐步退耕。这部分临时性耕地又称待退的临时性耕地。

农作物播种面积 指实际播种或移植有农作物的面积。凡是实际种植有农作物的面积，不论种植在耕地上还是种植在非耕地上，均包括在农作物播种面积中。在播种季节基本结束后，因遭灾而重新改种和补种的农作物面积，也包括在内。

农作物总产量 指本年度内生产的各种农作物总产量，不论计划内外、数量多少，耕地与非耕地上的农作物产量，都应统计在内。包括粮食、棉花、油料、麻类、糖类、药材、蔬菜、瓜类及其他农作物。

农业机械总动力 指主要用于农、林、牧、渔业的各种动力机械的动力总和。包括耕作机械、排灌机械、收获机械、农用运输机械、植物保护机械、牧业机械、林业机械、渔业机械和其他农业机械。内燃机按引擎马力折成瓦(特)计算、电动机按功率折成瓦(特)计算。不包括专门用于乡、镇、村、组办工业、基本建设、非农业运输、科学试验和教学等非农业生产方面用的动力机械与作业机械。

农林牧渔业劳动力 指全社会直接参加农林牧渔业生产活动的劳动力。

工 业

GONG YE

资料整理人员

徐丽霞　张　丽

8-1 主要年份工业企业单位数

单位：个

年份	工业企业单位数	按隶属关系分		按经济类型分			按轻重工业分		按企业规模分		
		中央企业	地方企业	国有经济	集体经济	其他经济	轻工业	重工业	大型企业	中型企业	小型企业
1952	315	1	314	35	160	120					315
1957	391	2	389	137	239	15					391
1962	332	20	312	123	209						332
1965	326	27	299	121	205						326
1970	389	5	384	154	235						389
1975	695	12	683	255	440		360	335			695
1978	990	10	980	285	705		505	485			990
1980	887	11	876	277	610		466	421			887
1985	1001	6	995	261	731	9	471	530			1001
1990	1095	7	1088	283	801	11	433	662		15	1080
1995	1048	6	1042	319	708	21	368	680	4	16	1028
2000	230	2	228	156	27	47	75	155	5	15	210
2001	232	3	229	141	27	64	62	170	5	14	213
2002	240	3	237	129	25	86	56	184	5	14	221
2003	258	3	255	117	28	113	44	214		25	233
2004	360	4	356	142	39	179	58	302	1	28	331
2005	332	4	328	128	22	182	43	289	1	29	298
2006	333	2	331	84	34	215	44	289	1	34	298
2007	328	2	326	28	10	290	27	301	3	35	290
2008	332	5	327	23	9	300	26	306	4	43	285
2009	268	2	266	20	3	245	28	240	2	39	227
2010	323	2	321	24	3	296	27	296	6	48	269

注:本表及以后各表的价值量指标从1998年起数据的统计口径均为全部国有和年产品销售收入500万元及以上非国有工业企业。

8-2 主要年份工业

产品名称	计量单位	2000
原　煤	万吨	322
洗　煤	万吨	12
铁矿石原矿量	万吨	40
纱	吨	6073
布	万米	2150
焦　碳	万吨	32
硫酸（折100%）	吨	
炭化钙（电石）	吨	
合成氨	吨	
农用氮、磷、钾化肥（折纯）	吨	153048
精甲醇	吨	
水　泥	万吨	84
生　铁	吨	275600
铁合金	吨	8548
黄　金	千克	
镁	吨	
变压器	千伏安	
发电量	万千瓦小时	156876
白碳黑	吨	
草　酸	吨	
法　兰	吨	
氧化铝	万吨	

产品产量

2006	2007	2008	2009	2010
2472	2901	3035	2755	3207
43	148	335	121	39
1316	1546	1744	1081	3135
5327	3346	2883	2943	2490
1461	1289	1034	986	748
101	134	138	146	169
25094	28950	21979	4617	
67109	70663	39454		
97563	97437	61622	23013	7406
204380	173392	110890	37875	28335
74792	69989	33596	896	
80	72	56	39	48
233628	171207	107172	56756	217156
66790	97589	90279	77309	93694
750	1011	1141	995	1149
180	1241	767		
393205	210435	227275	411090	103585
1119894	1315465	1364709	1165719	1686285
11071	11954	12116	10805	10843
49734	57230	51996	35645	36095
45237	50334	60612	93042	143764
35	70	96	102	131

8-3 工业企业主要

甲栏分组	企业单位数（个）	#亏损企业	工业总产值（当年价格）	工业销售产值（当年价格）	#出口交货值
总　计	323	78	4116939	3930339	220291
一、按登记注册类型分组:					
内资企业	318	77	4094615	3911095	207963
国有企业	24	6	846429	888711	
中央企业	2		383427	380728	
地方企业	22	6	463002	507983	
集体企业	3	1	6715	6326	
股份合作企业	2	1	1953	2122	
有限责任公司	73	23	1531000	1441184	13389
国有独资公司	1	1	2592	2118	
其他有限责任公司	72	22	1528409	1439066	13389
股份有限公司	20	6	342116	335471	5446
私营企业	191	38	1264997	1139884	189128
私营独资企业	55	11	210176	193686	
私营合作企业	8	2	42697	39366	2779
私营有限责任公司	117	23	949238	855687	183879
私营股份有限公司	11	2	62886	51146	2471
其他企业	5	2	101406	97397	
港、澳、台商投资企业	2	1	7220	5918	5173
合资经营企业(港或澳、台资)	2	1	7220	5918	5173
外商投资企业	3		15105	13326	7154
中外合资经营企业	3		15105	13326	7154
二、按经济组织类型分组					
独资企业	82	18	1063319	1088722	
国有企业	24	6	846429	888711	

经济指标（总表）（2010年）

单位: 万元

资产总计	流动资产合计	#应收帐款	#存 货	#产成品	固定资产合计	累计折旧
7928267	3099679	708361	569918	235331	3880295	1013467
7916619	3092214	707457	567304	233951	3876406	1011650
2130431	1247007	319298	40925	16857	614399	273408
834273	471594	254780	12952		285598	151205
1296157	775412	64518	27973	16857	328801	122203
47221	4578	260	2899	551	39344	787
3033	2274	831	955	331	759	91
3059519	898075	168841	275255	111855	1883118	481232
4533	2254		724		2279	31
3054986	895821	168841	274531	111855	1880839	481202
9126990	230253	54809	48382	14427	456172	137380
1260643	627724	144083	185217	88952	500571	109333
160030	97404	16426	26062	13528	51816	18376
21003	14666	3251	6747	2927	5224	2571
1025904	486229	112530	142941	69908	421000	84300
53706	29426	11876	9468	2589	22530	4085
503074	82303	19336	13671	979	382044	9419
5899	3350	352	1167	661	2307	1067
5899	3350	352	1167	661	2307	1067
5750	4116	552	1447	718	1582	750
5750	4116	552	1447	718	1582	750
2337681	1348989	335983	69886	30936	705559	292572
2130431	1247007	319298	40925	16857	614399	273408

8-3 续表1

甲栏分组	企业单位数（个）	#亏损企业	工业总产值（当年价格）	工业销售产值（当年价格）	#出口交货值
集体企业	3	1	6715	6326	
私营独资企业	55	11	210176	193686	
合作、合伙企业	15	5	146056	138885	2779
股份合作企业	2	1	1953	2122	
私营合伙企业	8	2	42697	39366	2779
其他企业（内资）	5	2	101406	97397	
股份有限公司	31	8	405002	386617	7917
股份有限公司(内资)	20	6	342116	335471	5446
私营股份有限公司	11	2	62886	51146	2471
有限责任公司	195	47	2502563	2316115	209595
国有独资公司	1	1	2592	2118	
私营有限责任公司	117	23	949238	855687	183879
合资经营企业(港或澳、台资)	2	1	7220	5918	5173
中外合资经营企业	3		15105	13326	7154
其他有限责任公司	72	22	1528409	1439066	13389
三、在总计中:亏损企业	78	78	744731	694988	15988
在总计中:国有控股企业	42	12	1517154	1531826	10224
在总计中:农村工业	6	1	36351	32694	
在总计中:轻工业	27	8	127198	108095	
重工业	296	70	3989741	3822245	220291
在总计中:大型企业	6	1	739326	778049	161006
中型企业	48	13	2066187	1963082	1984
小型企业	269	64	1311427	1189208	57301

单位: 万元

资产总计	流动资产合计	#应收帐款	#存　货	#产成品	固定资产合计	累计折旧
47221	4578	260	2899	551	39344	787
160030	97404	16426	26061	13528	51816	18376
527110	99243	23418	21372	4237	388027	12081
3033	2274	831	955	331	759	91
21003	14666	3251	6747	2927	5224	2571
503074	82303	19336	13671	979	382044	9419
966405	259678	66685	57851	17016	478702	141465
912699	230253	54809	48382	14427	456172	137380
53706	29426	11876	9468	2589	22530	4085
4097071	1391770	282275	420809	183143	2308007	5673450
4533	2254		724		2279	31
1025904	486229	112530	142941	69908	421000	84301
5899	3350	352	1167	661	2307	1067
5750	4116	552	1447	718	1582	750
3054986	895821	168841	274531	111855	1880839	481202
2041480	713706	63028	162799	65409	1047846	153385
3565994	1549053	409154	101815	25002	1510868	659860
56085	27076	15546	5059	3378	19172	1023
208279	101572	10586	39176	23359	95841	23438
7719988	2998107	697774	530742	211972	3784455	990029
2179040	755942	144896	110493	29740	1330912	192171
3838006	1627786	421628	234525	83826	1609764	636006
1911221	715951	141837	224900	121764	939618	185291

8-3 续表2

甲栏分组	固定资产净值	负债合计	所有者权益合计	实收资本	国家资本	集体资本
总计	3409749	5076155	2840959	1394989	171155	86675
一、按登记注册类型分组:						
内资企业	3405985	5067273	2838251	1392444	171155	86675
国有企业	468177	1167853	956761	234449	66003	
中央企业	266150	268636	565637	28850	5850	
地方企业	202028	899217	391124	205599	60152	
集体企业	38985	19381	27840	28877		28677
股份合作企业	279	2619	413	700		350
有限责任公司	1710549	2279805	779028	540453	103348	5385
国有独资公司	1880	2888	1645	1495		
其他有限责任公司	1708669	2276917	777383	538958	103348	5385
股份有限公司	370412	498834	413865	199425	1700	52163
私营企业	438308	688992	567060	284535		100
私营独资企业	48388	90737	69212	20820		
私营合作企业	4918	15637	5366	3025		
私营有限责任公司	366285	555388	467093	241127		
私营股份有限公司	18718	27230	25388	19563		100
其他企业	379274	409789	93285	104006	105	
港、澳、台商投资企业	2291	5748	148	1295		
合资经营企业(港或澳、台资)	2291	5748	148	1295		
外商投资企业	1473	3134	2560	1250		
中外合资经营企业	1473	3134	2560	1250		
二、按经济组织类型分组						
独资企业	555550	1277970	1053813	284146	66003	28677
国有企业	468177	1167853	956761	234449	66003	

单位: 万元

法人资本	个人资本	港澳台资本	外商资本	主营业务收入	主营业务成本	主营业务税加及附加	营业费用
915919	220267	385	588	3947097	2936166	52416	94496
915491	219007		115	3927766	2918926	52402	93583
136502	31945			867435	436089	17989	29950
23000				366453	142397	8076	1097
113502	31945			500982	293692	9913	28853
200				6326	4839	71	293
	350			2122	1899	6	118
384207	47514			1466173	1173058	11147	43485
1495				2118	2391	1	
382712	47514			1464055	1170667	11146	43485
141159	4402			333406	247410	6250	4161
149769	134551		115	1155520	947758	16923	15503
1454	19367			193134	143981	6154	1175
140	2885			39259	35268	456	426
140575	100436		115	868973	719531	10120	13192
7600	11863			54153	48977	194	709
103655	246			96785	107874	16	74
70	840	385		5918	4808	12	233
70	840	385		5918	4808	12	233
357	420		473	13413	12432	2	681
357	420		473	13413	12432	2	681
138156	51311			1066895	584909	24213	31418
136502	31945			867435	436089	17989	29950

8-3 续表3

甲栏分组	固定资产净值	负债合计	所有者权益合计	实收资本	国家资本	集体资本
集体企业	38985	19381	27840	28877		28677
私营独资企业	48388	90737	69212	20820		
合作、合伙企业	384471	428045	99064	107731	105	350
股份合作企业	279	2619	413	700		350
私营合伙企业	4918	15637	5366	3025		
其他企业（内资）	379274	409789	93285	104006	105	
股份有限公司	389130	526064	439252	218988	1700	52264
股份有限公司(内资)	370412	498834	413865	199425	1700	52164
私营股份有限公司	18718	27230	25388	19563		100
有限责任公司	2080598	2844075	1248829	784124	103348	5385
国有独资公司	1880	2888	1645	1495		
私营有限责任公司	366285	555388	467093	241127		
合资经营企业(港或澳、台资)	2291	5748	148	1295		
中外合资经营企业	1473	3134	2560	1250		
其他有限责任公司	1708669	2276917	777383	538958	103348	5385
三、在总计中:亏损企业	873826	1565942	473486	405621	8775	83575
在总计中:国有控股企业	1326552	2061864	1498301	480579	169350	2000
在总计中:农村工业	18095	35673	20356	11776		
在总计中:轻工业	85495	150094	58127	48368	5391	1820
重工业	3324254	4926060	2782831	1346621	165764	84855
在总计中:大型企业	1206376	1628036	550004	415999	1428	
中型企业	1421210	2264308	1573549	513727	128516	55229
小型企业	782163	1183811	717405	465263	41211	31447

单位: 万元

法人资本	个人资本	港澳台资本	外商资本	主营业务收入	主营业务成本	主营业务税加及附加	营业费用
200				6326	4839	71	293
1454	19367			193134	143981	6154	1175
103795	3481			138166	145041	479	619
	350			2122	1899	6	118
140	2885			39259	35268	456	426
103655	246			96785	107874	16	74
148759	16265			387558	296387	6444	4870
141159	4402			333406	247410	6250	4161
7600	11863			54153	48977	1941	709
525209	149210	385	588	2354477	1909829	212801	57590
1495				2118	2391	1	
140575	100436		115	868973	719531	10120	13192
70	840	385		5918	4808	12	233
357	420		473	13413	12432	2	681
382712	47514			1464055	1170667	11146	43485
280810	32101	360		732707	696019	7846	25576
275863	33366			1520580	886720	26596	41075
8480	3296			32643	26213	89	701
22963	17834	360		110024	99022	860	4215
892956	202433	25	588	3837073	2837145	51556	90282
398253	16318			773284	587055	4924	20760
266857	63125			1979766	1344494	31471	46423
250809	140823	385	588	1194046	1004617	16021	27314

8-3 续表4

甲栏分组	管理费用	#税 金	财务费用	#利息支出	营业利润	营业外收入
总 计	278346	13638	114988	109445	520219	18933
一、按登记注册类型分组:						
内资企业	277296	13537	114777	109376	519784	18874
国有企业	125753	4744	14124	10478	228813	1890
中央企业	23955	183	2513	2518	190358	455
地方企业	101799	4561	11611	7960	38456	1435
集体企业	1583	25	–0.20		431	299
股份合作企业	229		3	2	131	–265
有限责任公司	70389	5175	66711	66064	115259	14417
国有独资公司	161	1	40	39	–475	0.20
其他有限责任公司	70228	5174	66670	66025	115734	14417
股份有限公司	13006	185	16425	16404	55327	1514
私营企业	50353	1848.	9780	8714	132000	936
私营独资企业	9217	84	559	390	29047	226
私营合作企业	2282	37	184	147	568	60
私营有限责任公司	36323	1686	8105	7279	101212	611
私营股份有限公司	2531	40	933	898	1173	39
其他企业	15983	1559	7735	7715	–12178	82
港、澳、台商投资企业	754	934	122	36	193	
合资经营企业(港或澳、台资)	754	94	122	36	193	
外商投资企业	297	7	89	34	242	59
中外合资经营企业	297	7	89	34	242	59
二、按经济组织类型分组						
独资企业	136553	4854	14683	10868	258292	2416
国有企业	125753	4744	14124	10479	228813	1890

单位: 万元

营业外支出	利润总额	应交所得税	亏损企业亏损总额	利税总额	本年应付工资总额	本年应交增值税	全部从业人员年平均人数（人）
37423	502596	100781	60345	813302	282257	258290	87985
37352	502174	100693	60322	812451	280604	257875	87180
8834	221870	19454	23440	345964	107849	106105	23155
2304	188509	12322		247625	19996	51040	1791
6529	33362	7133	23440	98339	87853	55065	21364
9	722	41	2	1041	635	248	373
5	–139	0.40	141	3	260	135	106
16872	113672	37417	14206	192331	67104	67512	29088
2	–476		476	–468	102	8	98
16870	114148	37417	13729	192799	67002	67505	28990
900	55941	14989	6501	85102	17471	22912	6136
10726	122210	28699	3255	193752	62764	54619	25490
2273	27000	9123	558	46185	6701	13031	3724
60	568	253	91	2886	1241	1862	678
8206	93616	19156	2590	142474	52160	38739	20031
187	1025	166	16	2207	2662	988	1057
7	–12103	93	12777	–5743	24521	6344	2832
47	146	42	23	495	786	337	456
47	146	42	23	495	786	337	456
24	276	45		356	868	78	349
24	276	45		356	868	78	349
11115	249593	28618	24000	393190	115185	119384	27252
8834	221870	19454	23440	345964	107849	106105	23155

8-3 续表5

甲栏分组	管理费用	#税金	财务费用	#利息支出	营业利润	营业外收入
集体企业	1583	25	-0.20		431	299
私营独资企业	9217	84	559	389	29047	226
合作、合伙企业	18494	1596	7922	7863	-11479	-123
股份合作企业	229	0.40	3	2	131	-265
私营合伙企业	2282	37	184	147	568	60
其他企业（内资）	15983	1559	7735	7715	-12178	82
股份有限公司	15537	225	17357	17303	56500	1553
股份有限公司(内资)	13006	185	16425	16404	55327	1514
私营股份有限公司	2531	40	933	898	1173	39
有限责任公司	107762	6962	75026	73412	216905	15087
国有独资公司	161	1	40	39	-475	0.20
私营有限责任公司	36323	1686	8105	7279	101212	611
合资经营企业(港或澳、台资)	754	94	122	36	193	
中外合资经营企业	297	7	89	34	242	59
其他有限责任公司	70228	5174	66670	66025	115734	14417
三、在总计中:亏损企业	82920	2989	23539	22243	-65292	8654
在总计中:国有控股企业	157615	6256	53629	49520	342233	2357
在总计中:农村工业	3484	28	109	33	6188	1077
在总计中:轻工业	5656	167	2720	2520	470	81
重工业	272689	13471	112269	106926	519749	18852
在总计中:大型企业	71494	5194	43220	41817	71458	1141
中型企业	141520	5303	53493	51851	377917	6249
小型企业	65332	3141	18276	15777	70843	11543

单位: 万元

营业外支出	利润总额	应交所得税	亏损企业亏损总额	利税总额	本年应付工资总额	本年应交增值税	全部从业人员年平均人数（人）
9	722	41	2	1041	635	248	373
2273	27000	9123	558	46185	6701	13031	3724
72	-11674	347	13008	-2854	26022	8341	3616
5	-139	0.40	141	3	260	135	106
60	568	253	91	2886	1241	1862	678
7	-12103	93	12777	-5743	24521	6344	2832
1087	56966	15155	6517	87310	20133	23900	7193
900	55941	14989	6501	85102	17471	22912	6136
187	1025	166	16	2207	2662	988	1057
25149	207711	56661	16819	335657	120917	106666	49924
2	-476		476	-468	102	8	98
8206	93616	19156	2590	142474	52160	38739	20031
47	146	42	23	495	786	337	456
24	276	45		356	868	78	349
16870	114148	37417	13729	192799	67002	67505	28990
4575	-60345	2092	60345	-25748	77774	26751	25613
12808	331781	46565	25848	520275	143640	161898	35709
6069	1196	129	11	2340	1381	1056	590
146	405	645	3740	3274	10851	2001	7191
37277	502192	100136	56605	810028	271407	256280	80794
5033	67566	25815	12484	120031	80855	47541	20856
11662	372504	57387	35210	564356	138690	160381	39194
20728	62526	17579	12651	128916	62712	50369	27935

8-4 国有控股工业企业主要

甲栏分组	企业单位数（个）	#亏损企业	工业总产值（当年价格）	工业销售产值（当年价格）	#出口交货值
总　计	42	12	1517154	1531826	10224
煤炭开采和洗选业	20	5	1002419	1030040	
黑色金属矿采选业	3		48958	53587	
有色金属矿采选业	1		35740	36926	
农副食品加工业	2	1	2313	2004	
纺织业	1	1	12588	11945	
非金属矿物制品业	3	2	16459	14131	10224
黑色金属冶炼及压延加工业	1		43383	45971	
通用设备制造业	1		6239	5445	
专用设备制造业	1		39347	38913	
电力、热力的生产和供应业	7	2	307353	290506	
水的生产和供应业	2	1	2358	2358	

经济指标（大行业）（2010年）

单位: 万元

资产总计	流动资产合计	#应收帐款	#存　货	#产成品	固定资产合计	累计折旧
3565994	1549053	409154	101815	25002	1510868	659860
2350083	1302012	331739	56661	20337	654585	301347
43426	248723	5916	7969	778	10772	5968
26818	12411		3645		12143	10612
7794	5269	227	1504	1296	2253	436
15555	8092	674	4192	1678	6479	6390
25602	10895	3889	4507	2382	12256	11921
13711	7503	2459	215	83	6208	3400
3421	2356	18	2104	741	1065	715
33185	25763	16504	5468	269	7027	3527
1037485	147888	46222	15444	–2562	791157	311387
8914	1991	1505	107		6922	4157

8-4 续表1

甲栏分组	固定资产净值	负债合计	所有者权益合计	实收资本		
					国家资本	集体资本
总计	1326552	2061864	1498301	480579	169350	2000
煤炭开采和洗选业	573522	1294173	1050060	224582	56961	2000
黑色金属矿采选业	10772	17979	25448	1230		
有色金属矿采选业	12143	7980	18839	15910		
农副食品加工业	2127	8721	-894	498	498	
纺织业	4113	20812	-5257	5355	3499	
非金属矿物制品业	12156	21108	4494	6275		
黑色金属冶炼及压延加工业	6208	3663	10049	1000		
通用设备制造业	1065	2863	558	500		
专用设备制造业	6438	26991	6182	838	767	
电力、热力的生产和供应业	691085	656143	381341	218727	106232	
水的生产和供应业	6922	1432	7482	5666	1394	

单位: 万元

法人资本	个人资本	港澳台资本	外商资本	主营业务收入	主营业务成本	主营业务税加及附加	营业费用
275863	33366			1520580	886720	26596	41075
133676	31945			1007027	534814	21106	32651
1080	150			54996	34319	409	832
15910				36160	21002	1847	102
				5119	4964	0.30	22
1855				12814	12860	31	80
6075	200			17528	11170	54	2496
	1000			45013	40095	156	2279
500				6733	6768	0.40	
	71			40327	31511	121	2241
112495				292605	187776	2846	179
4272				2259	1441	26	193

8-4 续表2

甲栏分组	管理费用	#税金	财务费用	#利息支出	营业利润	营业外收入
总计	157615	6256	53629	49520	342233	2357
煤炭开采和洗选业	133608	4888	21627	19015	245415	1248
黑色金属矿采选业	2344	15	688	679	16379	4
有色金属矿采选业	2916	985			12112	212
农副食品加工业	191	7	42	42	–47	0.40
纺织业	2012	19	2		–1176	29
非金属矿物制品业	1426	25	109	83	86	56
黑色金属冶炼及压延加工业	315	94	510	38	2582	1
通用设备制造业	261	23	18		144	
专用设备制造业	4575	60	128	86	1757	26
电力、热力的生产和供应业	9680	141	30508	29578	65022	781
水的生产和供应业	288		–1	–1	–40	

单位: 万元

营业外支出	利润总额	应交所得税	亏损企业亏损总额	利税总额	本年应付工资总额	本年应交增值税	全部从业人员年平均人数（人）
12808	331781	46565	25848	520275	143640	161898	35709
9139	237524	23118	23178	379967	116545	121336	25682
1335	15048	3768		19574	2561	4118	468
1411	10912	2777		14062	1627	1303	696
0.20	-47		48	-44	146	3	205
9	-1156	10	1156	-801	2873	325	2731
7	135	141	460	989	1378	800	934
32	2551	119		4189	2504	1483	384
67	77	23		129	392	52	120
54	1729	327		3056	2436	1207	907
752	65051	16284	964	99051	12576	31155	3201
1	-41		41	102	602	117	381

8-5 大中型工业企业主要

甲栏分组	企业单位数（个）	#亏损企业	工业总产值（当年价格）	工业销售产值（当年价格）	#出口交货值
总 计	54	14	2805513	2741131	162990
煤炭开采和洗选业	16	5	987312	1014958	
黑色金属矿采选业	11		297928	268921	
有色金属矿采选业	2		39840	41026	
农副食品加工业	2	1	32107	24193	
纺织业	1	1	12588	11945	
石油加工、炼焦及核燃料加工业	3	2	259407	259264	
化学原料及化学制品制造业	3	2	50397	46186	1984
医药制造业	1	1	5610	4650	
非金属矿物制品业	1		5310	3908	
黑色金属冶炼及压延加工业	3		92676	95608	
有色金属冶炼及压延加工业	2	1	370407	347856	
通用设备制造业	4		259485	244240	161006
专用设备制造业	1		39347	38913	
电力、热力的生产和供应业	4	1	353100	339464	

经济指标（大行业）（2010年）

单位: 万元

资产总计	流动资产合计	#应收帐款	#存　货	#产成品	固定资产合计	累计折旧
6017046	2383728	566523	345018	113567	2940677	828176
2395482	1303076	329045	56276	20530	618215	296430
284691	141619	51217	37868	13206	113470	35616
39074	12701		3914	15	24109	12244
39177	20607	772	6338	4482	169256	836
15555	8092	674	4192	1678	6479	6390
367367	187974	14239	64464	27985	164918	28884
135116	71741	2538	17452	3121	39803	27705
18383	16421	2756	10962	10061	1646	2135
6287	866	92	767	313	3862	389
41323	26029	6059	13841	10213	11381	6130
1178778	254796	36464	73268	11677	922633	114622
152641	108387	48470	23385	10017	40948	8179
33185	25763	16504	5468	269	7027	3527
1309988	205656	57696	26823		969261	285091

8-5 续表1

甲栏分组	固定资产净值	负债合计	所有者权益合计	实收资本		
					国家资本	集体资本
总计	2627586	3892343	2123554	929726	129944	55229
煤炭开采和洗选业	545103	1395936	999546	193822	28678	2000
黑色金属矿采选业	106732	165297	119244	49167		
有色金属矿采选业	24109	8125	30949	31160		
农副食品加工业	15196	37760	1416	7600		
纺织业	4113	20812	-5257	5355	3499	
石油加工、炼焦及核燃料加工业	85420	329345	38040	56710		51314
化学原料及化学制品制造业	33551	55600	795010	18187		95
医药制造业	1628	14953	3430	1820		1820
非金属矿物制品业	3762	3178	3109	2375		
黑色金属冶炼及压延加工业	11310	32501	8822	5536		
有色金属冶炼及压延加工业	804551	873391	305387	260839		
通用设备制造业	31988	60536	91105	11318		
专用设备制造业	6438	26991	6182	838	767	
电力、热力的生产和供应业	953686	867918	442070	285000	97000	

单位: 万元

法人资本	个人资本	港澳台资本	外商资本	主营业务收入	主营业务成本	主营业务税加及附加	营业费用
665110	79444			2753051	1931549	36394	67183
152876	10268			1007506	543809	22309	25829
5300	43867			294204	208388	7007	4819
31160				40260	24909	1847	102
	7600			21646	22914	76	881
1855				12814	12860	31	80
	5397			270571	261049	228	11999
17187	905			58939	47489	144	5255
				4469	2748	20	1523
2375				4032	3208	20	145
4000	1536			85729	79287	226	3269
260839				328883	252676	825	7470
1518	9800			239925	185612	928	3391
	71			40327	31511	121	2241
188000				343744	255090	2615	179

8-5 续表2

甲栏分组	管理费用	#税 金	财务费用	#利息支出	营业利润	营业外收入
总 计	213014	10497	96713	93668	449376	7390
煤炭开采和洗选业	136424	3397	25307	22739	246333	1245
黑色金属矿采选业	14313	724	2674	2622	61593	13
有色金属矿采选业	3009	995			12212	212
农副食品加工业	376	47	343	342	-1904	
纺织业	2012	19	2		-1176	29
石油加工、炼焦及核燃料加工业	5937	204	2370	2230	-344	2520
化学原料及化学制品制造业	4250	158	331	430	2066	364
医药制造业	578		227	224	-322	2
非金属矿物制品业	276		13	13	586	12
黑色金属冶炼及压延加工业	1602	178	556	38	2797	2007
有色金属冶炼及压延加工业	14561	2952	27864	28005	20177	807
通用设备制造业	3437	77	1750	1674	53585	2
专用设备制造业	4575	60	128	86	1757	26
电力、热力的生产和供应业	21665	1686	35147	35265	52015	152

单位: 万元

营业外支出	利润总额	应交所得税	亏损企业亏损总额	利税总额	本年应付工资总额	本年应交增值税	全部从业人员年平均人数（人）
16695	440071	83202	47694	684386	219545	207921	60050
9095	238483	24508	25368	380210	119001	119418	26714
3472	58134	15222		87371	16874	22230	6529
1411	11012	2802		14449	2400	1590	1026
	-1904		2018	-1694	3986	134	1002
9	-1156	10	1156	-801	2873	325	2731
153	2023	84	3660	6202	8983	3952	2830
33	2397	762	2684	4615	3771	2075	2438
2	-322		322	-117	385	186	302
3	595	102		911	375	296	600
50	4754	119		7072	4392	2092	1951
1320	19664	12295	2	30752	12564	10263	4352
470	53118	10690		63184	8327	9139	3907
54	1729	327		3056	2436	1207	907
623	51544	16283	12484	89175	33179	35016	4761

8-6 私营工业企业主要

甲栏分组	企业单位数（个）	#亏损企业	工业总产值（当年价格）	工业销售产值（当年价格）	#出口交货值
总 计	191	38	1264997	1139884	189128
煤炭开采和洗选业	7	3	20538	20043	
黑色金属矿采选业	98	22	559359	493102	
有色金属矿采选业	2		15635	15426	
农副食品加工业	2		5154	3285	
饮料制造业	1		5732	5500	
纺织业	1		3703	3726	
化学原料及化学制品制造业	3		11635	10833	1552
非金属矿物制品业	9		19224	19174	
黑色金属冶炼及压延加工业	7	1	24296	22574	
有色金属冶炼及压延加工业	2	1	77856	64133	
金属制品业	1	1	1678	16778	
通用设备制造业	53	9	503026	464093	187577
专用设备制造业	4		15171	14378	
电气机械及器材制造业	1	1	1989	1943	

经济指标（大行业）（2010年）

单位：万元

资产总计	流动资产合计	#应收帐款	#存　货	#产成品	固定资产合计	累计折旧
1260643	627724	144083	185217	88952	500571	1093323
17314	8881	1109	541	486	7712	1195
560826	249665	39328	82738	48238	205584	62846
149534	2069	820	474	203	12885	1834
1142	510	162	135	49	632	59
2786	430	43	58	58	2255	90
8378	1185	108	620	337	5131	328
9033	5735	1625	808	136	3298	1201
38466	9572	4447	2925	1262	27009	2599
11140	8178	1154	6318	5494	2960	1329
72158	18357	2270	11065	3524	52452	9154
1106	757	177	204		348	124
506261	312243	85926	77046	27897	174867	27726
10857	7480	6044	721	4	2974	367
6224	2663	8694	1565	1265	2464	484

8-6 续表1

甲栏分组	固定资产净　值	负债合计	所有者权益合计	实收资本	国家资本	集体资本
总　计	438308	688992	567059	284535		100
煤炭开采和洗选业	7712	12399	4915	4065		
黑色金属矿采选业	195974	319438	239671	109774		
有色金属矿采选业	12885	1289	13665	15750		
农副食品加工业	307	324	730	113		
饮料制造业	2255	1138	1648	870		
纺织业	5131	4644	3733	1060		
化学原料及化学制品制造业	3024	3979	4825	3060		
非金属矿物制品业	22628	17153	20188	10684		
黑色金属冶炼及压延加工业	2960	10131	1009	2191		
有色金属冶炼及压延加工业	52452	35047	37111	15050		
金属制品业	348	887	219	280		
通用设备制造业	127294	273477	231354	114672		100
专用设备制造业	2874	5529	5328	4967		
电气机械及器材制造业	2464	3559	2665	2000		

单位: 万元

法人资本	个人资本	港澳台资本	外商资本	主营业务收入	主营业务成本	主营业务税加及附加	营业费用
149769	134551		115	1155520	947758	16923	15503
100	3965			18075	15860	123	849
44086	65688			514711	393092	14493	3137
15250	500			15426	14244	113	
	113			5151	4914	7	82
	870			4190	3816	39	55
250	810			3184	2325	22	122
	3060			10833	9416	36	332
104	10580			19535	14754	67	826
200	1991			20211	18168	25	17
15050				62270	60005	81	1010
	280			1678	1570	2	34
69179	45278		115	456715	388539	1261	8644
3550	1417			21521	19208	654	314
2000				2020	1848	2	82

8-6 续表2

甲栏分组	管理费用	#税 金	财务费用	#利息支出	营业利润	营业外收入
总 计	50353	1848	9780	8714	132000	936
煤炭开采和洗选业	557	48	84	48	453	
黑色金属矿采选业	32573	1058	3791	3415	69894	235
有色金属矿采选业	713	13	–0.30		363	
农副食品加工业	44		51	3	105	
饮料制造业	41	3	48	48	191	
纺织业	178	32	88	88	449	
化学原料及化学制品制造业	564	9	70	65	348	0.40
非金属矿物制品业	1111	13	634	618	1644	13
黑色金属冶炼及压延加工业	584	39	201	194	176	0.40
有色金属冶炼及压延加工业	2591	366	655	592	–200	286
金属制品业	74		0.40		–2	
通用设备制造业	10117	248	4046	3553	58747	402
专用设备制造业	811		95	75	459	
电气机械及器材制造业	397	21	17	17	–626	

单位: 万元

营业外支出	利润总额	应交所得税	亏损企业亏损总额	利税总额	本年应付工资总额	本年应交增值税	全部从业人员年平均人数（人）
10726	122210	28699	3255	193752	62764	54619	25490
1	452	17	28	1537	608	962	355
8248	61881	16535	1757	111218	27217	34843	10887
259	104	25		2067	1141	1850	438
6	99			113	118	7	60
	191	29		388	168	159	188
	449	148		679	228	208	150
4	344			627	797	248	411
31	1626	331		2326	1598	634	1126
174	20	51	241	300	905	273	525
83	3		2	961	5705	878	1135
0.10	-2		2	33	123	33	100
1914	57234	11548	594	727434	23253	14248	9649
1	458	15		1368	736	256	345
5	-631		631	-608	167	21	121

8-7 主要年份主要

年份	原煤(万吨)	洗煤(万吨)	硫酸(折100%)(吨)	生铁(万吨)	焦炭(万吨)	铁矿石原矿量(万吨)	水泥(万吨)	碳化钙(电石)(吨)
1952	28							
1957	135				11			
1962	159				6			
1965	165				5		1	
1970	212				4		2	30
1975	347		1300	1	14		13	3688
1978	449		1430	2	21		18	6282
1980	558		1600	3	13		26	3432
1985	1051		1500	6	22		41	10546
1990	1222		33900	12	65		49	23365
1995	1514		30700	27	130		82	59306
2000	322	12	34600	28	32	40	84	102860
2001	459	12	28108	26	34	53	93	59816
2002	617	35	20369	14	18	112	98	63248
2003	1139	43	28428	20	54	402	75	98398
2004	1985	37	33080	13	71	442	92	113795
2005	1965	53	31846	20	77	775	83	68252
2006	2472	43	25094	23	101	1342	80	67109
2007	2900	148	28950	17	134	1546	72	70663
2008	3035	335	21979	11	138	1744	56	39454
2009	2755	121	4617	6	146	1081	39	
2010	3207	39		22	169	3135	48	

工业产品产量

合成氨(吨)	纱(吨)	布(万米)	铁合金(吨)	变压器(千伏安)	发电量(万千瓦小时)	白碳黑(吨)	草酸(吨)	法兰(吨)
		36			17			
		102			357			
		36			2045			
	250	134			2338			
3600	2662	1392		7490	2625			
46200	2543	1260		62475	6346			
53800	2672	1548		101915	30699			
66600	2378	2032		45930	42012			
97200	2483	2431		130000	61818			
117200	6680	2686		235000	64318			
163000	5341	3069		180311	86247			
172400	6072	2150	8548	257473	157179			
219354	6160	1779	11754	253705	187000	3739	29058	
241726	7044	1889	13258	227638	213418	6777	33305	
247540	6538	1483	19010	283138	204624	8315	39626	
246668	5020	1028	15039	414300	271006	7936	52195	47737
239967	5256	1363	42316	191890	1012023	9237	52223	40595
97563	5327	1461	66790	393205	1119894	11071	49734	45237
97437	3346	1289	97589	210435	1315465	11954	57230	50334
61622	2883	1034	90279	227275	1364709	12116	51996	60612
23013	2943	986	77309	411090	1165719	10805	35645	93042
7406	2490	748	93695	103585	1686285	10843	36095	143764

主要统计指标解释

工业 指从事自然资源的开采，对采掘品和农产品进行加工和再加工的物质生产部门。具体包括：(1)对自然资源的开采，如采矿、晒盐、森林采伐等(但不包括禽兽捕猎和捕捞)；(2)对农副产品的加工、再加工，如粮油加工、食品加工、轧花、缫丝、纺织、制革等；(3)对采掘品的加工、再加工，如炼铁、炼钢、化工生产、石油加工、机器制造、木材加工等，以及电力、自来水、燃气的生产和供应等；(4)对工业品的修理、翻新，如机器设备的修理、交通运输工具(包括小卧车)的修理等。

工业统计调查单位 工业统计调查单位分为两类：独立核算法人工业企业和工业活动单位。

(1)独立核算法人工业企业 是指从事工业生产经营活动的单位。独立核算法人工业企业应同时具备以下条件：①依法成立，有自己的名称、组织机构和场所，能够承担民事责任；②独立拥有和使用资产，承担负债，有权与其他单位签订合同；③独立核算盈亏，并能够编制资产负债表。

(2)工业活动单位 是指在一个场所从事一种或主要从事一种工业生产活动的经济单位。它包括独立核算工业企业按主营业务活动(即工业生产活动)划分的主营业务活动单位和非工业企业所属的工业生产活动单位(即原非独立核算工业生产单位)。工业活动单位，一般应同时具备以下三个条件：①具有一个场所，从事一种或主要从事一种工业活动；②单独组织工业生产、经营或业务活动；③单独核算收入和支出。

本年鉴中涉及的企业登记注册类型：

国有控股企业 指国有企业和国有控股企业。国有企业(即过去的全年所有制工业或国营工业)是指企业全部资产归国家所有，并按《中华人民共和国企业法人登记管理条例》规定登记注册的非公司制的经济组织。包括国有企业、国有独资公司和国有联营企业。1957年以前的公私合营工业，后均改造为国营工业，1992年改为国有工业，这部分工业的资料不单独分列时，均包括在国有企业内。国有控股企业是对混合所有制经济的企业进行的“国有控股”分类。它是指这些企业的全部资产中国有资产(股份)相对其他所有者中的任何一个所有者占资(股)最多的企业。该分组反映了国有经济控股情况。

集体企业 指企业资产归集体所有，并按《中华人民共和国企业法人登记管理条例》规定登记注册的经济组织。是社会主义公有制经济的组成部分。包括城乡所有使用集体投资举办的企业，以及部分个人通过集资自愿放弃所有权并依法经工商行政管理机关认定集体所有制的企业。

股份有限公司 指根据《中华人民共和国法人登记管理条件》规定登记注册，其全部注册资本由等额股份构成并通过发行股票筹集资本，股东以其认购的股份对公司承担有限责任，公司以其全部资产对其债务承担责任的经济组织。

港、澳、台商投资企业 指企业注册登记类型中的港、澳、台资合资、合作、独资经营企业家和股份有限公司之和。

外商投资企业 指企业注册登记类型中的中外合资、合作经营企业、外资企业和外商投资股份有限公司之和。

轻工业 指主要提供生活消费品和制作手工工具的工业。按其所使用的原料不同，可分为两大类：(1)以农产品为原料的轻工业，是指直接或间接以农产品为基本原料的轻工业。主要包括食品制造、饮料制造、烟草加工、纺织、缝纫、皮革和毛皮制作、造纸以及印刷等工业；(2)以非农产品为原料的轻工业，是指以工业产品为原料的轻工业。主要包括文教体育用品、化学药品制造、合成纤维制造、日用化学制品、日用玻璃品、日用金属品、手工工具制造、医疗器械制造、文化和办公用机械等工业。

重工业 是指为国民经济各部门提供物质技术基础的主要生产资料的工业。按其生产性质和产品用途，可以分为下列三类：(1)采掘工业，是指对自然资源的开采，包括石油开采、煤炭开采、金属矿开采、非金属矿开采和木材采伐等工业;(2)原材料工业,指向国民经济各部门提供基本材料、动力和燃料的工业。包括金属冶炼及加工、炼焦及焦炭、化学、化工原料、水泥、人造板以及电力、石油和煤炭加工等工业;(3)加工工业,是指对工业原材料进行再加工制造的工业。包括装备国民经济各部门的机械设备制造工业、金属结构、水泥制品等工业,以及为农业提供的生产资料如化肥、农药等工业。

根据上述划分原则,修理业中重工业产品为修理作业对象的划为重工业,反之划为轻工业。

从2003年起,轻、重工业内部不再细划分。

工业总产值 是以货币表现的工业企业在一定时期内生产的已出售或可供出售工业产品总量,它反映一定时间内工业生产的总规模和总水平。它包括:在本企业内不再进行加工,经检验、包装人库(规定不需包装的产品除外)的成品价值,对外加工费收入,自制半成品、在产品期末初差额价值。工业总产值采用“工厂法”计算,即以工业企业作为一个整体,按企业工业生产活动的最终成果来计算,企业内部不允许重复计算,不能把企业内部各个车间(分厂)生产的成果相加。但在企业之间、行业之间、地区之间存在着重复计算。

轻重工业总产值的划分也是按“工厂法”计算的,即一个工业企业在正常情况下生产的主要产品的性质属于轻工业,则该企业为国家资本、集体资本、法人资本、个人资本、港澳台资本和外商资本等。

资产合计 指企业拥有或控制的能以货币计量的经济资源。包括各种财产、债权和其他权利。资产按其流动性划分为流动资产、长期投资、固定资产、无形及递延资产和其他资产。

(1)流动资产 指企业可以在一年内或者超过一年的一个生产周期内变现或耗用的资产合计。包括现金及各种存款、短期投资、应收及预付款项、存货等。

(2)固定资产 指企业固定资产净值、固定资产清理、在建工程、待处理固定资产损失所占用的资金合计。

(3)无形资产 指企业长期使用而没有实物形态的资产。包括专利权、非专利权、商标权、著作权、土地使用权、商誉等。

负债合计 指企业承担的能以货币计量,将以资产或劳务偿付的债务。负债一般按偿还期长短分为流动负债和长期负债、递延税项等。

(1)流动负债 指企业在上年内或者一年的一个营业周期内需要偿还的债务合计,其中包括短期借款、应付及预收款项、应付工资、应交税金和应交利润等。

(2)长期负债 指企业在一年以上或者超过一年的一个营业周期上需要偿还的债务合计,其中包括长期借款、应付债务、长期应付款项等。

所有者权益 指企业投资人对净资产的所有权。企业净资产等于企业全部资产减去全部负债后的余额,其中包括投资者对企业的最初投入,以及资本公积金、盈余公积金和未分配利润,股份制企业即为股东权益。

固定资产原价 指企业在建造、购置、安装、改建、扩建、技术改造某项固定资产时所支出的全部货币总额。它一般包括买价、包装费、运杂费和安装费等。

固定资产净值 指企业销售产品和提供劳务等主要经营业务取得的业务总额。

流动资产 是指可以在一年或者超过一年的一个营业周期内变现或者耗用的资产,包括现金及各种存款、短期投资、应收及预付货款、存货等。

主营业务收入 指企业销售产品和提供劳务等主要经营业务取得的业务总额。

主营业务成本 指企业销售产品和提供劳务等主要经营业务的实际成本。

主营业务税金及附加 指企业销售产品和提供工业性劳务等主要经营业务应负担的城市维护建设税、消费税、资源税和教育费附加。

利润总额 指企业在生产过程中各种收入扣除各种耗费后的盈余,反映企业在报告期内实现的亏盈总额,包括营业利润、补贴收入、投资净收益和营业外收支净额。

应交增值税 指企业按税法规定，从事货物销售或提供加工、修理修配劳务等增加货物价值的活动报告期应交纳的增值税额。计算公式为：

应交增值税 = 销项税额 -（进项税额 - 进项和额转出）- 出口抵减内销产品应纳税额 - 减免税款 + 出口退税

总资产贡献率 反映企业全部资产的获利能力，是企业经营业绩和管理水平的集中体现，是评价和考核企业盈利能力的核心指标。计算公式为：

总资产贡献率（%）=（利润总额 + 税金总额 + 利息支出）/ 平均资产总额 × 100%

资产负债率 该指标既反映企业经营风险的大小，也反映企业利用债权人提供的资金从事经营活动的能力。计算公式为：

资产负债率（%）= 负债总额 / 资产总额 × 100%

工业成本费用利润率 指在一定时期内实现的利润与成本费用之比，是反映工业生产成本及费用投入的经济效益指标，同时也是反映企业降低成本所取得的经济效益的指标。计算公式为：

工业成本费用利润率（%）= 利润总额 / 成本费用总额 × 100%

工业增加值率 指在一定时期内工业增加值占同期工业总产值的比重，反映降低中间消耗的经济效益。计算公式为：

工业增加值率（%）= 工业增加值（现价）/ 工业总产值（现价）× 100%

流动资产周转率 指在一定时期内流动资产完成的周转次数，反映流动资产的周转速度。计算公式为：

$$\text{流动资产周转率} = \text{主营业务收入} / \text{全部流动资产平均余额} \times \frac{12}{\text{累计月数}}$$

产品销售率 指报告期工业销售产值与同期工业总产值之比，是反映工产品已实现销售程度，分析工业产销衔接情况，研究工业产品满足社会需求程度的指标。计算公式为：

产品销售率（%）= 工业销售产值 / 工业总产值 × 100%

全员劳动生产率 指根据产品的价值量指标计算的平均每一个从业人员在单位时间内的产品生产量，是考核企业经济活动的重要指标，是企业生产技术水平，经营管理的水平、职工抚摩熟练程度和劳动积极性的综合表现。目前我国的全员劳动生产率是将工业企业的工业增加值除以同一时期全部从业人员的平均人数来计算的。计算公式为：

$$\text{全员劳动生产率} = \text{工业增加值} / \text{全部从业人员平均数} \times \frac{12}{\text{累计月数}}$$

建筑业

JIAN ZHU YE

资料整理人员

杨　婷

9-1 建筑施工企业主要经济指标

指　　标	2009	2010
施工企业个数（个）	112.0	110
计算劳动生产率平均人数（人）	38817.0	36339
期末从业人数（人）	32616.0	30979
固定资产原价（万元）	110460.3	118474
固定资产合计（万元）	89504.5	92904
自有机械设备总台数（台）	15635.0	13437
自有机械设备净值（万元）	36333.7	32312
自有机械设备总功率（千瓦）	143979.0	161051
建筑业总产值　（万元）	389750.9	410104
竣工产值（万元）	320496.3	292856
固定资产折旧（万元）	33993.9	37897
施工面积　（万平方米）	269.1	231
竣工面积　（万平方米）	184.8	181
营业利润　（万元）	13454.3	15971
管理费用　（万元）	13266.9	13823
利润总额　（万元）	12964.3	15270
上缴税金　（万元）	18500.1	18323
按施工产值计算的全员		
劳动生产率（元/人）	100407.3	112855
实收资本金（万元）	108447.1	115703
资产总计（万元）	256919.3	280234
负债合计　（万元）	93674.4	98022
所有者权益合计（万元）	163244.9	182212
竣工率（按产值计算）（%）	82.2	71
技术装备率（元/人）	11139.8	10430
动力装备率（千瓦/人）	4.4	5
资产负债率（%）	36.5	35
产值利润率（%）	3.3	5

9-2 建筑业企业总产值和竣工产值（2010年）

指　　标	建筑业总产值	#建筑工程	#安装工程	竣工产值
总　　计	410104	317151	52466	292856
国有及国有控股	107056	83852	19499	58080
按登记注册类型分组				
内资企业	410104	317151	52466	292856
国有企业	106264	83852	19499	58080
集体企业	72787	63068	9263	44012
股份合作企业	3100	3100		3100
联营企业				
有限责任公司	37991	25316	6639	25080
国有独资公司				
其他有限责任公司	37991	25316	6639	25080
股份有限公司	30723	21986	3765	24009
私营企业	158238	119829	12301	138574
私营独资企业	1948	1948		1548
私营合伙企业				
私营有限责任公司	152327	114029	12301	133063
私营股份有限公司	3963	3852		3963
其他企业	1001		1001	

9-2 建筑业企业总产值和竣工产值（续表）

单位:万元

指标	建筑业总产值	#建筑工程	#安装工程	竣工产值
港、澳、台商投资企业				
外商投资企业				
按国民经济行业分组				
房屋和土木工程建筑业	380057	296947	46025	281791
房屋工程建筑	224794	199024	19489	175684
土木工程建筑	155263	97923	26536	106107
建筑安装业	26860	20204	5174	10172
建筑装饰业	845		808	782
其他建筑业	2342		460	111
按隶属关系分组				
中　央	13154		13154	
省	791			
地　区	73988	67770	5456	27738
县	105875	84334	12280	86912
按企业资质等级分组				
施工总承包	375981	292785	49639	281840
专业承包	34123	24366	2827	11016

9-3 按主要用途分的房屋

指　　标	总　计	#厂房、仓库	#住　宅	#办公用房	#批发和零售用　房
总　　计	1811255	54188	1305589	141041	5271
#国有及国有控股	543494	3560	444966	45784	
按登记注册类型分组					
内资企业	1811255	54188	1305589	141041	5271
国有企业	543494	3560	444966	45784	
集体企业	458859	2450	396610	33608	4149
股份合作企业	18500		18500		
联营企业					
有限责任公司	172257	34248	83556	35233	
国有独资公司					
其他有限责任公司	172257	34248	83556	35233	
股份有限公司	57298		44205		
私营企业	560847	13930	317752	26416	1122
私营独资企业	12340		12340		
私营合伙企业					
私营有限责任公司	548507	13930	305412	26416	1122
私营股份有限公司					
其他企业					
港、澳、台商投资企业					
外商投资企业					
按国民经济行业分组					
房屋和土木工程建筑业	1757532	54188	1278589	133191	5271
房屋工程建筑	1619517	51738	1159983	128178	5271
土木工程建筑	138015	2450	118606	5013	
建筑安装业	53723		27000	7850	
建筑装饰业					
其他建筑业					
按隶属关系分组					
中　央					
省					
地　区	239850	34248	189824	15778	
县	690949	3560	532997	77487	4149
按企业资质等级分组					
施工总承包	1799854	54188	1305589	141041	5271
专业承包	11401				

建筑竣工面积（2010年）

单位: 平方米

#住宿和餐饮用　房	#教育用房	#文化、体育和娱乐用房	#卫生医疗用　房	#其他用房
14183	204841	7976	26194	51972
4100	40686	1116	718	2564
14183	204841	7976	26194	51972
4100	40686	1116	718	2564
	17548	600	3894	
	17990		1230	
	17990		1230	
	13093			
10083	115524	6260	20352	49408
10083	115524	6260	20352	49408
8960	191191	7976	26194	51972
8960	179845	7376	26194	51972
	11346	600		
5223	13650			
4100	59134	1116	5842	2564
8960	204841	7976	26194	45794
5223				6178

9-4 按主要用途分的

指标	总计	#厂房、仓库	#住宅	#办公用房	#批发和零售用房	#住宿和餐饮用房
总计	184170	5195	127428	16873	435	1930
#国有及国有控股	47580	534	37651	3457		554
按登记注册类型分组						
内资企业	184170	5195	127428	16873	435	1930
国有企业	47580	534	37651	3457		554
集体企业	44012	186	37243	2815	300	
股份合作企业	3100		3100			
联营企业						
有限责任公司	18514	2741	7777	6355		
国有独资公司						
其他有限责任公司	18514	2741	7777	6355		
股份有限公司	7318		5589			
私营企业	63647	1735	36067	4246	135	1377
私营独资企业	1248		1248			
私营合伙企业						
私营有限责任公司	62399	1735	34819	4246	135	1377
私营股份有限公司						
其他企业						
港、澳、台商投资企业						
外商投资企业						
按国民经济行业分组						
房屋和土木工程建筑业	179170	5195	125088	15750	435	1280
房屋工程建筑	165134	5009	114230	15274	435	1280
木工程建筑	14036	186	10858	476		
建筑安装业	5000		2340	1123		650
建筑装饰业						
其他建筑业						
按隶属关系分组						
中央						
省						
地区	22410	2741	16338	3331		
县	65112	534	48928	6654	300	554
按企业资质等级分组						
施工总承包	182169	5195	127428	16873	435	1280
专业承包	2001					650

房屋建筑竣工价值（2010年）

单位: 万元

#教育用房	#文化、体育和娱乐用房	#卫生医疗用房	#其他用房
22439	1256	3568	5046
4762	96	70	457
22439	1256	3568	5046
4762	96	70	457
3038	50	380	
1556		85	
1556		85	
1728			
11355	1110	3032	4589
11355	1110	3032	4589
21552	1256	3568	5046
19086	1206	3568	5046
2466	50		
887			
7055	96	535	457
22439	1256	3568	3695
			1351

9-5 建筑业企业房屋建筑面积（2010年）

单位：平方米

指　标	房屋建筑施工面积	#本年新开工面积	#投标承包的面积
总　计	2713721	2127370	2106995
#国有及国有控股	613023	469966	485325
按登记注册类型分组			
内资企业	2713721	2127370	2106995
国有企业	613023	469966	485325
集体企业	608784	476869	483489
股份合作企业	21000	18500	21000
联营企业			
有限责任公司	457538	341444	394832
国有独资公司			
其他有限责任公司	457538	341444	394832
股份有限公司	118353	80155	69801
私营企业	895023	740436	652548
私营独资企业	16340	16340	16340
私营合伙企业			
私营有限责任公司	878683	724096	636208
私营股份有限公司			
其他企业			

9-5 建筑业企业房屋建筑面积（续表）

单位：平方米

指　标	房屋建筑施工面积	#本年新开工面积	#投标承包的面积
港、澳、台商投资企业			
外商投资企业			
按国民经济行业分组			
房屋和土木工程建筑业	2376248	1854197	1778945
房屋工程建筑	2198014	1681881	1618534
土木工程建筑	178234	172316	160411
建筑安装业	337473	273173	328050
建筑装饰业			
其他建筑业			
按隶属关系分组			
中　央			
省			
地　区	317088	216577	149309
县	881490	717863	752827
按企业资质等级分组			
施工总承包	2702320	2115969	2100817
专业承包	11401	11401	6178

9-6 建筑业企业机械设备情况（2010年）

指　　标	自有机械设备净值（万元）	自有机械设备年末总台数（台）	自有机械设备年末总功率（千瓦）
总　　计	32312	13437	161051
国有及国有控股	5732	2766	34592
按登记注册类型分组			
内资企业	32312	13437	161051
国有企业	5732	2766	34592
集体企业	2587	3555	37923
股份合作企业	34	88	130
联营企业			
有限责任公司	1211	295	2835
国有独资公司			
其他有限责任公司	1211	295	2835
股份有限公司	5432	672	10168
私营企业	17315	6061	75403
私营独资企业	1088	399	1948
私营合伙企业			
私营有限责任公司	16227	5662	73455
私营股份有限公司			
其他企业			
港、澳、台商投资企业			
外商投资企业			
按国民经济行业分组			
房屋和土木工程建筑业	32312	13437	161051
房屋工程建筑	18380	12635	138604
土木工程建筑	13932	802	22447
建筑安装业			
建筑装饰业			
其他建筑业			
按隶属关系分组			
中央			
省			
地区			
县	13330	6071	75197
按企业资质等级分组			
施工总承包	32134	13267	160541
专业承包	178	170	510

9-7 建筑业企业劳动生产率（2010年）

指　标	企业个数（个）	计算劳动生产率的平均人数（人）	按总产值计算的劳动生产率（元/人）	人均竣工产值（元/人）	年末从业人员（人）
总　计	110	36336	112864	80597	30979
#国有及国有控股	21	8614	124281	67426	7641
按登记注册类型分组					
内资企业	109	36336	112864	80597	30979
国有企业	20	8483	125267	68467	7510
集体企业	18	7456	97622	59029	5974
股份合作企业	1	340	91176	91176	176
联营企业					
有限责任公司	18	3546	107137	70728	3520
国有独资公司					
其他有限责任公司	18	3546	107137	70728	3520
股份有限公司	14	2442	125810	98319	2329
私营企业	37	13813	114558	100321	11214
私营独资企业	4	376	51809	41170	376
私营合伙企业					
私营有限责任公司	31	13298	114549	100062	10699
私营股份有限公司	2	139	285129	285129	139
其他企业	1	256	39082		256
港、澳、台商投资企业					
外商投资企业	1				
按国民经济行业分组					
房屋和土木工程建筑业	86	34100	111454	82637	28769
房屋工程建筑	55	26205	85783	67042	21834
土木工程建筑	31	7895	196660	134398	6935
建筑安装业	10	1810	148398	56196	1777
建筑装饰业	9	124	68121	63097	131
其他建筑业	5	302	77553	3675	302
按隶属关系分组					
中央	2	350	375814		350
省	1	131	60389		131
地区	18	4633	159697	59871	4633
县	32	12503	84680	69513	10708
按企业资质等级分组					
施工总承包	80	33753	111392	83501	28496
专业承包	30	2583	132106	42647	2483

9-8 建筑业企业资

指　　标	实收资本	资产总计	流动资产合计	固定资产合计
总　　计	115703	280234	179309	92904
国有及国有控股	24217	60945	42086	16977
按登记注册类型分组				
内资企业	115703	280234	179309	92904
国有企业	23417	59985	41417	16685
集体企业	19972	34851	18475	14681
股份合作企业	2105	2830	478	2352
联营企业				
有限责任公司	10500	33306	25444	6952
国有独资公司				
其他有限责任公司	10500	33306	25444	6952
股份有限公司	17015	49785	32545	15616
私营企业	42389	99103	60886	36307
私营独资企业	2769	2800	920	1880
私营合伙企业				
私营有限责任公司	36466	81043	49634	30002
私营股份有限公司	3155	15260	10332	4425
其他企业	305	375	65	311
港、澳、台商投资企业				
外商投资企业				
按国民经济行业分组				
房屋和土木工程建筑业	104668	244325	156974	80963
房屋工程建筑	69550	129972	80837	45243
土木工程建筑	35118	114354	76137	35720
建筑安装业	7562	28740	18990	8973
建筑装饰业	318	546	442	104
其他建筑业	3155	6623	2903	2864
按隶属关系分组				
中　央	170	5944	5583	361
省	800	960	669	291
地　区	20051	63761	45130	16847
县	31077	67940	42481	23160
按企业资质等级分组				
施工总承包	102108	234026	148398	79788
专业承包	13595	46208	30911	13116

本金及资产（2010年）

单位：万元

固定资产原价合计	#生产经营用	固定资产折旧	#本年折旧	无形及递延资产合计
118474	73350	37897	6100	1877
25786	14611	9174	750	948
118474	73350	37897	6100	1877
24948	14081	8627	698	948
14620	5726	4459	611	237
782	782	529	9	
8385	3202	3100	568	461
8385	3202	3100	568	461
14506	7145	2049	348	76
54857	42356	19067	3845	154
2828	645	948	104	
45263	35090	15492	2607	154
6766	6622	2627	1134	
377	58	67	23	
106938	68598	34448	5517	1750
54792	36409	17284	2659	1531
52147	32189	17164	2858	218
7241	1092	2083	140	127
170	32	67	12	
4124	3630	1299	431	
550		190	31	
838	530	547	53	
18213	2407	4104	379	220
29175	21137	9483	1115	1300
104395	68702	34031	5476	1658
14079	4649	3866	624	219

9-9 建筑业企业负债及所有者权益(2010年)

单位:万元

指 标	负债合计	流动负债	长期负债	所有者权益合计
总 计	98022	95974	2047	182212
#国有及国有控股	26255	25709	546	34690
按登记注册类型分组				
内资企业	98022	95974	2047	182212
国有企业	26095	25572	523	33890
集体企业	9650	9575	74	25201
股份合作企业	725	725		2105
联营企业				
有限责任公司	14556	14517	39	18750
国有独资公司				
其他有限责任公司	14556	14517	39	18750
股份有限公司	14507	13902	605	35278
私营企业	32487	31679	808	66616
私营独资企业				2800
私营合伙企业				
私营有限责任公司	25104	24297	808	55939
私营股份有限公司	7383	7383		7877
其他企业	3	3		372
港、澳、台商投资企业				
外商投资企业				
按国民经济行业分组				
房屋和土木工程建筑业	83444	81508	1936	160882
房屋工程建筑	29642	28052	1589	100330
土木工程建筑	53802	53456	346	60552
建筑安装业	10891	10891		17849
建筑装饰业	219	219		327
其他建筑业	3468	3356	112	3155
按隶属关系分组				
中 央	5660	5660		284
省	160	137	23	800
地 区	21216	21206	10	42545
县	23569	22435	1134	44371
按企业资质等级分组				
施工总承包	76832	74896	1936	157195
专业承包	21190	21078	112	25018

9-10 建筑业企业工程结算收入（2010年）

单位: 万元

指　标	工程结算收　入	#工程结算成本	#工程结算税金及附加	#工程结算利润
总　计	385506	333068	14057	31956
#国有及国有控股	91444	80755	3593	5712
按登记注册类型分组				
内资企业	385506	333068	14057	31956
国有企业	90890	80241	3574	5697
集体企业	71402	62324	3112	5239
股份合作企业	3100	2579	178	324
联营企业				
有限责任公司	37429	32322	1411	3140
国有独资公司				
其他有限责任公司	37429	32322	1411	3140
股份有限公司	31480	24889	1263	5154
私营企业	150204	129779	4455	12400
私营独资企业	1898	1093	66	448
私营合伙企业				
私营有限责任公司	144418	126233	4363	10593
私营股份有限公司	3888	2453	27	1359
其他企业	1001	934	64	3
港、澳、台商投资企业				
外商投资企业				
按国民经济行业分组				
房屋和土木工程建筑业	355552	308681	12843	27647
房屋工程建筑	211181	181276	8485	16933
土木工程建筑	144372	127405	4358	10714
建筑安装业	27428	22216	1115	4127
建筑装饰业	782	656	47	31
其他建筑业	1744	1515	52	150
按隶属关系分组				
中　央	7537	6772	252	511
省	554	514	19	16
地　区	64592	53933	2394	8073
县	104569	91159	4216	7216
按企业资质等级分组				
施工总承包	350119	304283	12588	26899
专业承包	35387	28785	1469	5057

9-11 建筑业企业费用情况（2010年）

单位:万元

指　　标	经营费用	管理费用			财务费用
			#差旅费	#工会经费	
总　　计	7507	13823	838	372	2389
国有及国有控股	1383	3774	188	94	631
按登记注册类型分组					
内资企业	7507	13823	838	372	2389
国有企业	1378	3772	188	94	620
集体企业	761	2705	62	7	298
股份合作企业	19	173	1		23
联营企业					
有限责任公司	557	1674	143	64	67
国有独资公司					
其他有限责任公司	557	1674	143	64	67
股份有限公司	179	1691	102	35	622
私营企业	4614	3806	342	171	759
私营独资企业	292	47	13	4	8
私营合伙企业					
私营有限责任公司	4272	3568	302	166	741
私营股份有限公司	50	191	27	2	10
其他企业		2			1
港、澳、台商投资企业					
外商投资企业					
按国民经济行业分组					
房屋和土木工程建筑业	7294	12628	799	357	1709
房屋工程建筑	4612	7193	486	290	1156
土木工程建筑	2683	5435	313	67	554
建筑安装业	137	1131	28	11	639
建筑装饰业	48	13	1		3
其他建筑业	27	51	11	3	38
按隶属关系分组					
中　央	2	484	57	3	8
省	5	2			11
地　区	192	3553	139	93	848
县	2016	4113	244	91	600
按企业资质等级分组					
施工总承包	7261	12276	795	360	1501
专业承包	245	1547	43	12	888

9-12 建筑业企业工资和福利费情况(2010年)

单位:万元

指 标	本年应付工资总额	#主营业务应付工资	本年应付福利费总额	#主营业务应付福利费
总 计	48972	47660	4030	3859
#国有及国有控股	12669	12556	1258	1254
按登记注册类型分组				
内资企业	48972	47660	4030	3859
国有企业	12411	12299	1246	1242
集体企业	11404	10825	864	836
股份合作企业	86	86	6	6
联营企业				
有限责任公司	3862	3813	252	246
国有独资公司				
其他有限责任公司	3862	3813	252	246
股份有限公司	2132	1998	149	91
私营企业	19026	18587	1510	1435
私营独资企业	736	736	48	48
私营合伙企业				
私营有限责任公司	18049	17655	1436	1361
私营股份有限公司	241	197	26	26
其他企业	52	52	3	3
港、澳、台商投资企业				
外商投资企业				
按国民经济行业分组				
房屋和土木工程建筑业	46927	45635	3872	3701
房屋工程建筑	37145	36482	2925	2812
土木工程建筑	9782	9153	946	889
建筑安装业	1464	1464	104	104
建筑装饰业	172	172	23	23
其他建筑业	409	389	31	31
按隶属关系分组				
中 央	813	813	37	37
省	257	257	12	12
地 区	6821	6709	636	632
县	13055	12825	1052	1044
按企业资质等级分组				
施工总承包	46837	45674	3888	3723
专业承包	2135	1986	142	136

9-13 建筑业企业利润

指 标	利润总额	税金总额	工程结算税金及附加	管理费用中的税金
总 计	15270	14974	14057	917
#国有及国有控股	1332	3741	3593	148
按登记注册类型分组				
内资企业	15270	14974	14057	917
国有企业	1328	3721	3574	147
集体企业	2240	3203	3112	91
股份合作企业	128	180	178	2
联营企业				
集体联营企业				
其他联营企业				
有限责任公司	1383	1497	1411	85
国有独资公司				
其他有限责任公司	1383	1497	1411	85
股份有限公司	2843	1388	1263	125
私营企业	7347	4922	4455	467
私营独资企业	223	80	66	14
私营合伙企业				
私营有限责任公司	5966	4792	4363	429
私营股份有限公司	1158	50	27	23
其他企业		64	64	1
港、澳、台商投资企业				
外商投资企业				
按国民经济行业分组				
房屋和土木工程建筑业	12850	13631	12843	788
房屋工程建筑	8450	9028	8485	543
土木工程建筑	4400	4603	4358	245
建筑安装业	2343	1240	1115	125
建筑装饰业	15	48	47	1
其他建筑业	62	55	52	3
按隶属关系分组				
中 央	20	285	252	33
省	4	20	19	1
地 区	3672	2576	2394	182
县	2515	4400	4216	184
按企业资质等级分组				
施工总承包	12660	13382	12588	794
专业承包	2610	1592	1469	123

及税金情况（2010年）

单位:万元

营业利润	其他业务利润	其他业务收入	劳动、失业保险费	住房公积金及住房补贴
15971	387	716	371	593
1456	148	148	7	171
15971	387	716	371	593
1452	148	148	7	171
2240	3	3	34	96
128				
1400	1	1	139	141
1400	1	1	139	141
2851	10	27	8	27
7900	225	538	184	157
233				4
6509	225	538	175	153
1158			8	0
				2
13416	266	595	360	563
8684	259	573	300	345
4733	8	22	60	218
2478	121	121	11	20
15				4
62				6
20			3	109
4				
3672			158	175
2664	162	179	18	104
13226	265	594	358	536
2745	123	123	14	58

主要统计指标解释

建筑业总产值 建筑业总产值是以货币表现的建筑业企业在一定时期内生产的建筑业产品和服务的总和。建筑业总产值包括建筑工程产值、安装工程产值和其他产值三部分内容。

竣工产值 一般是以单位工程为对象,当该工程按照设计所规定的工程内容全部完成,达到了设计规定的交工条件,经有关部门检查验收鉴定合格的单位工程价值,即为竣工产值。竣工产值包括范围应是报告期内竣工单位工程从开工到竣工的全部自行完成的价值,如果一个单位工程跨两个年度施工,其竣工价值应当包括上年度完成的价值。有些大型单位工程,如大型厂房、高级宾馆、各种管道、公路、铁路等,能够分跨、分层、分段施工并按合同规定,能够分开交付使用的,可以分开计算竣工产值。竣工产值不包括附属辅助企业或内部核算的其他单位为外单位生产和服务的价值。

房屋建筑施工面积 指报告期内施过工的全部房屋建筑面积,它包括本期新开工的面积、上期跨入本期继续施工的房屋面积、上期停缓建在本期恢复施工的房屋面积、本期竣工的房屋面积以及本期施工工后又停缓建的房屋面积。

房屋建筑施工面积 指在报告期内房屋建筑按照设计要求已全部完工,达到了使用条件,经检查验收鉴定合格的房屋建筑面积。

竣工房屋价值 指在报告期内按规定已经上报竣工的房屋本身的建造价值。一般按房屋设计和预算规定的内容计算。可按"竣工结算价"或"中标价"填报。

工程结算收入 指本企业承包工程实现的工程价款结算收入以及向发包单位收取的除工程价款以外按规定列作营业收入的各种款项,如临时设施费、劳动保险费、施工机构调迁费等以及向发包单位收取的各种索赔款。

工程结算利润 指已结算工程实现的利润。其计算公式为:

工程结算利润 = 工程结算收入 - 工程结算成本 - 经营费用 - 工程结算税金及附加

利润总额 指企业在工程施工生产过程中,取得工程价款收入、机械作业收入等,扣除投入的成本及其他一系列费用,再加减非经营性质的收支及投资收益,即煤炭工业部施工企业全年实现的利润总额(或亏损总额)。亏损以"-"表示。

营业利润 指企业生产经营活动所实现的利润。分为主营业务利润和其他利润。

营业利润 = 工程结算利润 + 其他业务利润 - 管理费用 - 财务费用

资产 是企业拥有或控制的能以货币计量的经济资源,包括各种财产、债权和其他权利。建筑业企业家的资产按其流动性分为:流动资产、长期投资、固定资产、无形资产、递延资产和其他资产。即:

资产总计 = 流动资产 + 长期投资 + 固定资产 + 无形资产 + 递延资产 + 其他资产

负债 是企业所承担的能以货币计量、将以资产或劳务偿会的债务。负债一般按其偿还期长短分为流动负债和长期负债。

所有者权益 是企业投资人对企业净资产的所有权,企业净资产等于企业全部资产减去全部负债后的余额。其中包括实收资本、资本公积、盈余公积和未分配利润四部分。

经营费用 指企业从事施工生产活动过程中发生和各项费用。包括应由企业负担的运输费、装卸费、包装费、保险费、维修费、展览费、差旅费、广告费和其他经费。

劳动、失业保险费 指企业向社会保障部门和保险公司为本单位职工支付的劳动保险、失业保险的费用。

交通运输、邮电通讯业

JIAO TONG YUN SHU YOU DIAN TONG XUN YE

资 料 整 理 人 员

康晓东

10-1 主要年份运输线路长度

单位: 公里

年 份	公路线路里程	#晴雨通车里程
1952	249	
1957	712	247
1962	892	326
1965	893	394
1970	1154	1069
1975	1357	1076
1978	1362	876
1980	3766	1624
1985	4038	1884
1990	4323	2259
1995	4661	
2000	8091	4129
2001	8621	4287
2002	9093	4473
2003	9763	4730
2004	10332	4021
2005	10540	4473
2006	15580	6816
2007	15817	7993
2008	15875	13913
2009	16168	15764
2010	16650	15969

注:2005年以后的公路线路里程和晴雨通车里程包括村道里程数。

10-2 主要年份公路货运量

单位：万吨

年份	合计	公路	
			#汽车
1952	28	28	
1957	91	91	
1962	86	86	
1965	141	141	
1970	261	261	
1975	379	379	
1978	508	508	
1980	462	462	
1985	904	904	
1990	2087	2087	1679
1995	2666	2666	2195
2000	4309	4309	3475
2001	4582	4582	3625
2002	4924	4924	3879
2003	5232	5232	4229
2004	5249	5249	4372
2005	5632	5632	5632
2006	5644	5644	5644
2007	5713	5713	5713
2008	5932	5932	5932
2009	4129	4129	4129
2010	5070	5070	5070

注:汽车货运量2000年以前为交通系统内的口径，2000年及以后为全社会的口径。

10-3 主要年份公路货物周转量

单位: 万吨公里

年 份	合 计	公 路	#汽 车
1952	549	549	
1957	1517	1517	
1962	1632	1632	
1965	2380	2380	
1970	3865	3865	
1975	7761	7761	
1978	10414	10414	
1980	9316	9316	
1985	35789	35789	
1990	91663	91663	81806
1995	120776	120776	109721
2000	179449	179449	159614
2001	197171	197171	173247
2002	273402	273402	208192
2003	289349	289349	258218
2004	324537	324537	280205
2005	376059	376059	376059
2006	378073	378073	378073
2007	400015	400015	400015
2008	420165	420165	420165
2009	1027406	1027406	1027406
2010	1180787	1180787	1180787

注：汽车货物周转量2000年以前数据为交通系统内的口径，2000年及以后为全社会的口径。

10-4 主要年份公路旅客运输量和周转量

年份	客运量 (万人)	旅客周转量 (万人公里)
1952	2	98
1957	39	2274
1962	70	4563
1965	100	4665
1970	187	5436
1975	227	10688
1978	326	13768
1980	390	16949
1985	623	33530
1990	1199	65914
1995	1435	88751
2000	2176	123704
2001	2282	131390
2002	2620	163599
2003	2757	182269
2004	2820	225459
2005	3000	207121
2006	3130	224502
2007	3173	229980
2008	3174	239796
2009	1392	92761
2010	1430	107543

10-5 2006-2010年全社会公路客货运输量

指标名称	单位	2006	2007	2008	2009	2010
公路通车里程	公里	15580	15817	15875	16168	16650
公路等级里程	公里	12370	13133	13609	15213	15969
其中：高速	公里	108	111	111	112	389
一级	公里	6	6	6	11	11
二级	公里	1536	1534	1561	1564	1682
三级	公里	1527	1619	1645	1617	1652
四级	公里	9193	9863	10286	11819	12235
公路等外里程	公里	3210	2684	2266	955	681
公路路面里程中高级、次高级路面里程	公里	6816	7993	9118	11921	12648
公路桥梁	米/座	49524/1283	52869/1386	54085/1411	54664/1390	99175/1674
其中：大桥	米/座	19630/89	9111/52	20919/98	21784/102	57407/245
中桥	米/座	15094/271	13273/235	15941/279	16020/274	21080/338

10-6 全社会公路分货类运输量（2010年）

指　标	货运量（万吨）	货物周转量（万吨公里）
合　计	5070.2	1180787
煤炭及制品	2990	675600
石油天然气及制品	199	47760
金属矿石	80	20200
钢　铁	270	64800
矿建材料	330	79200
水　泥	198	47520
木　材	106	25400
非金属矿石	20	5800
化肥及农药	187	44880
盐	223	53520
粮　食	214	51360
机械、设备、电器	50	12000
化工原料及制品	9	2160
有色金属	2	480
轻工、医药产品	40	9600
农林牧渔业产品	21	5040
其　他	131.2	35467

10-7 主要年份民用汽车拥有量

单位：辆

年 份	民用汽车总数	#载货汽车	#载客	#私人汽车	#载货	#载客
1952	10	10				
1957	133	128	5			
1962	334	290	44			
1965	430	337	93			
1970	821	648	173			
1975	2329	1606	723			
1978	3431	2415	1016			
1980	4528	3261	1267			
1985	11556	7579	3977			
1990	14086	10958	3128			
1995	18816	12269	6095			
2000	32682	19642	13040			
2001	36195	21595	14600			
2002	35836	20416	15420	18200	8273	9927
2003	35150	17803	17347	18986	7909	11077
2004	46161	22337	23824	25774	9849	15925
2005	55397	24042	31355	33562	11504	22058
2006	65606	24977	40629	42679	12659	30020
2007	78556	27188	51368	53085	13964	39391
2008	96839	31864	64975	67510	16559	50951
2009	121342	39157	82185	87291	20116	67175
2010	180612	49233	103946	138092	25015	87118

注:民用汽车总数和私人汽车数都不包括三轮汽车和低速货车。

10-8 民用汽车拥有量（2010年）

编制单位：忻州

指标名称	代码	总计			个人
			营运	非营运	
一、民用汽车	02	180612	59280	121332	138092
1.载客汽车	03	103946	5210	98736	87118
其中：大型	04	1520	1238	282	182
中型	05	1973	1308	665	702
小型	06	90763	2653	88110	77444
微型	07	9690	11	9679	8790
其中：轿车		60916	2548	58368	52201
2.载货汽车	09	49233	37065	12168	25015
其中：重型	10	23890	23676	214	6369
中型	11	5179	4982	197	2751
轻型	12	19556	8311	11245	15403
微型	13	608	96	512	492
其中：普通载货		32642	22032	10610	16276
3.其他汽车		27433	17005	10428	25959
其中：三轮汽车		14207	9431	4776	14174
低速货车		12021	7351	4670	11396
二、摩托车	21	45605	562	45043	45368
1.普通	22	44230	559	43671	43995
2.轻便	23	1375	3	1372	1373
三、拖拉机（农机部门数据）	24	32489		32489	32489
1.大中型（农机部门数据）	25	6112		3112	3112
2.小型方向盘式（农机部门数据）	26	26377		26377	26377
四、挂车	27	14397	14299	98	4526
五、其它类型车	28	5	4	1	4
补充资料：机动车驾驶员（人）	29	336977			
其中：汽车驾驶员（人）	30	326182			

10-9 邮电业务总量

指　标	计量单位	2009	2010
邮电业务总量	万元	464604	603985
函件	万件	230	232
包件	万件	9	10
汇票	万笔	57	46
机要邮件	万件	1	1
特快专递	万件	25	17
集邮邮票	万枚	5	59
邮政储蓄年末余额	亿元	84	69
订销报纸期发数	万份	16	16
订销报纸累计数	万份	3833	3882
订销杂志期发数	万份	7	8
订销杂志累计数	万份	149	160
报刊流转额	万元	4902	12048
电话数	万户	231.2	242.8
移动电话总户	万户	166.1	183.5

10-10 2003-2010年主要年份邮电通信网

年 份	邮电局、所（个）		邮路长度（公里）	
		#在农村		#汽车
2003	174	118	3365	945
2004	174	118	3365	945
2005	173	115	3365	910
2006	175	115	3365	910
2007	176	115	3365	910
2008	216	115	3925	1470
2009	207	89	5036	2581
2010	157	88	5036	2581

10-11 邮政邮路（2010年）

单位：公里

指标	2010	指标	2010
邮路总条数（条）	86	自办汽车邮路	2581
#全国干线邮路		#全国干线邮路	
省内干线邮路		省内干线邮路	
邮路总长度（单程）	5036	委办汽车邮路	526
#全国干线邮路		#全国干线邮路	
省内干线邮路		省内干线邮路	
航空邮路		其他邮路	1929
#全国干线邮路		#全国干线邮路	
省内干线邮路		省内干线邮路	
铁路邮路		农村投递路线总长度（单程）	15695
#全国干线邮路		快速邮路总长度（条）	2
省内干线邮路		快速邮路总长度（单程）	30

10-12 邮政局所、房屋、服务点（2010年）

单位：处

指标	2010
邮政局所总数	157
#设在农村的居所	88
#提供邮政全力功能服务的居所	88
#电子化支局	88
#邮政局	14
邮政支局	74
自办邮政局	61
代办邮政局	22
邮政报刊图书销售点	39
集邮品储蓄点	8
邮政储蓄点	115
#邮政储蓄联网	115
网点数	180
邮政储蓄异地存取网点数	115
邮政信报箱群	390
邮政信筒信箱（个）	370
邮政用户信箱（个）	387
邮政妥投点（个）	22025
直接投递	13861
与用户签订妥投协议	8164
自有房屋建筑面积（万平方米）	86817
邮政生产用房面积	5.4
其他生产用房	
非生产用房面积	3.2

主要统计指标解释

铁路营业里程 指办理客货运输业务的铁路正线总长度。凡是全线或部分建成双线及以上的线路，以第一线的实际长度计算；复线、站线、段管线、岔线和特别用途线以及不计算运费的联络线都不计算营业里程。铁路营业里程是反映铁路运输业基础设施发展水平的重要指标，也是计算客货周转量、运输密度和机车车辆运用效率等指标的基础资料。

铁路延展里程 可以分为总延展里程以及正线、站线、段管线、岔线和特别作用线的延展里程。总延展里程是各种线路的延展里程之和。正线延展里程是正线第一线、第二线、第三线和其他正线建筑里程之和，站线、段管线、岔线和特别用途线的延展里程，均是各自建筑里程之和。延展里程是作为计算线路上钢轨、枕木及路基砂石需要量的主要依据。

公路网 是由各级公路组成的网状运输系统。它是由连结各城镇、乡村和工矿基地之间主要供汽车行驶的道路形成的网络。我国的公路里程是按其作用及使用管理性质分为国家干线公路、省级干线公路、县级公路、乡公路和专用公路。按其公路工程技术要求分为高速公路和一、二、三、四级公路。

公路里程 也称“公路通车里程”是指实际达到交通部制定的公路线程技术标准规定的等级公路长度。它包括大中城市的郊区以及通过小城镇街道的公路里，也包括桥梁、渡口的长度，但不包括城市街道以及厂矿、林区和农业生产用道的里程。两条或多条公路共同径由同一路段，只计算一次，不得重复计算里程长度。公路里程是反映公路建设发展规模的重要指标，也是计算运输网密度等指标的资料。

民用汽车 由公安交通监理部门所掌管的领有本地区民用车辆牌照的机动车辆中的一部分。不包括拖拉机、摩托车、其他载客和载货汽车。

营运汽车 指领有公安交通监理部门核发的车辆牌照，并经当地工商行政管理机关核准领取营业执照，参加营业性运输的载客和载货汽车。

货（客）运量 指运输业实际运送的货物（旅客）数量。货运按吨计算。货物不论运输距离长短、货物类别，均按实际重量计算，旅客不论行程远近或票价多少，均按一人一次作为客运量统计。半票价、小孩票也按一人统计。货（客）运量反映运输业为国民经济和人民生活服务的数量指标，也是制定和检查运输生产计划，研究运输发展规模和速度的重要指标。

货物（旅客）周转量 指运输业运送的货物（旅客）数量与其相应运输距离的乘积之总和，通常以吨公里和人公里为计算单位。计算货物周转量通常按发出站与到达站之间的最短距离，也就是计费距离计算。它是反映运输业生产总成果的重要指标，也是编制和检运输生产计划、计算运输效率、劳动生产率以及核算运输单位成本的主要基础资料。

换算周转量 是综合反映各种运输工具在一定时期内实际完成的旅客、货物周转量的综合指标。具体计算方法是将旅客周转量和货物周转量区分不同运输工具按相应的换算比例，换算成同一计量单位进行加总求得。其计算单位为：吨公里。

公路运输的换算比例是：1 吨公里 =10 人公里

内河水运的换算比例是：1 吨公里 =3 人公里（座位）　　1 吨公里 =1 人公里（带臣铺）

铁路运输的换算比例是：1 吨公里 =1 人公里（地方铁路为 5 人公里）

民航运输的换算比例是：1 吨公里 =13.9 人公里（国际航线为 13.3 人公里）

邮电业务总量 指以价值量形式表现的邮电部门为用户传递信息和提供其他邮电服务的总量。它用各种邮电分类业务量，如函件件数、电报份数、长话张数、市内电话和农村电话的年均户数、订销报刊累计份数等，分别乘以相应的平均单价（不变价），加总后再加上出租电路和设备的收入、代用户维护电话交换机和线路等设备的收入、其他业务收入求得。邮电业务总量综合反映了一定时期邮电工作的成果，是研究邮电业务量构成和发展趋势的重要热量标。

电话用户数 包括固定和移动电话。固定电话用户指接入国家公众固定电话网，并按固定电话业务进行经营管理的电话用户。移动电话用户指在移动营业部门登记，通过移动电话交换机接入移动电话网、占有移动电话号码的用户。

批发零售贸易和餐饮业

HE CAN YING YE
PI FA LING SHOU MAO YI

资 料 整 理 人 员

赵　静　孙露青

11-1 社会消费品零售总额

单位：万元

指标名称	2009	2010
社会消费品零售总额	1440329.8	1698152.2
一、按销售单位所在地分		
1.城镇	967918.4	1135982.7
2.乡村	472411.4	562169.5
二、按行业分组		
1.批发业	253207.5	303100.1
2.零售业	976230.9	1150978.5
3.住宿和餐饮业	210891.4	244073.6

11-2 限额以上批发和零售业

指标名称	法人企业数（个）	年末从业人员数（个）	商品购进总额	进口额
总　　计	153	14073	1726885	930
一、批发业	69	7759	1428435	930
1. 按批发行业小类分组				
农畜产品批发	4	210	35385	930
谷物、豆及薯类批发	4	210	35385	930
食品、饮料及烟草制品批发	5	1481	177367	
米、面制品及食用油批发	2	265	11997	
果品、蔬菜批发	1	510	12400	
盐及调味品批发	1	76	2397	
烟草制品批发	1	630	150574	
医药及医疗器材批发	1	1465	1250	
西药批发	1	1465	1250	
矿产品、建材及化工产品批发	47	4151	1098527	
煤炭及制品批发	39	3987	1054051	
石油及制品批发	1	20	14158	
金属及金属矿批发	4	42	16801	
建材批发	1	18	1069	
化肥批发	1	60	2100	
其他化工产品批发	1	24	10349	
机械设备、五金交电及电子产品批发	4	120	72056	
汽车、摩托车及零配件批发	3	114	69424	
其他机械设备及电子产品批发	1	6	2632	
其他批发	8	332	43851	
再生物资回收与批发	3	49	10019	
其他未列明的批发	5	283	33832	
2.按登记注册类型分组				
内资企业	69	7759	1428435	930
国有企业	21	5119	394452	
集体企业	6	1103	177829	
股份合作企业	2	30	10373	
有限责任公司	17	795	577627	
其他有限责任公司	17	795	577627	
股份有限公司	3	147	10178	
私营企业	20	565	257977	930

法人企业商品购销存综合表

单位：万元

商品销售总额	批发额	出口额	零售额	年末商品库存总额	年末零售营业面积（平方米）
2256519	1654312	3368	602207	117190	504697
1663379	1649386	3368	13994	90779	29885
43916	43916	3368		2833	2400
43916	43916	3368		2833	2400
234854	233854		1000	13248	500
10274	10274			6040	
16000	15000		1000	20	
2658	2658			583	500
205922	205922			6605	
10437	10437			4289	
10437	10437			4289	
1249578	1248584		994	66122	26785
1200841	1200047		794	65026	26785
14551	14551			453	
18230	18230			498	
2046	2046			9	
2200	2000		200	96	
11709	11709			39	
73315	62315		11000	3196	
70682	59682		11000	3106	
2632	2632			90	
51280	50280		1000	1092	200
9577	9577			451	
41703	40703		1000	641	200
1663379	1649386	3368	13994	90779	29885
467611	467611			22084	15000
263578	260709		2869	15050	500
12511	12511			1340	
602373	601248		1125	22428	360
602373	601248		1125	22428	360
10970	10970			757	2600
306337	296337	3368	10000	29119	11425

11-2 续表1

指标名称	法人企业数（个）	年末从业人员数（个）	商品购进总额	进口额
私营独资企业	1	20	2300	
私营合伙企业	1	18	1069	
私营有限责任公司	15	447	236318	930
私营股份有限公司	3	80	18291	
3.按控股情况分组				
国有控股	23	5350	784643	
集体控股	10	1021	127332	
私人控股	31	1192	456722	930
其他	5	196	59739	
4.按经营形式分组				
独立门店	49	6098	632001	930
连锁门店	1	16	6459	
其他	19	1645	789975	
二、零售业	84	6314	298450	
1.按零售行业小类分组				
综合零售	23	2956	58005	
百货零售	16	2184	40268	
超级市场零售	7	772	17736	
食品、饮料及烟草制品专门零售	5	286	10218	
果品、蔬菜零售	1	120	600	
肉、禽、蛋及水产品零售	1	82	7963	
其他食品零售	3	84	1655	
纺织、服装及日用品专门零售	2	143	2003	
服装零售	1	123	1890	
化妆品及卫生用品零售	1	20	113	
文化、体育用品及器材专门零售	12	304	14319	
图书零售	9	256	13006	
珠宝首饰零售	3	48	1314	
医药及医疗器材专门零售	5	261	2543	
药品零售	5	261	2543	
汽车、摩托车、燃料及零配件专门零售	25	1828	200761	
汽车零售	18	519	90372	
汽车零配件零售	2	12	786	
机动车燃料零售	5	1297	109602	
家用电器及电子产品专门零售	6	405	8382	
家用电器零售	4	350	7429	

单位：万元

商品销售总额	批发额	出口额	零售额	年末商品库存总额	年末零售营业面积（平方米）
2300	2300			133	
2046	2046			9	
283097	273097	3368	10000	27762	11425
18895	18895			1215	
888900	888900			31486	15160
135965	133765		2200	1209	1200
571270	559476	3368	11794	50177	13325
67245	67245			7908	200
710788	697588	3368	13200	46383	28685
6854	6854			246	
945737	944943		794	44150	1200
593139	4927		588213	26411	474812
68097	399		67698	8139	96820
45488			45488	5013	69418
22610	399		22210	3126	27402
10492	1210		9282	771	4380
500			500	100	2000
7963			7963	120	1500
2029	1210		819	551	880
2289			2289	342	1300
1653			1653	237	1000
636			636	105	300
14708	1081		13627	3362	4339
11819	1081		10738	2234	3929
2889			2889	1128	410
3076	807		2269	999	5070
3076	807		2269	999	5070
482589			482589	10332	319688
93346			93346	7188	82922
1145			1145	82	3364
388099			388099	3062	233402
8619	1430		7189	1891	14915
7164	1430		5734	1649	13825

11-2 续表2

指标名称	法人企业数（个）	年末从业人员数（个）	商品购进总额	进口额
通信设备零售	2	55	953	
五金、家具及室内装修材料专门零售	5	124	1746	
家具零售	5	124	1746	
无店铺及其他零售	1	7	474	
其他未列明的零售	1	7	474	
2.按登记注册类型分组				
内资企业	84	6314	298450	
国有企业	26	3412	154630	
集体企业	4	236	4199	
股份合作企业	1	4	797	
有限责任公司	23	1258	95341	
其他有限责任公司	23	1258	95341	
股份有限公司	5	69	2215	
私营企业	25	1335	41268	
私营独资企业	2	188	1454	
私营合伙企业	4	111	3262	
私营有限责任公司	16	897	26803	
私营股份有限公司	3	139	9749	
3.按控股情况分组				
国有控股	26	3412	154630	
集体控股	4	236	4199	
私人控股	44	2141	76049	
其他	10	525	63572	
4.按经营形式分组				
独立门店	81	5842	252253	
连锁总店	2	423	11612	
其他	1	49	34585	
5.按零售业态分组				
有店铺零售	84	6314	298450	
食杂店	1	120	600	
便利店	1	20	450	
超市	11	1102	25059	
大型超市	1	22	2150	
百货店	13	1418	34820	
专业店	24	1804	179501	
专卖店	27	935	50519	
家居建材商店	1	16	450	
购物中心	4	823	3182	
厂家直销中心	1	54	1720	

单位：万元

商品销售总额	批发额	出口额	零售额	年末商品库存总额	年末零售营业面积（平方米）
1455			1455	242	1090
2769			2769	574	28100
2769			2769	574	28100
501			501	1	200
501			501	1	200
593139	4927		588213	26411	474812
437272	3318		433954	7147	237141
3499	644		2856	1917	9980
859			859		65
100157	566		99591	10458	67542
100157	566		99591	10458	67542
3525			3525	229	1900
47828	399		47428	6660	158184
1483			1483	274	7025
4485			4485	598	11317
31891	399		31492	4395	137792
9969			9969	1393	2050
437272	3318		433954	7147	237141
3499	644		2856	1917	9980
91418	965		90453	11074	187371
60950			60950	6273	40320
545401	4867		540534	22002	444492
15460	60		15400	2103	15320
32279			32279	2306	15000
593139	4927		588213	26411	474812
500			500	100	2000
560			560	120	500
29764	509		29255	4608	43426
1892	538		1354	258	500
40086			40086	2707	42418
457600	447		457153	10448	235549
57715	2002		55713	5799	114659
574			574	376	9000
2884			2884	1784	25260
1565	1430		135	210	1500

11-3 限额以上住宿业和餐饮业

指标名称	法人企业数（个）	年末从业人员数（个）	营业额	
				客房收入
总　计	48	6009	46648	16023
一、住宿业	28	3956	29794	12073
1. 按住宿行业小类分组				
旅游饭店	24	3714	28852	11759
一般旅馆	4	242	942	314
2. 按登记注册类型分组				
内资企业	28	3956	29794	12073
国有企业	10	1072	6417	3391
集体企业	2	700	3467	2080
股份合作企业	1	151	1013	701
有限责任公司	5	925	9166	3582
其他有限责任公司	5	925	9166	3582
股份有限公司	2	474	3198	1150
私营企业	8	634	6534	1168
私营独资企业	2	102	569	250
私营合伙企业	2	69	421	200
私营有限责任公司	3	431	5158	664
私营股份有限公司	1	32	385	55
3. 按控股情况分组				
国有控股	11	1351	9311	4433
集体控股	3	851	4479	2781
私人控股	11	1390	13386	3630
其他	3	364	2617	1229
4. 按经营形式分组				
独立门店	27	3806	28458	11467

法人企业经营情况综合表

单位：万元

			客房间数（间）	床位数（个）	餐位数（位）	年末餐饮营业面积（平方米）
餐费收入	商品销售收入	其他收入				
26619	1102	2904	3863	7635	18980	74537
14681	457	2583	2900	5796	10132	41490
14108	457	2529	2713	5467	9222	40000
573		55	187	329	910	1490
14681	457	2583	2900	5796	10132	41490
2484	247	295	1028	1897	3400	11161
1185		201	697	1342	1500	10600
211		100	81	147	520	2209
4383	3	1198	412	809	1673	10200
4383	3	1198	412	809	1673	10200
1881	42	125	265	847	1072	1920
4537	165	663	417	754	1967	5400
200		120	120	234	507	1080
167		55	102	190	400	600
3841	165	489	161	265	840	3390
330			34	65	220	330
4292	242	344	1062	1960	3863	14385
1396		302	778	1489	2020	12809
7840	165	1752	732	1359	3139	7700
1153	50	185	328	988	1110	6596
14117	415	2459	2770	5207	9832	41070

11-3 续表

指标名称	法人企业数（个）	年末从业人员数（个）	营业额	
				客房收入
其他	1	150	1336	606
5.按星级分组				
五星	1	400	1225	1170
四星	3	621	6777	2688
三星	4	539	3679	1579
其他	20	2396	18114	6637
二、餐饮业	20	2053	16854	3950
1.按餐饮行业小类分组				
正餐服务	20	2053	16854	3950
2.按登记注册类型分组				
内资企业	20	2053	16854	3950
国有企业	2	227	1073	287
有限责任公司	2	361	3869	1065
其他有限责任公司	2	361	3869	1065
股份有限公司	1	190	1368	
私营企业	14	1193	9933	2457
私营独资企业	12	988	8419	1988
私营合伙企业	1	140	992	366
私营股份有限公司	1	65	523	103
其他企业	1	82	611	141
3.按控股情况分组				
国有控股	1	55	423	113
私人控股	16	1624	13726	3522
其他	3	374	2705	315
4.按经营形式分组				
独立门店	17	1758	14252	3837
连锁门店	1	120	734	
其他	2	175	1867	113

单位：万元

			客房间数（间）	床位数（个）	餐位数（位）	年末餐饮营业面积（平方米）
餐费收入	商品销售收入	其他收入				
564	42	124	130	589	300	420
50		5	500	1000	1000	2600
2912		1177	220	442	1123	2200
2010	9	82	488	923	1650	8436
9709	448	1320	1692	3431	6359	28254
11937	645	321	963	1839	8848	33047
11937	645	321	963	1839	8848	33047
11937	645	321	963	1839	8848	33047
786			139	296	900	2200
2483		321	124	230	980	5830
2483		321	124	230	980	5830
1027	341				900	4900
7172	304		650	1221	5768	19717
6127	304		508	977	5008	15417
625			120	200	620	3500
420			22	44	140	800
470			50	92	300	400
310			50	90	350	900
9237	645	321	774	1451	7328	29217
2390			139	298	1170	2930
9449	645	321	913	1749	7528	29917
734					650	1000
1754			50	90	670	2130

11-4 限额以上批发和零售业

指标名称	法人企业数（个）	#执行《2006年企业会计准则》企业数（个）	年初存货	流动资产合计
总 计	153	125	86320	477855
一、批发业	69	53	55073	396737
1.按批发行业小类分组				
农畜产品批发	4	2	2314	7291
谷物、豆及薯类批发	4	2	2314	7291
食品、饮料及烟草制品批发	5	5	7569	54678
米、面制品及食用油批发	2	2	84	16384
果品、蔬菜批发	1	1	20	20
盐及调味品批发	1	1	467	624
烟草制品批发	1	1	6998	37650
医药及医疗器材批发	1	1	3590	12859
西药批发	1	1	3590	12859
矿产品、建材及化工产品批发	47	35	34251	302429
煤炭及制品批发	39	30	33059	294484
石油及制品批发	1		141	2872
金属及金属矿批发	4	4	907	2070
建材批发	1		102	1121
化肥批发	1	1	42	846
其他化工产品批发	1			1036
机械设备、五金交电及电子产品批发	4	4	4283	11713
汽车、摩托车及零配件批发	3	3	2653	10747
其他机械设备及电子产品批发	1	1	1630	967
其他批发	8	6	3066	7766
再生物资回收与批发	3	3	1039	3480
其他未列明的批发	5	3	2027	4287
2.按登记注册类型分组				
内资企业	69	53	55073	396737
国有企业	21	20	14906	225302
集体企业	6	5	6739	13562
股份合作企业	2	1	3859	6293
有限责任公司	17	10	15600	85058
其他有限责任公司	17	10	15600	85058
股份有限公司	3		621	1008
私营企业	20	17	13348	65516
私营独资企业	1	1	136	248
私营合伙企业	1		102	1121

法人单位主要财务状况综合表

单位: 万元

		流动资产年平均余额	长期投资合计	固定资产合计	固定资产原价
#应收帐款	#存货				
55550	119808	197088	29403	138961	156294
36909	83265	151913	27826	64778	76816
2333	1545		126	2498	2274
2333	1545		126	2498	2274
127	21045	35074		24819	29474
127	14756	2809		4443	5267
	20			368	589
	624			223	812
	5645	32264		19786	22806
2252	4186			3560	4968
2252	4186			3560	4968
27095	47371	109125	26629	30715	35898
25644	45905	106321	26619	29956	34858
76	453		10	587	803
1163	293	1958		52	40
	87			42	52
213	633	847		79	146
851	8022	1934	171	2132	2730
851	7950	1934	171	2130	2727
	72			2	3
4251	1096	5780	900	1055	1472
2887	167	3101		4	4
1364	930	2680	900	1051	1468
36909	83265	151913	27826	64778	76816
16003	29145	62814	187	39520	48047
2161	11110	11502		1439	2484
1033	1444	5318		316	370
5275	23095	62838	27129	8379	10951
5275	23095	62838	27129	8379	10951
315	373	256		814	927
12123	18098	9185	510	14312	14038
9	133	250		35	41
	87			42	52

11-4 续表1

指标名称	法人企业数（个）	#执行《2006年企业会计准则》企业数（个）	年初存货	流动资产合计
私营有限责任公司	15	14	12480	57929
私营股份有限公司	3	2	630	6218
3.按控股情况分组				
国有控股	23	21	22188	301644
集体控股	10	10	3014	11082
私人控股	31	21	28622	71666
其他	5	1	1250	12345
4.按经营形式分组				
独立门店	49	42	26890	258475
连锁门店	1	1	641	164
其他	19	10	27543	138099
二、零售业	84	72	31246	81119
1.按零售行业小类分组				
综合零售	23	21	5331	13070
百货零售	16	16	2098	6342
超级市场零售	7	5	3234	6728
食品、饮料及烟草制品专门零售	5	5	475	1987
果品、蔬菜零售	1	1	2	200
肉、禽、蛋及水产品零售	1	1	2	157
其他食品零售	3	3	471	1631
纺织、服装及日用品专门零售	2	1	201	382
服装零售	1		187	276
化妆品及卫生用品零售	1	1	14	105
文化、体育用品及器材专门零售	12	10	4095	5430
图书零售	9	7	3152	3808
珠宝首饰零售	3	3	943	1622
医药及医疗器材专门零售	5	5	4850	2055
药品零售	5	5	4850	2055
汽车、摩托车、燃料及零配件专门零售	25	19	14670	53561
汽车零售	18	14	5175	29972
汽车零配件零售	2	2		452
机动车燃料零售	5	3	9495	23136
家用电器及电子产品专门零售	6	6	1510	3090
家用电器零售	4	4	1344	2787
通信设备零售	2	2	166	303
五金、家具及室内装修材料专门零售	5	5	114	1481
家具零售	5	5	114	1481

单位: 万元

		流动资产年平均余额	长期投资合计	固定资产合计	固定资产原价
#应收帐款	#存货				
10247	16555	8935	500	13014	12478
1866	1323		10	1222	1467
18080	36739	106804	187	41396	48748
1924	5281	4655		2236	3664
15114	33703	37043	26739	20250	22547
1791	7541	3411	900	897	1856
27851	43980	38842	1768	38777	44966
63	46	1566		34	39
8995	39240	111505	26058	25967	31811
18641	36543	45176	1577	74183	79478
1387	5055	4380	834	10431	12741
207	2021	980		5993	6960
1180	3034	3401	834	4438	5781
436	775	714		641	836
	2			3	1
82	2			329	481
354	772	714		309	355
17	342			84	4
17	237			80	
0	105			4	4
595	3009	1449		2816	2938
566	2497	1433		2573	2613
29	513	16		244	326
236	829	870		673	953
236	829	870		673	953
15643	24673	36340	743	57722	59421
15136	4859	20998	743	5848	6310
239	37	25		89	89
267	19777	15317		51785	53021
283	1681			240	593
267	1439			237	500
17	242			3	92
14	147	1422		1530	1938
14	147	1422		1530	1938

11-4 续表2

指标名称	法人企业数（个）	#执行《2006年企业会计准则》企业数（个）	年初存货	流动资产合计
无店铺及其他零售	1			63
其他未列明的零售	1			63
2. 按登记注册类型分组				
内资企业	84	72	31246	81119
国有企业	26	24	17635	29936
集体企业	4	4	155	629
股份合作企业	1			50
有限责任公司	23	20	8188	34948
其他有限责任公司	23	20	8188	34948
股份有限公司	5	4	245	915
私营企业	25	20	5024	14642
私营独资企业	2	2	179	558
私营合伙企业	4	3	434	1241
私营有限责任公司	16	14	3378	10656
私营股份有限公司	3	1	1033	2187
3. 按控股情况分组				
国有控股	26	24	17635	29936
集体控股	4	4	155	629
私人控股	44	35	10119	28333
其他	10	9	3338	22221
4. 按经营形式分组				
独立门店	81	69	28648	61423
连锁总店	2	2	1501	3740
其他	1	1	1098	15956
5. 按零售业态分组				
有店铺零售	84	72	31246	81119
食杂店	1	1	2	200
便利店	1	1		600
超市	11	8	4353	7932
大型超市	1	1	527	551
百货店	13	13	376	1692
专业店	24	18	19468	46637
专卖店	27	25	5220	18732
家居建材商店	1	1	1	57
购物中心	4	3	1300	4718
厂家直销中心	1	1		

单位: 万元

#应收帐款	#存货	流动资产年平均余额	长期投资合计	固定资产合计	固定资产原价
32	32			46	54
32	32			46	54
18641	36543	45176	1577	74183	79478
948	23246	14480		57840	59783
13	154	427		756	994
12	38			27	30
14528	6830	23722	1409	8930	11047
14528	6830	23722	1409	8930	11047
96	228			242	331
3043	6047	6547	168	6387	7294
75	482			43	97
519	541	278		254	551
2177	3632	6269	25	5717	6281
273	1393		143	373	365
948	23246	14480		57840	59783
13	154	427		756	994
4910	9951	13814	977	14079	16627
12769	3192	16455	600	1508	2074
6116	34507	28660	168	70721	74416
13	2036	3081	809	3065	4148
12512		13435	600	397	915
18641	36543	45176	1577	74183	79478
	2			3	1
60	120			174	180
1400	3979	4090	834	4851	6372
14	518	46		115	230
68	600	290		2211	2920
14828	24632	27982	743	52341	54126
1933	5431	12718		10348	11242
5	1	50		322	335
333	1261			3818	4073

11-4 续表3

指标名称	累计折旧	#本年折旧	资产总计	流动负债合计	#应付帐款
总　计	33049	6634	719501	364206	89088
一、批发业	18042	3921	533090	293336	75739
1.按批发行业小类分组					
农畜产品批发	276	116	10789	7002	818
谷物、豆及薯类批发	276	116	10789	7002	818
食品、饮料及烟草制品批发	7655	2234	82820	24896	4775
米、面制品及食用油批发	825	105	24126	16242	1585
果品、蔬菜批发	221	2	400		
盐及调味品批发	589		857		
烟草制品批发	6020	2126	57436	8654	3190
医药及医疗器材批发	1409		16812	16552	3949
西药批发	1409		16812	16552	3949
矿产品、建材及化工产品批发	7684	1190	398684	229870	57396
煤炭及制品批发	7387	1180	387872	223883	54985
石油及制品批发	216		3482	594	
金属及金属矿批发	5		3594	3302	1714
建材批发	10	10	1163		
化肥批发	67		925	816	146
其他化工产品批发			1648	1276	551
机械设备、五金交电及电子产品批发	598	255	14191	9848	6900
汽车、摩托车及零配件批发	597	254	13141	9848	6900
其他机械设备及电子产品批发	1	1	1050		
其他批发	421	127	9795	5167	1901
再生物资回收与批发			3484	3421	1520
其他未列明的批发	421	127	6311	1746	381
2.按登记注册类型分组					
内资企业	18042	3921	533090	293336	75739
国有企业	12356	2437	277117	89892	16591
集体企业	1046	107	15023	12224	8507
股份合作企业	115	53	6621	5910	3105
有限责任公司	2736	564	122922	87437	28728
其他有限责任公司	2736	564	122922	87437	28728
股份有限公司	117	57	1895	733	449
私营企业	1673	705	109513	97140	18360
私营独资企业	6	2	283	224	111
私营合伙企业	10	10	1163		

单位：万元

长期负债合计	负债合计	所有者权益合计	实收资本	#国家资本	#集体资本
75756	508757	210744	107620	13184	2294
73106	429891	103199	38899	11478	1879
	7002	3787	938	38	
	7002	3787	938	38	
250	25470	57350	3405	3158	247
	16255	7872	2137	2137	
250	250	150	47		47
	311	547	235	35	200
	8654	48782	986	986	
	16728	84	976	976	
	16728	84	976	976	
72856	364342	34342	28747	7306	744
72856	357652	30220	24968	7306	635
	594	2889	3000		
	3302	293	210		
	703	460	460		
	816	109	109		109
	1276	373			
	10405	3786	3700		
	9848	3293	3200		
	557	494	500		
	5945	3849	1133		888
	3421	63	28		
	2524	3787	1105		888
73106	429891	103199	38899	11478	1879
72469	217921	59196	10605	10320	285
250	13338	1685	1119	35	584
	5910	710	680		100
380	93779	29143	18183	618	810
380	93779	29143	18183	618	810
	959	936	417		100
7	97985	11529	7896	506	
	224	59	12		
	703	460	460		

11-4 续表4

指标名称	累计折旧	#本年折旧	资产总计	流动负债合计	#应付帐款
私营有限责任公司	1412	681	100604	93131	17649
私营股份有限公司	245	12	7463	3785	599
3.按控股情况分组					
国有控股	12708	2501	355337	164186	30130
集体控股	1490	116	13467	10444	5536
私人控股	2836	1031	149459	113760	37219
其他	1009	273	14827	4945	2853
4.按经营形式分组					
独立门店	9126	1278	339576	179223	28428
连锁门店	5		1670	1613	1498
其他	8911	2643	191845	112499	45813
二、零售业	15007	2713	186411	70871	13349
1.按零售行业小类分组					
综合零售	2407	365	28027	18107	2969
百货零售	982	188	13147	10139	754
超级市场零售	1425	176	14881	7968	2214
食品、饮料及烟草制品专门零售	198	5	2630	1088	581
果品、蔬菜零售	1	1	205		
肉、禽、蛋及水产品零售	152	0	486	362	277
其他食品零售	46	5	1940	726	304
纺织、服装及日用品专门零售			466	354	277
服装零售			356	295	255
化妆品及卫生用品零售			109	59	22
文化、体育用品及器材专门零售	915	98	8480	3899	2155
图书零售	834	98	6615	2856	2116
珠宝首饰零售	82		1866	1043	39
医药及医疗器材专门零售	285	69	3236	2628	905
药品零售	285	69	3236	2628	905
汽车、摩托车、燃料及零配件专门零售	10422	1911	135628	39701	5735
汽车零售	1086	105	42848	27720	5646
汽车零配件零售			542	291	87
机动车燃料零售	9336	1807	92239	11690	2
家用电器及电子产品专门零售	363	158	4676	2970	599
家用电器零售	274	77	4370	2788	470
通信设备零售	89	81	306	182	130
五金、家具及室内装修材料专门零售	409	107	3158	2122	128
家具零售	409	107	3158	2122	128

单位：万元

长期负债合计	负债合计	所有者权益合计	实收资本		
				#国家资本	#集体资本
7	93273	7331	3624	506	
	3785	3679	3800		
72478	292225	63113	11698	11443	
250	12029	1438	1254	35	1219
378	120692	28767	19787		
	4945	9882	6160		660
72735	310163	29413	22393	10117	1394
	1613	57	50		
371	118115	73730	16456	1361	485
2650	78866	107545	68721	1706	416
140	19896	8131	4210	768	82
76	10565	2581	1510	768	82
63	9331	5549	2700		
122	1210	1420	506	13	333
		205	205		205
	362	124	13	13	
122	848	1092	288		128
	354	111	150		
	295	61	100		
	59	50	50		
314	4818	3662	375	254	
	3461	3154	262	254	
314	1357	509	113		
1	2744	492	520	520	
1	2744	492	520	520	
1975	43317	92311	10889		
1975	31006	11842	7058		
0	291	251	400		
0	12020	80219	3431		
0	4246	430	50780	150	
0	4064	307	780	150	
0	183	124	50000		
98	2220	937	1241	1	
98	2220	937	1241	1	

11-4 续表5

指标名称	累计折旧	#本年折旧	资产总计	流动负债合计	#应付帐款
无店铺及其他零售	7		110		
其他未列明的零售	7		110		
2.按登记注册类型分组					
内资企业	15007	2713	186411	70871	13349
国有企业	10845	2005	106943	23175	3634
集体企业	241	55	1387	928	4
股份合作企业	3	1	78		
有限责任公司	2273	292	50053	36057	7454
其他有限责任公司	2273	292	50053	36057	7454
股份有限公司	106	96	1165	129	
私营企业	1539	265	26786	10582	2258
私营独资企业	54	7	601	91	63
私营合伙企业	296	14	1748	620	75
私营有限责任公司	1166	241	21611	8077	1838
私营股份有限公司	23	2	2825	1795	282
3.按控股情况分组					
国有控股	10845	2005	106943	23175	3634
集体控股	241	55	1387	928	4
私人控股	3263	615	50778	24020	4821
其他	657	38	27304	22748	4891
4.按经营形式分组					
独立门店	13401	2583	159775	47846	8949
连锁总店	1087	130	8375	5714	486
其他	518		18260	17311	3915
5.按零售业态分组					
有店铺零售	15007	2713	186411	70871	13349
食杂店	1	1	205		
便利店	6		774		
超市	1684	311	16667	9064	3025
大型超市	115	2	773	341	306
百货店	724	116	3928	2521	222
专业店	10223	1909	119192	36220	5923
专卖店	1987	343	33869	14793	3216
家居建材商店	12		431	52	50
购物中心	255	32	9379	7881	608
厂家直销中心			1193		

单位: 万元

长期负债合计	负债合计	所有者权益合计	实收资本		
				#国家资本	#集体资本
	60	50	50		
	60	50	50		
2650	78866	107545	68721	1706	416
1	25348	81594	1714	1706	
	928	459	416		416
		78	27		
492	38572	11482	58734		
492	38572	11482	58734		
56	185	980	280		
2101	13833	12952	7551		
76	168	434	40		
63	913	835	450		
1801	10441	11171	6261		
160	2312	513	800		
1	25348	81594	1714	1706	
	928	459	416		416
2093	28462	22316	14368		
555	24128	3176	52224		
2650	55363	104412	66921	1506	416
	5717	2658	1800	200	
	17786	475			
2650	78866	107545	68721	1706	416
		205	205		205
56	56	718	100		
63	10427	6240	3205	55	
	341	432	39	39	
76	2597	1330	391	99	82
174	38239	80953	54600	54	
2227	17595	16274	9042	640	128
53	105	326	100		
	8383	996	890	670	
	1123	70	150	150	

11-4 续表6

指标名称	#法人资本	#个人资本	主营业务收入	主营业成本
总　　计	62369	29773	2215500	1839240
一、批发业	7919	17623	1629287	1320471
1.按批发行业小类分组				
农畜产品批发	100	800	43916	13421
谷物、豆及薯类批发	100	800	43916	13421
食品、饮料及烟草制品批发			204903	157895
米、面制品及食用油批发			10261	10199
果品、蔬菜批发			16000	15846
盐及调味品批发			2640	1829
烟草制品批发			176002	130020
医药及医疗器材批发			10437	9073
西药批发			10437	9073
矿产品、建材及化工产品批发	7197	13500	1246372	1027511
煤炭及制品批发	7147	9880	1198777	983079
石油及制品批发		3000	14551	13845
金属及金属矿批发	50	160	18230	17813
建材批发		460	2046	1832
化肥批发			2190	1530
其他化工产品批发			10576	9411
机械设备、五金交电及电子产品批发	400	3300	72961	71991
汽车、摩托车及零配件批发	400	2800	70328	69377
其他机械设备及电子产品批发		500	2632	2614
其他批发	222	23	50698	40581
再生物资回收与批发	5	23	9577	8732
其他未列明的批发	217		41122	31849
2.按登记注册类型分组				
内资企业	7919	17623	1629287	1320471
国有企业			435274	353102
集体企业		500	261081	225348
股份合作企业	580		12511	10872
有限责任公司	5555	11200	598866	464337
其他有限责任公司	5555	11200	598866	464337
股份有限公司	317		10970	9227
私营企业	1467	5923	310585	257585
私营独资企业	12		2300	2000
私营合伙企业		460	2046	1832

单位: 万元

主营业务 税金及附加	主营业务利润	其他业务收入	其他业务利润	营业费用
57902	341964	14007	11391	225882
13282	304334	9972	9375	203955
10	30485			968
10	30485			968
10214	35987	96	78	3507
2	54	19	19	519
1	153			
10		18		220
10202	35779	59	59	2768
7	1321			680
7	1321			680
2859	228138	9062	8633	197072
2808	225026	9052	8623	196283
9	697			591
1	417			142
17	197			7
2	658	10	10	2
22	1143			47
34	936	88	83	336
22	930	88	83	336
12	6			
158	7467	726	582	1393
14	23	145		9
144	7444	582	582	1384
13282	304334	9972	9375	203955
10972	83571	5026	4657	7241
392	34538	2497	2479	31400
59	1581			1334
1134	131703	2294	2234	116458
1134	131703	2294	2234	116458
37	1706			721
687	51235	155	5	46801
28	2			0
17	197			7

11-4 续表7

指标名称	#法人资本	#个人资本	主营业务收入	主营业成本
私营有限责任公司	1455	1663	287345	235630
私营股份有限公司		3800	18895	18123
3. 按控股情况分组				
国有控股	255		856562	640613
集体控股			135356	123673
私人控股	2864	16923	571257	503140
其他	4800	700	66112	53045
4. 按经营形式分组				
独立门店	1729	9153	711682	606409
连锁门店		50	6854	6801
其他	6190	8420	910750	707262
二、零售业	54450	12150	586214	518769
1. 按零售行业小类分组				
综合零售	200	3160	64098	56963
百货零售		660	44789	41228
超级市场零售	200	2500	19309	15735
食品、饮料及烟草制品专门零售		160	10253	9729
果品、蔬菜零售			500	300
肉、禽、蛋及水产品零售			7724	7724
其他食品零售		160	2029	1705
纺织、服装及日用品专门零售	50	100	2334	1511
服装零售		100	1698	1392
化妆品及卫生用品零售	50		636	119
文化、体育用品及器材专门零售	70	51	13793	10123
图书零售	8		10904	8276
珠宝首饰零售	62	51	2889	1846
医药及医疗器材专门零售			3076	2103
药品零售			3076	2103
汽车、摩托车、燃料及零配件专门零售	2450	8439	480798	430250
汽车零售	2150	4908	92880	88711
汽车零配件零售	100	300	1145	242
机动车燃料零售	200	3231	386773	341297
家用电器及电子产品专门零售	50500	130	8593	6017
家用电器零售	500	130	7138	5144
通信设备零售	50000		1455	873
五金、家具及室内装修材料专门零售	1180	60	2769	1601
家具零售	1180	60	2769	1601

单位: 万元

主营业务 税金及附加	主营业务利润	其他业务收入	其他业务利润	营业费用
633	50274	153	4	46056
9	762	1	1	738
11877	216443	5213	4783	134390
239	10642	609	591	5460
988	66044	4150	4001	57085
178	11204			7020
1735	112840	5867	5306	57337
	53			30
11546	191441	4105	4069	146588
44620	37630	4035	2016	21927
303	5387	1054	1002	2838
197	2419	699	665	576
106	2968	355	337	2262
21	505	239	239	36
	200			15
11	-11	239	239	
10	316			21
6	317			57
6	300			38
	17			19
152	2527	299	96	1425
136	2309	299	96	1410
17	218			15
67	341			193
67	341			193
44013	27789	2415	651	17175
43390	2227	1268	648	1567
390				0
233	25562	1148	3	15608
31	496	28	28	164
30	400	28	28	163
1	96			1
15	253			38
15	253			38

11-4 续表8

指标名称	#法人资本	#个人资本	主营业务收入	主营业成本
无店铺及其他零售		50	501	473
其他未列明的零售		50	501	473
2. 按登记注册类型分组				
内资企业	54450	12150	586214	518769
国有企业	8		434544	384566
集体企业			3499	1766
股份合作企业		27	859	784
有限责任公司	51312	7422	96338	88502
其他有限责任公司	51312	7422	96338	88502
股份有限公司		280	3424	2784
私营企业	3130	4421	47550	40367
私营独资企业		40	1483	1212
私营合伙企业	300	150	4141	2909
私营有限责任公司	2730	3531	31959	26860
私营股份有限公司	100	700	9966	9387
3. 按控股情况分组				
国有控股	8		434544	384566
集体控股			3499	1766
私人控股	3530	10838	87176	76890
其他	50912	1312	60994	55547
4. 按经营形式分组				
独立门店	54450	10550	541756	478580
连锁总店		1600	12179	10031
其他			32279	30159
5. 按零售业态分组				
有店铺零售	54450	12150	586214	518769
食杂店			500	300
便利店		100	560	506
超市	100	3050	26187	21607
大型超市			1894	1274
百货店		210	39494	37366
专业店	51508	3038	456348	405838
专卖店	2642	5632	56235	50300
家居建材商店	100		574	
购物中心	100	120	2858	1578
厂家直销中心			1565	

单位: 万元

主营业务税金及附加	主营业务利润	其他业务收入	其他业务利润	营业费用
12	16			2
12	16			2
44620	37630	4035	2016	21927
476	27627	2112	761	17149
98	1635			29
3	73			5
43754	4683	1757	1123	3411
43754	4683	1757	1123	3411
12	144	1	1	12
278	3469	165	132	1321
1	270			167
28	705	1		133
241	1919	162	132	766
8	574	2		254
476	27627	2112	761	17149
98	1635			29
741	8411	1264	647	3506
43305	−44	659	609	1242
1269	35835	3052	1089	20357
74	1927	335	319	1112
43277	−132	648	609	458
44620	37630	4035	2016	21927
	200			15
1	53			1
137	3826	474	423	2773
132	488			242
164	1964	593	588	231
43982	27399	1852	495	17107
165	3330	1117	510	1506
4	69			
34	301			52

11-4 续表9

指标名称	管理费用	#税　金	#差旅费	#工会经费	财务费用
总　　计	40583	3875	1635	500	6172
一、批发业	32049	3288	1213	346	4622
1.按批发行业小类分组					
农畜产品批发	175		28		408
谷物、豆及薯类批发	175		28		408
食品、饮料及烟草制品批发	11946	240	145	110	282
米、面制品及食用油批发	629		4	9	252
果品、蔬菜批发	38		2		
盐及调味品批发	562				
烟草制品批发	10718	240	139	101	30
医药及医疗器材批发	654				23
西药批发	654				23
矿产品、建材及化工产品批发	16895	2999	919	230	3531
煤炭及制品批发	15907	2983	904	226	3515
石油及制品批发	80	5	2		-1
金属及金属矿批发	95	3	4		6
建材批发	4	1			
化肥批发	5	5			11
其他化工产品批发	805	3	9	5	
机械设备、五金交电及电子产品批发	332		1		258
汽车、摩托车及零配件批发	329				258
其他机械设备及电子产品批发	3		1		
其他批发	2047	49	120	5	121
再生物资回收与批发	25				
其他未列明的批发	2021	49	120	5	121
2.按登记注册类型分组					
内资企业	32049	3288	1213	346	4622
国有企业	20145	2844	818	319	1964
集体企业	1552	67	16	3	138
股份合作企业	107	2	4	1	90
有限责任公司	7062	179	124	15	1778
其他有限责任公司	7062	179	124	15	1778
股份有限公司	738	34	80	3	60
私营企业	2446	162	171	6	593
私营独资企业	1				
私营合伙企业	4	1			

单位: 万元

#利息支出	营业利润	补贴收入	营业外收入	利润总额
3206	85062	1202	1194	53045
2673	69163	1200	902	41988
237	28935	107		63
237	28935	107		63
250	21112	1066	161	22150
251	–1327	1066		–261
	115			153
				37
	22324		161	22220
	–60		15	–47
	–60		15	–47
2151	12895	10	451	13586
2149	11720	10	448	12366
–1	27			27
3	20		2	57
	186			186
	651			651
	292			300
20	104		11	111
20	90		11	97
0	14			14
15	6178	18	265	6126
	4	9	265	–47
15	6174	9		6173
2673	69163	1200	902	41988
1735	52624	1078	388	24546
27	4699	9		4774
90	50	8		20
355	10340		212	10863
355	10340		212	10863
59	187			199
407	1263	105	302	1586
	1			1
	186			186

11-4 续表10

指标名称	管理费用	#税　金	#差旅费	#工会经费	财务费用
私营有限责任公司	2228	155	169	6	564
私营股份有限公司	213	5	2		28
3.按控股情况分组					
国有控股	22053	3084	931	321	3361
集体控股	1865	34	48	7	236
私人控股	5554	153	157	10	838
其他	2578	18	77	8	187
4.按经营形式分组					
独立门店	14558	2826	986	234	3064
连锁门店	1	1			3
其他	17490	461	226	112	1555
二、零售业	8534	587	422	154	1550
1.按零售行业小类分组					
综合零售	2540	184	134	108	138
百货零售	1655	99	21	108	86
超级市场零售	885	85	113		52
食品、饮料及烟草制品专门零售	391	11	5		7
果品、蔬菜零售	5				
肉、禽、蛋及水产品零售	223	11			4
其他食品零售	163		5		3
纺织、服装及日用品专门零售	221				58
服装零售	219				58
化妆品及卫生用品零售	2				
文化、体育用品及器材专门零售	561	45	12	14	99
图书零售	533	32	9	14	17
珠宝首饰零售	28	13	3		82
医药及医疗器材专门零售	583	11	9	1	8
药品零售	583	11	9	1	8
汽车、摩托车、燃料及零配件专门零售	3599	278	242	30	1135
汽车零售	914	61	55	7	703
汽车零配件零售	9	1	3		
机动车燃料零售	2675	216	185	23	432
家用电器及电子产品专门零售	377	34	19		104
家用电器零售	289	31	19		99
通信设备零售	89	3			5
五金、家具及室内装修材料专门零售	259	23	1		1
家具零售	259	23	1		1

单位: 万元

#利息支出	营业利润	补贴收入	营业外收入	利润总额
382	1291	105	302	1328
25	–216	1		71
1987	55103	1078	381	27850
125	4506	9	31	4622
583	6451	113	490	6409
–22	3104			3106
2327	38550	1187	231	10954
	20			20
347	30594	13	671	31014
532	15899	2	293	11058
	2026	2	46	1932
	1020	2	25	982
	1006		21	950
4	130			136
4	1			1
	129			135
58	–16			–16
58	–16			–16
36	609			569
16	500			498
19	109			71
2	101		1	53
2	101		1	53
342	13185		243	8339
209	1415		232	1581
				–9
133	11770		11	6767
90	–71			27
90	–72			21
	1			6
	–76		2	6
	–76		2	6

11-4 续表11

指标名称	管理费用	#税　金	#差旅费	#工会经费	财务费用
无店铺及其他零售	3	2			
其他未列明的零售	3	2			
2.按登记注册类型分组					
内资企业	8534	587	422	154	1550
国有企业	4507	360	73	41	339
集体企业	350	10		105	3
股份合作企业	6	5			
有限责任公司	2222	142	235	3	861
其他有限责任公司	2222	142	235	3	861
股份有限公司	13	3	1		1
私营企业	1437	68	113	5	346
私营独资企业	45				24
私营合伙企业	290	3	99		43
私营有限责任公司	884	50	14		254
私营股份有限公司	218	15		5	26
3.按控股情况分组					
国有控股	4507	360	73	41	339
集体控股	350	10		105	3
私人控股	2858	140	310	7	555
其他	819	78	39		654
4.按经营形式分组					
独立门店	7237	549	376	154	1071
连锁总店	1033	29	13		11
其他	264	9	33		469
5.按零售业态分组					
有店铺零售	8534	587	422	154	1550
食杂店	5				
便利店	1		1		
超市	1250	97	121	1	120
大型超市	68	3	7	2	-1
百货店	1207	67	10	108	74
专业店	2970	282	87	29	942
专卖店	2380	75	175	13	381
家居建材商店	68	4	1		
购物中心	535	30	3		34
厂家直销中心	50	30	18		

单位: 万元

#利息支出	营业利润	投资收益	补贴收入	营业外收入
	11			11
	11			11
532	15899	2	293	11058
22	12157	2	36	7131
	1073			1073
	62			62
265	667		255	811
265	667		255	811
	118			122
245	1821		2	1858
	34			34
	240			240
227	1509		2	1535
18	38			49
22	12157	2	36	7131
	1073		0	1073
348	2960		24	2916
162	-291		232	-63
532	15527	2	42	10494
	629		21	593
	-257		230	-29
532	15899	2	293	11058
	50			56
74	1124		21	1006
-1	178			178
	1042	2	25	1067
152	12097		242	7350
292	1474		4	1467
	2			2
15	-68			-68
	0			

11-4 续表12

指标名称	应交所得税	劳动、失业保险费	养老保险和医疗保险费	住房公积金和住房补贴	本年应付工资总额
总　　计	10059	159	2175	618	24690
一、批发业	9080	107	1370	549	16524
1.按批发行业小类分组					
农畜产品批发	1				278
谷物、豆及薯类批发	1				278
食品、饮料及烟草制品批发	5685	34	873	327	6617
米、面制品及食用油批发	1	3	96	20	454
果品、蔬菜批发					1026
盐及调味品批发	10				76
烟草制品批发	5674	31	777	307	5061
医药及医疗器材批发	68				2110
西药批发	68				2110
矿产品、建材及化工产品批发	2704	61	437	178	6784
煤炭及制品批发	2610	61	430	172	6400
石油及制品批发	0				37
金属及金属矿批发	19				77
建材批发	0				2
化肥批发	0				51
其他化工产品批发	75		7	6	217
机械设备、五金交电及电子产品批发	19				207
汽车、摩托车及零配件批发	19				194
其他机械设备及电子产品批发					12
其他批发	603	12	60	43	529
再生物资回收与批发	7				35
其他未列明的批发	596	12	60	43	494
2.按登记注册类型分组					
内资企业	9080	107	1370	549	16524
国有企业	5785	92	1267	500	11479
集体企业	69				2049
股份合作企业	5				93
有限责任公司	2795	5	73	31	1523
其他有限责任公司	2795	5	73	31	1523
股份有限公司	27	10	29	18	325
私营企业	399		1		1054
私营独资企业					36
私营合伙企业					2

单位: 万元

#主营业务应付工资总额	本年应付福利费总额	#主营业务应付福利费总额	本年应交增值税	全部从业人员年平均人数（人）
21363	8034	7474	41768	1396
13915	7275	7160	37706	771
250			33	21
250			33	21
6541	742	742	7372	148
454	35	35		27
1026				51
				8
5061	707	707	7372	63
2100			31	147
2100			31	147
4300	6529	6414	28312	410
3981	6529	6414	27932	393
37			118	3
13			16	4
2			1	2
51			11	6
217			234	2
194			133	12
194			102	11
0			31	1
529	4	4	1825	33
35			1038	5
494	4	4	787	28
13915	7275	7160	37706	771
9304	7178	7077	11681	508
1973	8	8	5365	108
93	10	5	552	3
1511	57	57	12861	79
1511	57	57	12861	79
325	4	4	116	15
708	18	10	7131	58
36	4	4	33	2
2			1	2

11-4 续表13

指标名称	应交所得税	劳动、失业保险费	养老保险和医疗保险费	住房公积金和住房补贴	本年应付工资总额
私营有限责任公司	399		1		883
私营股份有限公司					132
3. 按控股情况分组					
国有控股	6683	92	1239	500	12055
集体控股	31	3	61		1596
私人控股	1604	10	16	12	2306
其他	762	2	54	38	567
4. 按经营形式分组					
独立门店	1093	76	548	236	9333
连锁门店	5				3
其他	7982	31	822	313	7188
二、零售业	980	52	805	70	8166
1. 按零售行业小类分组					
综合零售	220	16	393		3004
百货零售	16	16	339		1961
超级市场零售	204		54		1043
食品、饮料及烟草制品专门零售	21		45		280
果品、蔬菜零售					120
肉、禽、蛋及水产品零售			45		61
其他食品零售	21				99
纺织、服装及日用品专门零售					227
服装零售					203
化妆品及卫生用品零售					24
文化、体育用品及器材专门零售	89	25	127	47	818
图书零售	85	25	127	47	766
珠宝首饰零售	4				53
医药及医疗器材专门零售	1				210
药品零售	1				210
汽车、摩托车、燃料及零配件专门零售	643	10	236	23	3103
汽车零售	416		58		998
汽车零配件零售					7
机动车燃料零售	227	10	178	23	2098
家用电器及电子产品专门零售	3		3		433
家用电器零售	2		3		358
通信设备零售	1				76
五金、家具及室内装修材料专门零售	1				84
家具零售	1				84

单位: 万元

#主营业务应付工资总额	本年应付福利费总额	#主营业务应付福利费总额	本年应交增值税	全部从业人员年平均人数（人）
538	15	6	6789	46
132			307	9
9708	7196	7087	25673	532
1429	29	23	991	103
2212	46	46	9989	116
567	4	4	1054	20
6977	6517	6406	11501	608
3			7	2
6935	758	754	26198	161
7449	760	315	4062	625
2937	55	24	207	292
1899	13		99	216
1039	41	24	107	76
99	44	37	44	29
			20	12
	7		11	8
99	37	37	12	8
203	5		10	13
203	5		6	11
			4	2
752	171	163	190	30
708	170	162	183	26
45	1	1	8	5
189	2	2	13	26
189	2	2	13	26
2783	474	82	3416	183
781	393	8	170	51
6			3	1
1996	81	75	3244	131
393	7	5	176	40
328	2	2	170	35
65	5	3	7	5
84	2	2	4	11
84	2	2	4	11

11-4 续表14

指标名称	应交所得税	劳动、失业保险费	养老保险和医疗保险费	住房公积金和住房补贴	本年应付工资总额
无店铺及其他零售					7
其他未列明的零售					7
2. 按登记注册类型分组					
内资企业	980	52	805	70	8166
国有企业	316	37	554	70	4399
集体企业	21		113		231
股份合作企业	6				5
有限责任公司	212		113		1975
其他有限责任公司	212		113		1975
股份有限公司	6				69
私营企业	420	15	26		1488
私营独资企业	0				169
私营合伙企业	2				119
私营有限责任公司	396	15	26		959
私营股份有限公司	21				241
3. 按控股情况分组					
国有控股	316	37	554	70	4399
集体控股	21		113		231
私人控股	604	15	80		2604
其他	38		58		932
4. 按经营形式分组					
独立门店	796	52	692	70	7459
连锁总店	163		54		543
其他	21		58		163
5. 按零售业态分组					
有店铺零售	980	52	805	70	8166
食杂店					120
便利店					22
超市	223	18	92	5	1530
大型超市			13	11	103
百货店	16	2	316		1135
专业店	324	32	264	27	3046
专卖店	414		119	28	1262
家居建材商店					14
购物中心	2				851
厂家直销中心					84

单位: 万元

#主营业务应付工资总额	本年应付福利费总额	#主营业务应付福利费总额	本年应交增值税	全部从业人员年平均人数（人）
7			2	1
7			2	1
7449	760	315	4062	625
4222	270	239	3146	343
111	37	37	30	24
5	1	1	12	0
1910	421	11	283	121
1910	421	11	283	121
65			13	7
1136	31	27	578	131
144			11	19
115	4		345	11
830	27	27	183	87
47			39	14
4222	270	239	3146	343
111	37	37	30	24
2273	434	30	795	210
843	19	9	92	48
6748	754	309	4007	579
537			29	41
163	6	6	26	5
7449	760	315	4062	625
			20	12
22			1	2
1526	57	35	181	108
103	37	37	45	2
1135	13		54	141
2766	532	144	2961	181
1015	119	98	639	92
14				2
788	2	2	41	80
80			120	5

11-5 限额以上住宿和餐饮业

指标名称	法人企业数（个）	#执行《2006年企业会计准则》企业数（个）	年初存货	流动资产合计
总　计	48	30	2704	24468
一、住宿业	28	19	2499	13856
1. 按住宿行业小类分组				
旅游饭店	24	16	2467	13573
一般旅馆	4	3	32	282
2. 按登记注册类型分组				
内资企业	28	19	2499	13856
国有企业	10	6	721	4396
集体企业	2	1	425	3709
股份合作企业	1	1	34	79
有限责任公司	5	4	930	1974
其他有限责任公司	5	4	930	1974
股份有限公司	2	2	139	884
私营企业	8	5	252	2814
私营独资企业	2	2	31	124
私营合伙企业	2	1	32	106
私营有限责任公司	3	2	188	2484
私营股份有限公司	1	0	0	100
3. 按控股情况分组				
国有控股	11	6	771	5693
集体控股	3	2	459	3788
私人控股	11	8	974	3143
其他	3	3	296	1232
4. 按经营形式分组				
独立门店	27	18	2361	12972
其他	1	1	139	884

法人企业主要财务状况综合表

单位: 万元

#应收帐款	#存货	流动资产年平均余额	长期投资合计	固定资产合计	固定资产原价
9480	3073	7964	1440	56723	56766
4284	2335	7563	1300	52524	52112
4208	2311	7563	1300	49699	49200
76	24			2825	2912
4284	2335	7563	1300	52524	52112
1147	861	3959	1300	18837	14476
1507	214	2160		10149	9908
43	35			1897	2016
295	290	194		5600	6117
295	290	194		5600	6117
242	143	875		9713	13070
1049	792	376		6327	6526
31	74	124		3776	3776
45	24			1545	1549
893	674	251		691	751
80	20			315	450
1363	927	3825	1300	21516	16080
1550	249	2160		12046	11924
1096	839	376		7893	8635
274	321	1203		11069	15473
4042	2192	6688	1300	43729	40217
242	143	875		8795	11895

11-5 续表1

指标名称	法人企业数（个）	#执行《2006年企业会计准则》企业数（个）	年初存货	流动资产合计
5.按星级分组				
五星	1		118	1525
四星	3	1	850	691
三星	4	2	144	1588
其他	20	16	1387	10052
二、餐饮业	20	11	205	10612
1.按餐饮行业小类分组				
正餐服务	20	11	205	10612
2.按登记注册类型分组				
内资企业	20	11	205	10612
国有企业	2	1	13	273
有限责任公司	2	2		361
其他有限责任公司	2	2		361
股份有限公司	1	1		561
私营企业	14	7	172	9297
私营独资企业	12	7	172	9044
私营合伙企业	1			55
私营股份有限公司	1			199
其他企业	1		20	120
3.按控股情况分组				
国有控股	1			50
私人控股	16	9	172	10219
其他	3	2	33	343
4.按经营形式分组				
独立门店	17	9	179	10499
连锁门店	1	1	26	63
其他	2	1		50

单位: 万元

		流动资产年平均余额	长期投资合计	固定资产合计	固定资产原价
#应收帐款	#存货				
800	118	62		9945	9705
266	178	145		426	860
232	220	207		8460	7464
2986	1819	7149	1300	33693	34084
5197	737	401	140	4199	4654
5197	737	401	140	4199	4654
5197	737	401	140	4199	4654
40	11			847	805
201	140	399		71	98
201	140	399		71	98
70	190			241	144
4785	377	2	40	3006	3572
4625	326	2	40	2841	3572
37	18			165	
123	32				
100	20		100	35	35
37	7			637	695
5057	707	361	40	3246	3716
103	23	40	100	316	243
5127	699	361	140	3452	3753
32	31			40	108
37	7	40		708	793

11-5 续表2

指标名称	累计折旧	#本年折旧	资产总计	流动负债合计	#应付帐款
总　计	15295	2619	86622	28196	7433
一、住宿业	14282	2492	70355	21113	4970
1. 按住宿行业小类分组					
旅游饭店	14195	2478	67248	20803	4660
一般旅馆	87	15	3107	310	310
2. 按登记注册类型分组					
内资企业	14282	2492	70355	21113	4970
国有企业	6015	1291	24533	3285	847
集体企业	1657	113	14049	9948	1908
股份合作企业	118	12	2124	666	54
有限责任公司	2497	140	7579	2739	1114
其他有限责任公司	2497	140	7579	2739	1114
股份有限公司	3545	712	11427	565	234
私营企业	450	225	10643	3911	813
私营独资企业			4050	7	7
私营合伙企业	4	4	1651	310	310
私营有限责任公司	311	199	4527	3534	496
私营股份有限公司	135	23	415	60	
3. 按控股情况分组					
国有控股	6892	1145	28513	4318	1419
集体控股	1775	125	16172	10613	1962
私人控股	1023	411	12539	5427	1231
其他	4592	811	13131	755	357
4. 按经营形式分组					
独立门店	10994	1868	59846	20547	4736
其他	3288	625	10509	565	234

单位: 万元

长期负债合计	负债合计	所有者权益合计	实收资本	#国家资本	#集体资本
5754	41098	45524	48338	14919	2116
5480	33056	37299	40804	14536	2116
5480	31472	35776	39323	14426	2116
	1584	1523	1481	110	
5480	33056	37299	40804	14536	2116
2164	11436	13097	13964	13934	
	9948	4101	1110		1110
	666	1458	1126		1006
3236	6401	1179	1168	602	
3236	6401	1179	1168	602	
	565	10862	17969		
80	57	6602	5467		
	4041	3993	3896		
	310	1341	1341		
	3534	993	180		
80	140	275	50		
5400	15705	12807	12766	12736	
	10613	5559	2236		2116
80	5597	6942	9914		
	1141	11990	15888	1800	
5480	32491	27355	27082	14536	2116
	565	9944	13722		

11-5 续表3

指标名称	累计折旧	#本年折旧	资产总计	流动负债合计	#应付帐款
5. 按星级分组					
五星	1657	113	11470	6955	865
四星	464	112	1122	1714	571
三星	3062	162	10047	1149	723
其他	9099	2106	47716	11294	2812
二、餐饮业	1013	127	16267	7083	2464
1. 按餐饮行业小类分组					
正餐服务	1013	127	16267	7083	2464
2. 按登记注册类型分组					
内资企业	1013	127	16267	7083	2464
国有企业	158	50	1601	540	131
有限责任公司	27		432	261	14
其他有限责任公司	27		432	261	14
股份有限公司	97	26	801	199	182
私营企业	732	51	13166	6003	2057
私营独资企业	732	51	12748	5890	1952
私营合伙企业			220	28	21
私营股份有限公司			199	84	84
其他企业			266	80	80
3. 按控股情况分组					
国有控股	58		687	108	108
私人控股	828	77	14329	6463	2253
其他	127	50	1251	512	103
4. 按经营形式分组					
独立门店	860	110	15406	6975	2355
连锁门店	68	16	103		
其他	85		758	108	108

单位: 万元

长期负债合计	负债合计	所有者权益合计	实收资本	#国家资本	#集体资本
	6955	4515	110		110
	1714	-593	500	400	
4110	5259	4789	3428	3328	
1370	19128	28587	36766	10809	2006
274	8041	8226	7534	383	
274	8041	8226	7534	383	
274	8041	8226	7534	383	
94	634	967	621	383	
	261	171	580		
	261	171	580		
	311	490	270		
180	6749	6418	5883		
180	6534	6213	5723		
	130	90	90		
	84	114	70		
	86	180	180		
	108	578	383	383	
180	7321	7008	6253		
94	612	640	898		
274	7933	7473	6321		
		103	350		
	108	649	863	383	

11-5 续表4

单位：万元

指标名称	#法人资本	#个人资本	主营业务收入	主营业务成本	主营业务税金及附加	主营业务利润	其他业务收入	其他业务利润	营业费用
总　计	21238	10065	46508	23011	2434	20482	543	26	13528
一、住宿业	18635	5517	29685	14201	1659	14194	511	15	10000
1. 按住宿行业小类分组									
旅游饭店	18635	4146	28744	13749	1622	14030	511	15	9905
一般旅馆		1371	942	453	37	164			95
2. 按登记注册类型分组									
内资企业	18635	5517	29685	14201	1659	14194	511	15	10000
国有企业		30	6417	3192	286	2623	13	13	3124
集体企业			3467	1352	221	1894			2448
股份合作企业		120	1013	673	57	283			3
有限责任公司	366	200	9186	4574	526	3886			2323
其他有限责任公司	366	200	9186	4574	526	3886			2323
股份有限公司	17969		3069	2240	168	1850	498	2	1017
私营企业	300	5167	6534	2171	402	3658			1085
私营独资企业	100	3796	569	241	64	134			94
私营合伙企业		1341	421	327	29	93			22
私营有限责任公司	150	30	5158	1284	286	3389			969
私营股份有限公司	50		385	320	23	42			
3. 按控股情况分组									
国有控股		30	9311	3535	476	4984	13	13	4052
集体控股		120	4480	2025	277	2177			2451
私人控股	4547	5367	13277	6704	768	6491	498	3	2828
其他	14088		2617	1937	138	542			669
4. 按经营形式分组									
独立门店	4913	5517	28349	13694	1588	13435	511	15	9439
其他	13722		1336	507	71	759			561

11-5 续表5

单位：万元

指标名称			主营业务收入	主营业务成本	主营业务税金及附加	主营业务利润	其他业务收入	其他业务利润	营业费用
	#法人资本	#个人资本							
5. 按星级分组									
五星			1225	379	101	745			1176
四星		100	6797	3501	376	2920			1754
三星	100		3679	2527	218	935			749
其他	18535	5417	17985	7794	965	9595	511	15	6321
二、餐饮业	2603	4548	16822	8810	775	6289	31	11	3528
1. 按餐饮行业小类分组									
正餐服务	2603	4548	16822	8810	775	6289	31	11	3528
2. 按登记注册类型分组									
内资企业	2603	4548	16822	8810	775	6289	31	11	3528
国有企业	238		1073	566	67	440			231
有限责任公司		580	3869	2655	136	1245			983
其他有限责任公司		580	3869	2655	136	1245			983
股份有限公司	270		1367	719	104	545	1		404
私营企业	1916	3968	9903	4587	439	3759	30	11	1772
私营独资企业	1916	3808	8389	3799	370	3100	30	11	1560
私营合伙企业		90	992	493	15	484			120
私营股份有限公司		70	523	295	53	176			91
其他企业	180		611	283	29	299			137
3. 按控股情况分组									
国有控股			423	287	31	106			61
私人控股	2186	4068	13695	7033	679	5110	31	11	2811
其他	418	480	2705	1490	66	1073			656
4. 按经营形式分组									
独立门店	2603	3718	14221	7261	709	5735	31	11	2895
连锁门店		350	734	334	35	8			224
其他		480	1867	1215	31	546			409

11-5 续表6

单位：万元

指标名称	管理费用				财务费用		营业利润	补贴收入	营业外收入	利润总额	应交所得税
		税金	差旅费	工会经费		利息支出					
总计	8493	439	243	75	497	92	-1775	300	372	-1457	12230
一、住宿业	6595	176	227	64	420	67	-2840	295	138	-2605	12131
1.按住宿行业小类分组											
旅游饭店	6547	166	225	64	413	67	-2896	295	112	-2637	12131
一般旅馆	48	10	2		7		56		26	33	
2.按登记注册类型分组											
内资企业	6595	176	227	64	420	67	-2840	295	138	-2605	12131
国有企业	1156	62	166	45	84	62	-1671	295	51	-1080	
集体企业	736	50	37	10	113		-1313		63	-1251	
股份合作企业	77	18	1	1			202			202	20
有限责任公司	1732	6	9	6	38	5	-207		15	-176	12006
其他有限责任公司	1732	6	9	6	38	5	-207		15	-176	12006
股份有限公司	863	0	1	1	171		-355		3	-662	
私营企业	2031	40	14	3	14	1	504		7	361	104
私营独资企业	49	28	5				-7			-7	
私营合伙企业	23	2	2				33			33	
私营有限责任公司	1921	10	2	1	14	1	474		7	331	104
私营股份有限公司	39	0	5	2			4			4	
3.按控股情况分组											
国有控股	2078	59	165	45	99	62	-1175	295	66	-553	
集体控股	813	68	37	11	113		-1111		63	-1048	20
私人控股	2695	40	19	7	204	5	584		7	132	12104
其他	1010	9	6	2	4		-1138		3	-1135	6
4.按经营形式分组											
独立门店	5733	176	226	64	419	67	-2176	295	135	-1943	12131
其他	863		1	1	1		-664		3	-662	

11-5 续表7

单位：万元

指标名称	管理费用	税　金	差旅费	工会经费	财务费用	利息支出	营业利润	补贴收入	营业外收　入	利润总额	应　交所得税
5. 按星级分组											
五星	646		7	10	107		–1185		41	–1144	
四星	1513		7	4	22	–1	–370	35	16	–319	12000
三星	690	34	2	2	55	46	–559			–542	
其他	3747	142	212	48	237	22	–727	260	81	–599	131
二、餐饮业	1898	263	16	11	77	25	1066	5	234	1147	99
1. 按餐饮行业小类分组											
正餐服务	1898	263	16	11	77	25	1066	5	234	1147	99
2. 按登记注册类型分组											
内资企业	1898	263	16	11	77	25	1066	5	234	1147	99
国有企业	186	43			7		15	5		–6	
有限责任公司	198	76	3	6	11	3	22			63	13
其他有限责任公司	198	76	3	6	11	3	22			63	13
股份有限公司	144		11				51				
私营企业	1244	116	2	5	58	22	941		234	1055	86
私营独资企业	1196	113		1	36		563		234	721	86
私营合伙企业	10	3	2	2	20	20	334			334	
私营股份有限公司	38			2	2	2	44				
其他企业	126	29					36			36	
3. 按控股情况分组											
国有控股	24	11			6	6	15				
私人控股	1509	116	16	10	61	24	1014		234	1077	91
其他	365	136			10	–6	36	5		71	8
4. 按经营形式分组											
独立门店	1776	176	16	10	61	18	1044	5	234	1107	85
连锁门店	22			1	1		7				7
其他	100	87		1	15	6	15			41	8

11-5 续表8

单位：万元

指标名称	劳动、失业保险费	养老保险和医疗保险费	住房公积金和住房补贴	本年应付工资总额	#主营业务应付工资总额	本年应付福利费总额	#主营业务应付福利费总额	全部从业人员年平均人数（人）	资产减值损失
总计	5	133	50	8066	7788	265	186	583	3
一、住宿业	5	90	44	5523	5282	225	146	379	3
1. 按住宿行业小类分组									
旅游饭店	5	90	44	5340	5103	225	146	357	3
一般旅馆				183	180			22	
2. 按登记注册类型分组									
内资企业	5	90	44	5523	5282	225	146	379	3
国有企业	1	77	38	1358	1353	73	73	106	3
集体企业		12	5	1130	1130	53	53	63	
股份合作企业		1	1	181	181			15	
有限责任公司				1398	1358	7	7	92	
其他有限责任公司				1398	1358	7	7	92	
股份有限公司				669	486			38	
私营企业	4			786	773	93	14	65	
私营独资企业				78	68			8	
私营合伙企业				62	59			7	
私营有限责任公司	4			549	549	79		47	
私营股份有限公司				99	99	14	14	4	
3. 按控股情况分组									
国有控股	1	54	30	1698	1663	72	72	134	
集体控股		13	6	1311	1311	53	53	78	
私人控股	4			1814	1793	99	21	131	
其他		23	9	699	514	1	1	36	3
4. 按经营形式分组									
独立门店	5	90	44	5124	5066	225	146	364	3
其他				399	216			15	

11-5 续表9

单位：万元

指标名称	劳动、失业保险费	养老保险和医疗保险费	住房公积金和住房补贴	本年应付工资总额	#主营业务应付工资总额	本年应付福利费总额	#主营业务应付福利费总额	全部从业人员年平均人数（人）	资产减值损失
5.按星级分组									
五星		12	5	660	660			35	
四星		22	2	942	940	1	1	62	
三星		39	9	742	712	4	4	56	3
其他	5	17	29	3178	2970	220	142	226	
二、餐饮业		43	6	2543	2506	39	39	203	
1.按餐饮行业小类分组									
正餐服务		43	6	2543	2506	39	39	203	
2.按登记注册类型分组									
内资企业		43	6	2543	2506	39	39	203	
国有企业		42	6	261	255			23	
有限责任公司		1		562	562	39	39	37	
其他有限责任公司		1		562	562	39	39	37	
股份有限公司				180	150			19	
私营企业				1427	1427			117	
私营独资企业				1240	1240			96	
私营合伙企业				122	122			14	
私营股份有限公司				65	65			7	
其他企业				113	113			8	
3.按控股情况分组									
国有控股		18		55	55			6	
私人控股				1888	1858	39	39	160	
其他		25	6	600	593			37	
4.按经营形式分组									
独立门店		24	6	2032	1995	39	39	176	
连锁门店				176	176			10	
其他		19		335	335			18	

主要统计指标解释

批发零售贸易业 指专门从事批发和零售贸易活动的经济部门。我国长期以来把专门从事商品流通的机构分为国内商业、对外贸易业和物资供销业。新的国家统计报表制度根据《国民经济行业分类与代码》(国标修订方案),将专门从事商品流通的行业统称为批发零售贸易业。

批发零售贸易业法人企业 指具备如下条件的批发零售贸易企业:(1)依法成立,有自己的名称、组织机构和场所,能够承担民事责任;(2)独立拥有和使用资产,承担负债,有权与其他单位签订合同;(3)独立核算盈亏,并能够编制包括资产负债表在内的全部会计帐户。

限额以上批发贸易企业 年销售额2000万元以上或从业人员20人以上为限额以上企业;

限额以上零售企业 年销售额500万元以上或从业人员60人以上为限额以上零售企业;

限额以上餐饮企业 年营业额200万元以上或从业人员40人以上为限额以上餐饮企业。

社会消费品零售总额 指各种经济类型的批发零售贸易、餐饮业和其他行业对城乡居民和社会集团的消费品零售额总额。其中,对居民的消费品零售额,是指售给城乡居民用于生活消费的商品金额;对社会集团的消费品零售额,是指售给机关、社会团体、部队、学校、企事业单位、居委会或村委会等,公款购买的用作非生产、非经营使用与公共消费的商品金额。社会消费品零售总额包括:售给城乡居民作为生活消费用的商品金额和修建房屋用的建筑材料,以及售给来华的外国人、华侨、港澳台同胞的消费品总额。不包括城市居民间或居民委托信托商店卖出的商品和售给农业、工业、建筑业等行业用于生产的商品。

市的零售额 指设立在中央直辖市、省、地辖市的市区和郊区以及县级市的市区的各行业消费品零售额,不包括市属县的消费品零售额。

县的零售额 指设立在县城关区的各行业消费品零售额。

县以下的零售额 指设立在县城关区以及县级市的市区以外的集镇和农村的各行业消费品零售额。但不包括分布在农村的独立工矿、林区的商品零售额。

住宿和餐饮零售额 指专门从事提供食宿服务、进行食品烹饪调制的住宿和餐饮业企业、产业活动单位和个体户,直接向居民和社会集团出售主食、菜肴、烟酒饮料和其他商品取得的餐费收入和商品销售额,包括各行业企业或单位附设的对我营业的旅馆、火车餐车、轮船餐厅、机场餐厅的零售额,不包括机关、团体、学校、企事业单位不对外营业的职工食堂所出售的餐费收入。

其他行业零售额 指批发和零售业、住宿和餐饮业法人企业、产业活动单位、个体户以外的其他行业的法人企业、产业活动单位或个体户,从事生活消费品零售活动或者提供食宿服务所取得的商品销售额和餐费收入。

门店总数 指该连锁企业所拥有的全部连锁门店数量,包括总店(如果总公司有门店的话)和全部直营分店、加盟分店数。其中,总店作为一个直营店处理。此外,有的地区分出控股店,控股店按直营店统计。直营店和加盟店之和应小于等于门店总数。

连锁企业(或称连锁店、连锁公司) 指在核心企业或总店的领导下,由分散的、经营同类商品或服务的企业或活动单位,采取共同方针,实行集中采购和分散销售的有机结合,通过规范化经营,实现规模效益的经济联合组织形式。一般连锁店应由若干个分店组成。其经营特征:(1)经营同类商品;(2)使用统一商号;(3)统一采购配送,采购与销售相分离(部分商品可根据物流合理和保质保鲜原则由供应商直接送货到门店,其余均由总部统一配送)。连锁店总店(总部)指连锁店的核心企业或管理中心。连锁店分店指连锁店所属各分散经营的企业或活动单位,也可称分店或成员店。

连锁店包括下列两种形式:

直营连锁也叫正规连锁。连锁门店均由总部全资或控股开设，在总部的直接领导下统一经营。连锁总店或核心店作为一个直营店统计。

加盟连锁包括特许连锁和自由连锁。

特许连锁：各连锁门店（被特许人）通过合同形式，取得使用总部（特许人）商标、商号、经营技术和销售总部开发的商品的特许权，各加盟连锁门店为独立法人，但无自主经营权，在总部指导下统一经营。

自由连锁：也称自愿连锁，连锁公司的门店均为独立法人，各自的资产所有权关系不变，在公司总部的指导下共同经营。各成员店使用共同的店名，与总部订阅有关购、销、宣传等方面的合同，并按合同开展经营活动。在合同规定的范围之外，各成员店可以自由活动。根据自愿原则，各成员店可自由加入连锁体系，也可自由退出。

系统内企业，如新华书店、烟草公司、石油公司等，应注意是否具备连锁经营特征，如果不具备连锁经营特征，则不能纳入连锁统计范畴。

亿元以上商品交易市场　指经乡镇及以上政府主管部门批准，有固定交易场所，进行经常性常年交易、并设有专职管理人员的年成交额在亿元以上的现货商品交易市场。

对外经济贸易和旅游业

DUI WEI JING JI MAO YI HE LU YOU YE

资 料 整 理 人 员

赵　静　孙露青

12-1 1995-2010年海关进出口贸易总额

单位: 万美元

年份	进出口总额	出口总额	进口总额
1995	230	230	
1996	209	209	
1997	315	315	
1998	508	386	122
1999	771	716	55
2000	1747	1184	563
2001	2095	2027	68
2002	1715	1655	60
2003	2649	2354	295
2004	4524	4373	151
2005	4002	3977	25
2006	6220	6188	32
2007	10169	10026	143
2008	15817	15604	213
2009	10242	9967	275
2010	12654	12532	122

12-2 海关进出口贸易总额（2010年）

单位: 万美元

项　　目	进出口总额	出口总额	进口总额
总　　额	12654	12532	122
一、按企业性质分			
国有企业	177	169	8
中外合作企业			
中外合资企业			
外商独资企业	2328	2322	6
集体企业	492	492	
私人企业	9476	9368	108
个体工商户	181	181	
其　他			
二、按贸易方式分			
一般贸易	12647	12528	119
加工贸易	4	4	
来料加工装配贸易	4	4	
其他	4	1	3

12-3 海关进出口商品分类总额（2010年）

单位: 万美元

项　　目	出口总额	进口总额
合　　计	12532	122
1. 活动物及动物产品		
2. 植物产品	814	
3. 动、植物油脂及分解产品；精制的食用油脂、动植物脂		
4. 食品、饮料、酒及醋；烟草及烟草代品的制品		
5. 矿产品	685	
6. 化学工业及其相关工业的产品	1157	
7. 塑料及其制品；橡胶及其制品		
8. 生皮、皮革、毛皮及其制品；鞍具及挽具;旅行用品、手提包及类似品；动物肠线(蚕胶丝除外)制品		
9. 木及木制品；木炭；软木及软木制品稻草 、秸秆、针茅或其他编结材料制品、蓝筐及柳条编结品		
10. 木浆及其他纤维状纤维素浆；纸及纸板的废碎品；纸、纸板及其制品废碎品；纸、纸板及其制品		
11. 纺织原料及纺织制品		
12. 鞋、帽、伞、仗、鞭及其零件；已加工的羽毛及其制品；人造花；人发制品		
13. 石料、石膏、水泥、石棉、云母及类似材料的制品；陶瓷产品；玻璃及其制品		
14. 天然或养殖珍珠、宝石或半宝石、贵金属包贵金属及其制品；仿首饰；硬币		
15. 贱金属及其制品	9564	108
16. 机器、机械器具、电气设备及其零件;录音机及放声机、电视图像、声音的录制和重放设备及其零件附件	232	14
17. 车辆、航空器、船舶及有关运输设备	80	
18. 光学、照相、电影、计量、检验、医疗或外科用仪器及设备、精密仪器及设备；钟表；乐器；上述物品的零件附件		
19. 杂项制品		
20.艺术品、收藏品及古物		

12-4 海关分国别（地区）进出口贸易总额（2010年）

单位: 万美元

国　别（地区）	进出口总额	出口总额	进口总额
进出口贸易总值	12654	12532	122
亚洲	5554	5554	
香港			
印度	244	244	
日本	727	727	
韩国	2614	2614	
印度尼西亚	118	118	
马来西亚	196	196	
新加坡	182	182	
泰国	138	137	1
中华人民共和国			
台湾	213	208	6
土耳其	331	331	
哈萨克斯坦			
非洲	138	138	
南非	2	2	
欧洲	4764	4649	115
英国	767	662	105
德国	1070	1060	10
法国	199	199	
意大利	812	812	
荷兰	786	786	
俄罗斯	107	107	
拉丁美洲	968	968	
阿根廷	19	19	
巴西	407	407	
古巴	1	1	
墨西哥	234	234	
秘鲁	4	4	
北美洲	467	467	
加拿大	130	130	
美国	337	337	
大洋洲	762	762	
澳大利亚	463	463	
新西兰	299	299	
东盟组织	744	743	1
欧盟组织	4616	4501	115

12-5　1990-2010年实际利用外资额

单位: 万美元

年　份	利用外资总　　额	对外借款	外商直接投资	外商其他投资
1990	24		24	
1991	54		54	
1992	29		29	
1993	521		521	
1994	70		70	
1995	93		93	
1996	91		91	
1997	10		10	
1998	176		176	
1999	15		15	
2000				
2001	207		207	
2002	83		83	
2003	21		21	
2004	14		14	
2005	459		459	
2006	1692		1692	
2007	35		35	
2008	379		379	
2009	653		653	
2010	1445		1445	

12-6 1990-2010年合同利用外资金额（外商直接投资）

年　份	项目投资总　额	合同利用外资情况	独资企业	合资企业	合作企业
一、合同项目(个)					
1990		1		1	
1991		2		2	
1992		11	1	10	
1993		33	1	30	2
1994		13	2	10	1
1995		2		2	
1996		7	4	3	
1997		2	1	1	
1998		5	1	4	
1999		1		1	
2000		2		2	
2001		7	3	3	1
2002		3	1	2	
2003		1		1	
2004		2	1		1
2005		5	1	4	
2006		2	1	1	
2007		2		2	
2008		4	2	2	
2009		3	1		2
二、合同金额(万美元)					
1990	120	24		24	
1991	121	54		54	
1992	935	374	45	329	
1993	5192	1990	200	1687	103
1994	368	148	26	92	30
1995	1181	699		699	
1996	629	407	310	97	
1997	64	22	10	12	
1998	206	159	100	59	
1999	33	15		15	
2000	570	408		408	
2001	8874	632	65	179	388
2002	1255	501	50	451	
2003	10	3		3	
2004	242	194	42		152
2005	12821	5107	453	4654	
2006	4875	1427	117	1310	
2007	5700	2408		2408	
2008	5639	4175	4035	139	
2009	8356	6831	190		6641
2010	10003.6	7003.6	3.6		7000

12-7 主要年份实际利用外资额

单位: 万美元

项 目	1995	2000	2005	2006	2007	2008	2009	2010
总 计	93		459	1692	35	380	653	1445
#外商直接投资	93		459	1692	35	380	653	1445
#合作企业	93		459	1692	35		180.5	1441
#独资企业							472.5	4

12-8 按行业分的合同利用外商直接投资额（2010年）

单位: 万美元

行 业	项 目（个）	合同金额	实际利用金额
总 计	2	14289.3	1444.6
水泥	1	14285.7	1441.0
葡萄的种植加工	1	3.6	3.6

12-9 按国别（地区）分的利用外商直接投资额（2010年）

单位: 万美元

国 别（地区）	项 目（个）	合同利用外资金额	实际使用外资金额
总 计	1	3.6	3.6
香 港	1	3.6	3.6
韩 国			
德 国			

12-10 主要年份旅游接待人数

单位: 万人次

年份	国内旅游接待人次(万人次)	海外旅游者(人次)	外国人及华侨	港澳和台湾同胞	# 台湾同胞
1980	7.1	217	147	70	
1985	45.6	1503	1083	420	
1986	23.8	2009	1359	650	
1987	31.7	3427	2413	1014	
1988	33.7	3495	2733	762	
1989	44.8	2297	1065	1232	
1990	57.4	5855	2365	3490	
1995	142.0	14363	9150	5213	
1996	274.0	14562	10351	4211	
1997	443.0	18379	10108	8271	
1998	461.4	14603	8032	6571	
1999	586.8	11258	6755	4503	
2000	588.1	16686	9920	6766	
2001	712.4	22506	15015	7491	6000
2002	825.1	28194	15697	12497	7066
2003	430.2	12800	5661	7139	3100
2004	560.0	30100	17647	12453	5944
2005	620.0	46200	24161	22039	7358
2006	708.0	68700	34538	34162	11647
2007	754.0	85890	52958	32932	9478
2008	830.8	107000	66052	41310	11405
2009	881.0	119171	71853	47318	13221
2010	1037.47	145840	87331	58509	16656

12-11 主要年份旅游收入

年份	旅游总收入(亿元)	国内旅游接待收入(亿元)	旅游外汇收入(万美元)	国内旅游人均花费(元/人次)
1980			1.0	
1985			7.0	
1986			9.0	
1987			11.0	
1988			16.0	
1989			12.0	
1990			31.0	
1995		2.2	428.0	154.9
1996		5.4	387.0	197.1
1997		11.7	573.0	264.1
1998		11.7	529.0	253.6
1999		13.4	369.0	228.4
2000		13.9	470.0	236.4
2001		18.7	682.6	262.5
2002		21.3	801.9	258.2
2003		9.9	348.7	230.1
2004		10.7	839.7	191.1
2005	26.0	25.0	1389.1	403.2
2006	39.7	34.0	2139.5	480.2
2007	55.6	53.3	2803.5	707.0
2008	71.7	69.3	3504.4	863.0
2009	83.8	80.9	3960.0	918.3
2010	106.3	103.0	5080.0	800.0

主要统计指标解释

进出口总额 海关进出口总额指实际进出我国国境的货物总金额。包括对外贸易实际进出口货物，来料加工装配进出口货物，国家间、联合国及国际组织无偿援助物资和赠送品，华侨、港澳台同胞和外籍华人捐赠品，租赁期满归承租人所有的租凭货物，进料加工进出口货物，边境地方贸易及边境地区小额贸易进出口货物(边民互市贸易除外)，中外合资经营企业，中外合作经营企业，外商独资经营企业进出口货物和公用物品，到、离岸价格在规定限额以上的进出口货样和广告品(无商业价值、无使用价值和免费提供出口的除外)，从保税仓库提取在中国境内销售的进出口货物，以及其他进出口货物。进出口总额用以观察一个国家在对外贸易方面的总规模。我国规定出口货物按离岸价格统计，进口货物按到岸价格统计。

实际利用外资 指我国各级政府、部门、企业和其他经济组织通过对外借款、吸收外商直接投资以及用其他方式筹措的境外现汇、设备、技术等。

对外借款 是我国利用外资的主要部分。包括我国通过外国政府贷款、国际金融组织贷款、外国银行商业贷款、出口信贷以及对外发行债券、股票等方式，从境外筹措的资金。

外商直接投资 是指外国企业和经济组织或个人(包括华侨、港澳台同胞以及我国在境外注册的企业)按我国有关政策、法规，用现汇、实物、技术等在我国境内开办外商独资企业，与我国境内的企业或经济组织共同举办中外合资经营企业、合作经营业或合作开发资源的投资(包括外商投资收益的再投资)以及经政府有关部门批准的项目投资总额内，企业从境外借入的资金。

对外承包工程 包括各对外承包公司以招标议标承包方式承揽下列业务：(1)承包国外工程建设项目；(2)承包我国对外经援项目；(3)承包我国驻外机构的工程建设项目；(4)承包我国境内利用外资进行建设的工程项目；(5)与外国承包公司合营或联承工程项目时我国公司分包部分；(6)以服务成果向业主收费的技术服务项目(包括承揽地形地貌测绘；地质资源勘探与普查；建区域规划；提供设计文件、图纸、生产工艺技术资料和工程技术经济咨询；工程项目的可行性考察、研究和评估；进行技术指导和培训人员等)；(7)对外承包兼劳营的房屋开发业务。对外承包工程的营业额是以货币表现的本期内完成的对外承包工程的工作量，包括以前年度签订的合同和本度新签订的合同在报告期完成的工作量。

对外劳务合作 指以收取工资的形式向业主或承包商提供技术或劳务的活动。我国对外承包公司在境外开办的合营企业，中国公司同时又提供劳务的，其劳务部分也纳入劳务合作统计。劳务合作营业额按报告期内向雇主提交的结算数(包括工资、加班费和资金等)统计。

国际旅游(外汇)收入 海外旅游者在中国(大陆)境 内旅行游览过程中用于交通、参观游览、住宿餐饮、购物、娱乐等全部花费。

海外旅游者 指来华入境的海外游客中，在我国旅游住宿设施内至少停留一夜的外国人、港澳台同胞。海外旅游者不包括下列人员：(1)应邀来华访问的政府部长以上官员及其随行人员；(2)外国驻华使馆官员，外交人员以及随行的家庭服务人员和赡养者；(3)常驻我国一年以上的外国专家、留学生、记者、商务机构人员等；(4)乘座国际航班过境不需要通过护照检查进入我国口岸的中转旅客；(5)边境地区往来的居民；(6)回大陆定居的港澳台同胞；(7)正在我国定居的外国人和原已出境要返回在我国定居的外国侨民；(8)归国的我国出国人员。

国内旅游者人数 指我国大陆居民和在我国常驻一年以上的外国人、华侨、港澳台同胞离开常驻地在境内其它地方的旅游设施内至少停留一夜，最长不超过6个月的人数。

财政、金融和保险

CHAI ZHENG JIN RONG
HE BAO XIAN YE

资 料 整 理 人 员

周 媛 乔志勇

13-1 主要年份地方财政收支总额

单位: 万元

年　份	财 政 总收入	一般预算 收　　入	一般预算 支　　出	收 支 差 额	指数（以上年为100）	
					收 入	支 出
1952	1368	1368	940	428		
1957	1799	1799	1840	-41	101	91
1962	1844	1844	2914	-1070	88	54
1965	2622	2622	3797	-1175	106	122
1970	3810	3810	6613	-2803	108	112
1975	4884	4884	9048	-4164	117	103
1978	5908	5908	13662	-7754	104	140
1980	6219	6219	11025	-4806	109	84
1985	12958	12958	23375	-10417	125	115
1990	24026	24026	35352	-11326	119	106
1995	52191	32957	72851	-39894	136	123
2000	75593	54078	129827	-75749	104	114
2001	80292	55423	173524	-118101	102	134
2002	120454	53005	230013	-177008	96	133
2003	152789	64067	247050	-182983	121	107
2004	202258	79470	307816	-228346	124	125
2005	307868	117734	374507	-256773	148	122
2006	397865	166748	482025	-315277	142	129
2007	551593	231768	659877	-428109	139	137
2008	718701	294534	849595	-555061	127	129
2009	743286	335438	1020222	-684784	114	120
2010	901663	423425	1285794	-862369	126	126

13-2 预算外财政专户资金收支额

单位: 万元

项　　目	金额2009	金额2010
收入合计	67927	72468
一、行政事业性收费	60654	66025
二、政府性基金(资金、附加)收入		
三、主管部门集中收入		
四、乡镇自筹、统筹		
五、其他收入	5205	6239
六、国有资产有偿使用收入	2068	204
支出合计	65005	68542
一、一般公共服务	13143	13325
二、公共安全	1420	859
三、教育	37221	39957
四、文化体育和传媒	1872	1976
五、社会保障和就业	1104	1476
六、医疗卫生	1902	2808
七、农林水事务	2360	4064
八、工业商业金融等事务	170	345
九、其他支出	2077	1022

13-3 主要年份地方财政收支分项目数

单位: 万元

年 份	企业收入	各项税收	#工商税	#农业税	其他收入	基本建设支出	支援农业生产及农业事业费支出	文教科卫支出
1952		1276	403	873	92		13	304
1957	67	1621	941	680	39		75	720
1962	163	1571	1238	332	110		134	936
1965	682	1844	1485	359	95		140	837
1970	1293	2479	1720	758	39	3008	706	1175
1975	1337	3820	2730	621	36	1921	2198	1766
1978	1233	4639	4174	460	36	4033	3075	2400
1980	950	5132	4621	502	21	371	3044	3237
1985	108	12775	9684	931	254	696	3235	6690
1990	1327	17875	16600	1240	1658	500	4138	12000
1995	72	23937	21138	2799	2813	700	8741	25527
2000	1971	39848	36041	3042	1898		11092	41299
2001	4720	38931	37091	1175	3261		18417	57848
2002	529	38391	33890	2719	4356		24840	66237
2003	1718	43631	39558	3376	3270		22846	77921
2004	3414	52537	49213	1983	2431		53476	87238
2005	5683	76838	74310		2266		49879	102954
2006	7999	93916	90762		1366		56460	127786
2007	28532	148263	115225		110		67564	186274
2008	30595	195704	187939				90074	240770
2009	31965	212551	205949				103276	307804
2010	33258	259526	251217				168102	366834

13-4 财政一般预算收入

单位: 万元

项　　目	2009	2010
收 入 总 计	335438	423425
一、增值税	55653	65991
#国有企业增值税	20781	19881
集体企业增值税	933	1661
股份制企业增值税	26913	33963
联营企业增值税	51	6
港澳台外商投资企业增值税	76	41
私营企业增值税	3184	4944
二、营业税	60057	81829
#金融保险业营业税(地方)	3132	3910
一般营业税	56884	77877
三、企业所得税	31965	33258
四、个人所得税	9655	11427
五、资源税	18944	18713
六、固定资产投资方向调节税		
七、城市维护建设税	13079	19074
八、房产税	3590	3829
九、印花税	2736	3356
十、城镇土地使用税	7480	8261
十一、土地增值税	747	979
十二、车船使用和牌照税	2043	4500
十三、耕地占用税	3836	3540
十四、契　税	2766	4769
十五、烟叶税		
十六、国有资产经营收益	1408	1980
十七、国有企业计划亏损补贴		
十八、行政性收费收入	31590	26649
十九、罚款收入	23802	26789
二十、海域场地矿区使用费收入		
二十一、专项收入	63651	90363
二十二、其他收入	847	15866

13-5 财政一般预算支出（2010年）

单位: 万元

项目	2009	2010
支出总计	1020222	1285794
一、一般公共服务	184988	174256
人大事务	3841	4952
政协事务	2768	3640
财政事务	8487	11419
税收事务	3301	4855
人口与计划生育事务	9577	11008
商贸事务	3642	3144
国土资源事务	46990	76512
共产党事务	23242	29168
二、国防	825	635
三、公共安全	57146	73912
四、教育	209868	249340
普通教育	174388	202477
职业教育	13401	14741
五、科学技术	6967	8927
六、文化体育与传媒	13306	17015
文化	5662	6550
文物	641	1371
体育	1501	1367
广播影视	4332	5663
新闻出版	684	1000
七、社会保障和就业	196164	180513
财政对社会保障基金的补助	28356	12423
城市居民最低生活保障	20733	20478
自然灾害生活救助	4382	4096
八、医疗卫生	77663	91552
九、环境保护	58445	68313
污染防治	16847	14462
退耕还林	32710	26320
十、城乡社区事务	39860	43292
十一、农林水事务	103276	168102
农业支出	56953	50944
自然灾害救助	157	1848
农业生产资料补贴	3599	4806
农业资源和环境保护	23	1394
其他农业支出	4177	4874
林业支出	9885	15810
天然林保护		
其它林业支出	1931	2997
水利支出	16850	27339
扶贫	15042	30675
农业综合开发	4291	9068
其他农林水事务支出	255	1540
十二、交通运输	24583	54628
公路水路运输	22852	46275
铁路运输	37	31
十三、工业商业金融等事务	21167	35812
采掘业	2486	3868
制造业	88	92
粮油事务	3632	6705
商业流通事务	5408	11023
金融业	2061	2741
安全生产	2454	3605
国有资产监管	256	440
中小企业事务	2480	3968
石油价格财政补贴	956	2877
十四、其他支出	23019	22164
十五、政府基金支出合计	105097	163619
教育	384	4
文化体育与传媒	200	25
社会保障和就业	1748	2202
城乡社区服务	44614	109648
农林水事务	3199	2243
工业商业金融等事务	49025	37930

13-6 税收分经济

项 目	合 计	国有企业	集体企业	股份合作企业	联营企业
税收（地税）	280459	56901	12381	2165	205
营业税	116900	19054	8099	1063	52
企业所得税	57557	22535	1681	140	7
个人所得税	39271	6048	963	771	46
资源税	26733	2804	81	1	66
城市维护建设税	19074	3637	696	61	3
房产税	3829	1116	211	62	1
印花税	3356	587	182	16	1
城镇土地使用税	8260	1060	189	47	6
土地增值税	979	1	138		
车船使用税	4500	59	141	4	23
税收（国税）	450170	130282	11804	2323	39
增值税	378246	115312	8607	325	38
消费税	9138	8724			
企业所得税	61248	6246	3197	1998	1
外商投资企业所得税					
个人所得税	1538				

类型情况（2010年）

单位: 万元

私营企业	股份有限公司	国有控股	港澳台投资企业	外商投资企业	个体经营	其他企业
13715	145628	21425	1120	4252	31588	12504
2256	55699	7630	936	3435	17256	9050
574	32140	10413				480
5154	13191	809	47	552	11232	1267
5062	17900	1448			439	380
282	12520	863			1264	611
29	1634	14	47	168	429	132
67	2323	86	4	20	130	26
73	6575	104	76	77	146	11
14	810				16	
204	2836	58	10		676	547
32786	257035		124	804	14385	588
30846	208920		124	650	12836	588
	403				11	
1940	47712			154		
					1538	

13-7 金融机构人民币信贷收支（2010年）

单位: 万元

项目	金额	项目	金额
资金来源总计	9786660	个人贷款及透支	1076264
一、各项存款	9642264	个人消费贷款	13240
企业存款	1605048	单位贷款及透支	574937
活期存款	1490583	经营贷款	574937
定期存款	114465	固定资产贷款	
财政存款	223668	普通并购贷款	
机关团体存款	940242	银团贷款	
储蓄存款	6509378	贸易融资	35771
活期储蓄	2381118	中长期贷款	1826382
定期储蓄	4128260	个人贷款	197307
农业存款	206752	个人消费贷款	47332
信托存款		单位贷款	1147272
委托存款	4196	经营贷款	376643
其他存款	152981	固定资产贷款	770629
二、金融债券		普通并购贷款	234657
三、应付及暂收款	205292	银团贷款	247146
四、同业往来	1204	贸易融资	
五、各项准备	150313	信托贷款	
六、所有者权益	160821	融资租赁	
# 实收资本	65273	委托贷款	
当年结益		票据融资	10637
七、其　他	-373235	各项垫款	
资金运用总计	9786660	二、有价证券及投资	2359
一、各项贷款	3523991	三、应收及预付款	14104
短期贷款	1686972	四、同业往来(运用方)	287
		五、行内资金往来(运用方)	6096757
		六、金银占款	
		七、外汇占款	-207
		八、固定资产	72166
		九、库存现金	77203
		十、投资性房地产	

13-8 金融机构本外币信贷收支（2010年）

单位: 万元

项　　目	金　　额
资金来源总计	3526358
一、各项存款	9648901
企业存款	1606691
活期存款	1492227
定期存款	114465
储蓄存款	6514362
活期储蓄	2382179
定期储蓄	4132183
委托存款	4196
其他存款	1523651
二、所有者权益	160966
# 实收资本	65273
三、其　他	-6283509
资金运用总计	3526358
一、各项贷款	3523999
短期贷款	1686979
中长期贷款	1826382
信托贷款	
委托贷款	
其它贷款	
票据融资	10637
各项垫款	
二、有价证券及投资	2359

13-9 国有商业银行本外币信贷收支（2010年）

单位: 万元

项　　目	金　　额
资金来源总计	1697116
一、各项存款	5565663
企业存款	1258976
活期存款	1180773
定期存款	78203
储蓄存款	3366842
活期储蓄	1444878
定期储蓄	1921965
其他存款	939844
二、应付及暂收款	93001
#应付利息	64655
三、同业往来	13926
四、各项准备	41273
#贷款损失准备金	41220
五、所有者权益	38693
六、其　他	-4055440
资金运用总计	1697116
一、各项贷款	1631444
短期贷款	157044
中长期贷款	1463764
其它贷款	
票据融资	10637
二、有价证券及投资	1749
三、应收及预付款	5263
四、存放中央银行存款	34910
五、同业往来	
六、库存现金	23749

13-10 国有商业银行人民币信贷收支（2010年）

单位: 万元

项　　目	金　额	项　　目	金　额
资金来源总计	5802699	七、各项准备	41271
一、各项存款	5559027	#贷款损失准备金	41219
企业存款	1257333	八、所有者权益	38548
活期存款	1179129	十、其　他	25770
定期存款	78203	**资金运用总计**	5802699
机关团体存款	803145	一、各项贷款	1631437
储蓄存款	3361858	短期贷款	157036
活期储蓄	1443817	中长期贷款	1463764
定期储蓄	1918041	票据融资	10637
农业存款	4151	二、有价证券及投资	1749
其他存款	132540	三、应收及预付款	5252
二、财政存款	31201	四、存放中央银行准备金存款	5783
三、应付及暂收款	92906	五、缴存中央银行财政性存款	29126
#应付及预提利息	64615	六、同业往来	
四、同业往来	13892	七、外汇占据	-207
#同业存放	13892	八、行内资金往来	4106296
五、委托存款及委托投资基金	84	九、库存现金	23262
六、代理金融机构委托投资基金			

13-11 主要年份国家银行各项存款余额

单位: 万元

年 份	存款余额	#企业存款	#财政存款	#农业存款	#机关团体存款
1952	557	189	299	1	
1957	2053	393	600	586	
1962	5139	1516	1495	1295	
1965	4002	1412	340	2228	
1970	11415	3333	3328	3521	
1975	12393	4283	1893	3641	
1978	17048	3636	2615	4901	
1980	29021	6395	7885	9384	
1985	76040	20574	6941	23769	
1990	203286	39892	3072	30128	
1995	608107	100787	25871	3502	
2000	1151262	184973	12666	1946	25761
2001	1305032	208524	16446	4651	35468
2002	1462985	251540	20388	6162	54125
2003	1690171	314358	17509	8810	62756
2004	2050692	398495	31831	9633	88868
2005	2573521	481314	51056	12195	153520
2006	3169438	625980	59658	2601	264613
2007	3956889	823490	171912	2557	358770
2008	5051669	873322	244216	3475	527241
2009	5820978	1134613	185281	5143	564554
2010	6842780	1306745	197958	4391	836431

13-12 主要年份国家银行各项贷款余额

单位: 万元

年 份	贷款余额	#工业贷款	#商业贷款	#建筑企业贷 款	#三资企业贷 款	#私营企业及个体贷款	#农业贷款
1952	337	7	113				200
1957	6606	150	3484				1510
1962	13205	1320	9078				1719
1965	8082	625	7327				
1970	17104	2220	12751				2036
1975	26541	5067	16921				4343
1978	34018	7582	19956				6248
1980	43251	7932	27132				7361
1985	95273	21259	52668				12542
1990	221941	66567	101088				14209
1995	539475	121433	183365				30162
2000	708633	139186	224073	8037	6610	3762	22569
2001	731982	170182	224164	6452	6601	3838	20816
2002	790078	147277	228337	7174	5784	2738	19540
2003	944017	144267	209707	5691	6234	1464	18159
2004	1154982	111773	205643	2360	2557	1994	17365
2005	1207914	118514	237575	3631	550	1633	16623
2006	1253968	97588	221308	2932	613	1698	15617
2007	1478855	145289	276284	4265	273	982	19619
2008	1419329	119652	288111	1170	71	5587	1828
2009	1697274	125979	243706	2224		14814	4218
2010	1966771						

注：2010年各项贷款余额指标有所改革，分为个人贷款、单位贷款、普通并购贷款、银团贷款、贸易融资、票据融资六项。其中，个人贷款83315，单位贷款1355244，普通并购贷款234657，银团贷款247146，贸易融资35771，票据融资10637。

13-13 主要年份金融机构现金投放与回笼

单位: 万元

年 份	现金收入	#商品销售收入	现金支出	#工资支出	净投放
1952					
1957	11999	6690		2494	(−)791
1962	11619	7527		3159	(+)1278
1965	13203	9299		3611	(+)243
1970	19433	13105		5938	(+)782
1975	18949	13394		6458	(+)1222
1978	23222	16430		7920	(+)1314
1980	33753	23148		10217	(+)3998
1985	93931	51222		19752	(+)9083
1990	249432	85394	108681	78752	(+)88892
1995	1044217	136058	635298	196611	(+)248359
2000	3004405	172874	3311761	323375	(+)307356
2001	3712824	231586	3972089	316268	(+)259265
2002	4211501	260031	4499565	353289	(+)288064
2003	5903622	316321	6138026	377435	(+)234404
2004	8660397	425799	8827058	466919	(+)166661
2005	10377028	443193	10504589	573093	(+)127561
2006	11317680	543575	11533514	607349	(+)215824
2007	12914925	607165	13311630	739763	(+)396704
2008	14300371	662718	14750101	863622	(+)449730
2009	13900611	635691	14324046	751808	(+)423436
2010	16538094	654803	16950080	707532	(+)411985

13-14 金融机构现金收支情况（2010年）

单位: 万元

项　　目	金　　额
收入总计	16538094
商品销售收入	654803
服务业收入	491526
税款收入	153165
城乡个体经营收入	75364
储蓄收入	12962174
其他金融机构收入	155876
居民归还贷款收入	840054
汇兑收入	158035
有价证券收入	1714
其他收入	1045383
# 兑换外币收入	791
支出总计	16950080
工资性支出	707532
农副产品采购支出	125109
工矿及其他产品采购支出	140771
行政企事业管理费支出	269765
城乡个体经营支出	228882
储蓄存款支出	14164089
其他金融机构支出	31457
居民提取贷款支出	36176
汇兑支出	63306
有价证券支出	16738
其他支出	1166256
# 兑换外币支出	1690
投放(+)回笼(-)	411985

13-15 金融机构法定存款利率（2010年）

单位: 年利率%

项　目	2010年10月 20日调整	2010年12月 26日调整
城乡居民和单位存款		
活 期	0.36	0.36
定 期		
整存整取		
三个月	1.91	2.25
半　年	2.20	2.50
一　年	2.50	2.75
二　年	3.25	3.55
三　年	3.85	4.15
五　年	4.20	4.55
零存整取、整存零取、存本取息		
一　年	1.91	2.25
三　年	2.20	2.50
五　年	2.50	2.75
定活两便	按一年以内定期整存整取同档次利率打6折	

注：1.定活两便存款按一年期以内定期整存整取同档次利率打六折执行；

2.从2005年9月21日起，从现行的居民储蓄整存整取定取存款的期限档次和利率水平为标准，统一个人存款、单位存款的定期存款期限档次。此前单位存款只有三个月、半年、一年三个档次。

13-16 保险业务基本情况

单位: 万元

项目	2009	2010
中国人寿保险股份有限公司		
忻州分公司		
保费收入	88407	98793
各项赔款和给付	15320	12999
资产总额	261106	327602
机构数 (个)	62	15
员工情况 (人)	308	314
中国人寿存续业务		
保费收入	1521	1436
各项赔款和给付	2370	2102
资产总额	17415	16698
机构数 (个)		
员工情况 (人)		
中国人民财产保险股份有限公司		
忻州分公司		
保费收入	31606	44853
各项赔款和给付	15390	20141
资产总额	7107	5699
机构数 (个)	20	20
员工情况 (人)	158	159

主要统计指标解释

财政总收入 即一般预算收入与上划中央收入之和,反映本地区当年组织的财政收入总规模,是计算当年地方可用财力的主要依据。与国内生产总值比较,可反映财政的集中程度。

一般预算收入 指按照财政体制规定列入地方预算,直接缴入地方金库的经常性财政收入。1996年政府性基金纳入预算管理后,为区别于基金预算,将地方预算收入改称一般预算收入。具体包括增值税、企业所得税、个人所得税的地方分享部分,其他工商税收,农业四税,专项收入及行政性收费,罚没收入,其他收入。

上划中央收入 指实行分税制财政体制后,增值税的75%部分和消费税划为中央收入,以及从2002年起实行所得税分享改革后,所得税(包括企业所得税、个人所得税)由中央分享部分,这部分收入直接缴入中央金库。根据《预算法》和财政体制规定,上划中央收入属于列入中央预算范围的收入,地方总预算中不予包括。

一般预算支出 是指列入地方预算的经常性财政支出,其项目包括经济建设支出、教科文卫等事业支出、国家管理费用支出、国防支出、各项补贴支出及其他支出等。其资金来源包括用地方可用财力安排的支出、上年结余、调入资金和中央专款补助形成的财政支出等。主要包括:

1、基本建设支出:按照国家有关规定,属于基本建设范围内的基本建设有偿使用、拨款、资本金支出以及经国家批准对专业和政策性基建投资贷款,在部门的基建投资额中统筹支付的贴息支出。

2、企业挖潜改造资金:指国家预算内拨给的用于企业挖潜、革新和改造方面的资金。包括各部门企业挖潜改造资金和企业挖潜改造贷款资金,为农业服务的县办“五小”企业技术改造补助,挖潜改造贷款贴息资金。

3、地质勘探费用:指国家预算用于地质勘探单位的勘探工作费用,包括地质勘探管理机构及事业单位经费、地质勘探经费。

4、科技三项费用:指国家预算用于科技支出的费用,包括新产品试制费、中间试验费、重要科学研究补助费。

5、农业支出:指财政用于种植、畜牧、水产、农机、农垦、农场、农业产业化经营组织、乡镇企业等方面的支出。

6、林业支出:包括森林救灾、天然林保护、退耕还林、森林生态效益、森工、造林、防沙治沙及林场、苗圃、工作站、推广与培训等行业管理方面的支出。

7、水利和气象支出:包括防汛岁修搞旱、水文水质水土水资源管理、水利建设、气象支出及水利行业管理等费用。

8、工业交通等部门和事业费:指国家预算支付给工交商各部门用于事业发展的人员和公用经费支出,包括勘察设计费、干部训练费等。

9、文体广播事业费:指文化部和地方文化部门、新闻出版署和地方出版事业系统、国家文物局和地方文物系统、国家体育总局和地方体育系统、档案局直属档案馆等机构、地震事业费、海洋事业费、通讯事业费、广播电影电视事业费、计划生育事业费、党政群干部训练事业费和其他文体广播事业费。

10、抚恤和社会福利救济:反映按规定由民政部门管理开支的各项抚恤金、伤残补助费等。

11、行政事业单位离退休支出:反映实行归口管理的行政事业单位离退休经费。行政事业单位未实行归口管理的离退休经费仍列入原有关科目。

当年可用财力 是指按照现现行财政体制规定,在预算年度内可统筹安排使用的预算内资金,其来源包括当年一般预算收入、税收返还收入、下级上解收入、转移支付补助,并从中扣减上解上级补助下级的资金。当年可用财力不包括上年结余资金及中央专款补助。根据《预算法》的规定,当年支出预算应当小于或等于当年可用财力。

存款 企业、机关、团体或居民根据可以收回的原则,把货币资金存入银行或其他信用机构保管并取得一定利息的一种信用活动形式。根据存款对象的不同可划分:企业存款、财政存款、机关团体存款、城镇居民储蓄存款、农村存款等项目。

货款 银行或其他信用机构根据必须归还的原则,按一定利率,为企业、个人等提供资金的一种信用活动形式。我国银行货款,分流动资金贷款、农业贷款、固定资产贷款等科目。

城乡居民储蓄年末余额 包括城镇居民储蓄和农民个人储蓄两部分的年末余额。不包括工矿企业、部队、机关团体等集体存款。

教育、科技

JIAO YU KE JI

资 料 整 理 人 员

项艳萍　闫志伟　孔艳丽

14-1 普通中学学校数、班数（2010年）

项目	学校数（所）	初级中学	高级中学	完全中学	九年制学校	其他学校附设中学班	班数（班）	初中	高中
总计	352	224	29	11	88		4051	2898	1153
教育部门和集体办	320	212	22	6	80		3443	2519	924
民办	32	12	7	5	8		608	379	229
其他部门办									
城市	29	12	9	3	5		866	435	432
教育部门和集体办	22	10	6	2	4		668	347	321
民办	7	2	3	1	1		198	88	110
其他部门办									
县镇	69	39	16	4	10		1512	911	601
教育部门和集体办	60	36	14	2	8		1332	809	523
民办	9	3	2	2	2		180	102	78
其他部门办									
农村	254	173	4	4	73		1673	1552	121
教育部门和集体办	238	166	2	2	68		1443	1363	80
民办	16	7	2	2	5		230	189	41
其他部门办									

14-2 普通中学分办别、分城乡学生数（2010年）

单位：人

项 目	毕业生数		招生数		在校学生数	
	初 中	高 中	初 中	高 中	初 中	高 中
合 计	54028	20361	58170	20494	154374	64664
#女	26773	9641	29138	10082	76269	32085
教育部门和集体办	46415	15890	49887	16850	131254	52352
民 办	7613	4471	8283	3644	23120	12312
其他部门办						
城 市	9109	7769	9381	8271	25749	24402
教育部门和集体办	6682	5400	7699	6264	20739	18154
民 办	2427	2369	1682	2007	5010	6248
其他部门办						
县 镇	18033	9908	21256	10289	55322	33558
教育部门和集体办	15997	8903	18822	9349	49084	29828
民 办	2036	1005	2434	940	6238	3730
其他部门办						
农 村	26886	2684	27533	1934	73303	6704
教育部门和集体办	23736	1587	23366	1237	61431	4370
民 办	3150	1097	4167	697	11872	2334
其他部门办						

14-3 普通中学教职工数（2010年）

单位：人

项　目	教职工数	#专任教师	#行政人员	#教辅人员	#工勤人员	校办工厂农（林）场职工	代课教师	兼任教师
合　计	17558	14844	536	919	1238	21	1503	172
#女	8890	7894	79	435	475	7	819	93
#少数民族	2	2						
教育部门和集体办	15263	13062	469	801	910	21	1162	112
民 办	2295	1782	67	118	328		341	60
其他部门办								
城 市	3793	2988	127	290	388		451	1
教育部门和集体办	2873	2309	97	240	227		413	1
民 办	920	679	30	50	161		38	
其他部门办								
县 镇	6639	5536	182	449	468	4	429	46
教育部门和集体办	6026	5032	166	408	416	4	310	44
民 办	613	504	16	41	52		119	2
其他部门办								
农 村	7126	6320	227	180	382	17	623	125
教育部门和集体办	6364	5721	206	153	267	17	439	67
民 办	762	599	21	27	115		184	58
其他部门办								

14-4 普通中学分课程专任教师数（2010年）

单位：人

学科分类	专任教师	初中	高中
总计	14844	10732	4112
#女	7894	5904	1990
政治	1054	818	236
语文	2994	2289	705
科学	37	37	
数学	2658	1996	662
物理	1224	835	389
化学	878	506	372
生物	596	376	220
地理	571	367	204
历史与社会	67	67	
历史	773	553	220
外语	2187	1576	611
信息技术	106		106
通用技术	42		42
艺术	24	17	7
体育与健康	510	355	155
音乐	250	198	52
美术	203	152	51
综合实践活动	329	315	14
其他	110	92	18
当年不任课	231	183	48

14-5 小学分办别、分城乡学生情况（2010年）

单位：人

项 目	学校数（所）	毕业生数	招生数	在校学生数	毕业班学生数
合 计	2360	58847	42667	292760	55755
#女		28225	21103	141553	26398
教育部门和集体办	2334	53451	40560	276097	51981
民 办	25	5396	2097	16648	3774
其他部门办	1		10	15	
城 市	21	7056	4964	35445	6784
教育部门和集体办	14	5387	4772	32342	5879
民 办	7	1669	192	3103	905
其他部门办					
县 镇	56	12703	9785	64056	12932
教育部门和集体办	50	11741	9588	61800	12240
民 办	6	962	197	2256	692
其他部门办					
农 村	2283	39088	27918	193259	36039
教育部门和集体办	2270	36323	26200	181955	33862
民 办	12	2765	1708	11289	2177
其他部门办	1		10	15	

14-6 小学教职工数（2010年）

单位：人

项 目	教职工数	#专任教师	#行政人员	#教辅人员	#工勤人员	校办工厂农（林）场职工	代课教师	兼任教师
总 计	19980	18423	602	406	549		1916	171
#女	12992	12474	100	144	274		1307	134
#少数民族	1	1						1
教育部门和集体办	18887	17591	552	375	369		1620	55
民 办	1092	831	50	31	180		296	116
其他部门办	1	1						
城 市	1769	1611	47	19	92		441	4
教育部门和集体办	1450	1399	24	14	13		362	4
民 办	319	212	23	5	79		79	
其他部门办								
县 镇								
教育部门和集体办	3601	3305	108	102	86		106	55
民 办	3469	3193	102	99	75		51	2
其他部门办	132	112	6	3	11		55	53
农 村	14610	13507	447	285	371		1369	112
教育部门和集体办	13968	12999	426	262	281		1207	49
民 办	641	507	21	23	90		162	63
其他部门办	1	1						

14-7 幼儿园基本情况（2010年）

单位：人

项 目	园数(所)	班数(个)	在园幼儿数	教职工数	#专任教师
总 计	186	2026	47708	2204	1535
#女			21791		
教育部门	43	1266	27044	841	645
集体办	41	65	1142	74	57
民 办	101	677	18767	1214	787
其他部门办	1	18	755	75	46
城 市	28	287	9402	793	547
教育部门	5	97	3819	151	116
集体办	1	2	40	8	7
民 办	21	170	4788	559	378
其他部门办	1	18	755	75	46
县 镇	76	574	16339	1163	825
教育部门	22	256	7551	642	491
集体办					
民 办	54	318	8788	521	334
其他部门办					
农 村	82	1165	21967	248	163
教育部门	16	913	15674	48	38
集体办	40	63	1102	66	50
民 办	26	189	5191	134	75
其他部门办					

14–8 各级各类学校基本情况（2010年）

单位：个、人

名称	学校数		毕业生数	招生数	在校生数		教职工数		
	合计	其中：其他部门			合计	其中：其他部门	合计	其中：其他部门	其中：专任教师
合计	2778	1	148776	139983	556175	430		41270	36100
中等职业学校	56	1	13963	16876	40294	430		3316	2487
中等技术学校	3		1793	2367	4870			388	244
师　范	2		1047	1194	3049			485	362
成人中专学校	15	1	320	271	430	430		587	433
职业高中	36		10803	13044	31945			1856	1448
普通中学	352		74389	78664	219038			17558	14844
高 中	40		20361	20494	64664				4112
初 中	312		54028	58170	154374				10732
小 学	2360		58847	42667	292760			19980	18423
聋哑学校	1		12	25	187			51	46
技工学校	9		1565	1751	3896			365	300

14-9 主要年份县级以上自然科学研究与技术开发机构数

单位: 个

年 份	合 计	省科委及各厅局直属	地、市直 属	县属
1980	23	2	8	13
1985	23	2	8	13
1990	23	2	8	13
1995	23	2	8	13
1996	23	2	8	13
1997	23	2	8	13
1998	23	2	8	13
2000	22	2	7	13
2001	22	2	7	13
2002	22	2	7	13
2003	22	2	7	13
2004	22	2	7	13
2005	22	2	7	13
2006	22	2	7	13
2007	22	2	7	13
2008	20	0	6	14
2009	20	0	7	13
2010	19	0	7	12

注：数据来源于科技局

14-10 主要年份自然科学技术人员数

单位: 人

年 份	总 计	工程技术人 员	农业技术人 员	卫生技术人 员	科学研究人 员	教 学人 员
1952	255					
1957	1052					
1962	1786					
1965	2016					
1975	3842					
1978	4565					
1979	5065					
1980	6118					
1985	7686					
1990	11481					
1995	13204					
2000	16557					
2001	21628	5105	2051	5535	117	8820
2002	22388	5556	1837	5830	102	9063
2003	23152	5691	1855	6020	101	9485
2004	27828	7518	2244	7615	99	10352
2005	29125	7874	2296	7811	125	11019
2006	28915	7665	2564	7905	109	10672
2007	29233	7724	2560	8057	113	10779
2008	30367	7890	2604	8795	112	10966
2009	30873	7723	2940	9029	98	11083
2010	31894	7319	3884	9362	98	11231

注: 2000年及以后不包括中央驻晋单位自然科学技术人员数。

备注：资料来源于人事局

主要统计指标解释

普通高等学校 指按照国家规定的审批程序批准举办，通过全国统一招生考试招收高级中等学校毕业生和具有同等学历者，实施高等教育，培养高等专门人材的学校。包括大学、专门学院、专科学院和短期职业大学。

成人高等学校 指按照国家规定的审批程序批准举办，招收在职高中毕业或同等学历者，利用多种形式对成人实施高等教育，培训相当普通高等学校专科或本科毕业水平的专门人才的学校。包括广播电视大学、职工高等学校、农民高等学校、干部管理学院、教育学院、独立函授学院以及普通高等学校举办的函授、夜大等。

小学学龄儿童入学率 指调查范围内已入小学学习的学龄儿童数占全部小学学龄儿童总数(包括弱智儿童在内，但不包括盲聋哑儿童)的比重。计算公式是：

$$\text{小学学龄儿童入学率}=\frac{\text{已入学的小学学龄儿童数}}{\text{校内外小学学龄儿童总数}}\times 100\%$$

科学家和工程师 指大学毕业及以上文化程度和其他具有高中级职称的人事科技活动人员。

自然科学技术人员 指已取得科学技术职称，或大学、中专的理、工、农、医类系毕业，以及国民经济各部门从工作实践中提拔，从事理、工、农、医等自然科学技术的研究、教学、生产(事业)技术方面工作的专业人员和在机关、企业、事业中从事科学技术业务管理工作的专业人才。

工程技术人员 指在国民经济各行业从事工程技术工作的自然科学技术的专业人员。包括：高级工程师、工程师、助理工程师、技术员和未评定职称的技术人员。

农业技术人员 指在国民经济各行业从事农业技术工作的自然科学技术的专业人员。包括：高级农艺师、农艺师、助理农艺师、技术员和未评定职称的技术人员。

卫生技术人员 指在国民经济各行业从事卫生医务工作的自然科学技术的专业人员。包括：正副主任医师、主治医师、医师、医(护)士和未评定职称的技术人员。

科学研究人员 指在国民经济各行业从事科学技术活动的自然科学技术的专业人员。包括：正副研究员、助理研究员、实习研究员、技术员和未评定职称的技术人员。

教学人员 指在国民经济各行业从事自然科学技术方面的教学活动的专业人员。包括：正副教授、讲师、助教、教师和在小学从事自然科学技术方面的教学活动的人员。

科技活动 是指在所有科学技术领域内，即自然科学、工程科学和技术、医学科学、农业科学、社会科学及人文科学中，与科技知识的产生、发展、传播、应用密切相关的全部的、有组织的、系统的活动。包括三类活动：1、研究与实验发展活动；2、研究与实验发展成果应用；3、科技服务活动。

研究与实验发展(简称 R&D) 指为了增进知识以及利用这些知识去开创新的用途而进行的系统的创造性的工作。它具备四种基本因素：①创造性的因素；②新颖性或创新性的因素；③科学方法的运用；④新知识的产生。它包括三种类型：①基础研究；②应用研究；③实验发展。

基础研究 指不直接考虑用途，以提示客观事物的本质、运动规律，获得新发现、新学说为目的或对已有的规律、发现学说作系统性的补充而进行的理论研究或实验。其成果以科学论文、科学著作为主要形式。

应用研究 利用基础研究所发现的知识，确定特定的目标，为了明确基础研究成果的实用化的可能性，探索新方法(原理性)而进行的独创性研究及对已经实用化的技术探索新的应用方法(原理性)而进行的研究。应用研究实际上并不直接产生新的(或改进)产品或工艺，其成果以科学论文、科学著作、原理性模型和专利等为主要形式。

试验发展 指利用基础研究、应用研究及实际经验所获得的知识，为生产新的材料、产品和装置，建立新的工艺、系统和服务。对已生产和建立的上述各项进行实质性的改进而从事的系统性工作。其成果为一种具有新产品或新技术基本特点的原型、可达到设计定型的新产品或新工艺、试验报告等。

研究与发展成果应用 为解决R&D活动阶段产生的新产品、新装置、新工艺、新技术、新方法、新系统和服务等能投入生产或在实际中运用所存在的技术问题而进行的系统性活动,它不具有创新成份。此类活动包括为达到生产顺利进行以及为形成生产规模和应用领域而进行的适应性试验、小批量试生产等。活动成果最终形式多是可供生产和实际使用的带有技术、工艺参数的图纸、技术标准和操作规范等。

科技服务 是指同研究与实验发展活动、研究与实验发展成果应用活动有关的和有助于科技知识的产生、传播和应用的活动。目前我们所统计的科技服务是指调查范围内,除为研究与实验发展活动直接(完全或主要是为某项研究与实验发展而开展的辅助性活动)以外的科技服务,如情报、文献、咨询等。

科学论文 指以书面发表的,最原始的研究与开发成果报道。科学论文应该是:(1)首次或最初发表的研究与开发成果;(2)作者的实验应该能被同行重复并验证;(3)发表后科技界能引用。

科技著作 指经过正式出版部门编印出版的论述科学技术问题的理论性文集或专著。如果著作系与本机构外的同行数人合著,则只统计以本机构科技人员为主的著作。

国外发表 包括在各种国际性学术会议、讨论会、讲座上发表的论文以及编入国际会议文集的论文和国外学术刊物上发表的论文。

技术开发活动 泛指以工业企业为主体开展的科学技术活动,包括工业企业内部开展的科学研究(基础研究,应用研究)以及动用科学研究(基础研究、应用研究)的结果和以实验为根据的知识,去创造新产品、新设计、新材料、新方法、新工艺流程和新装置,或对现有产品、材料、设计、工艺方法、工艺流程以及装置进行技术上的重大改进,使其在一项指标或几项指标上有明显革新或创新。

企业办技术开发机构 是指企业自办,或与外单位合办,管理上同生产系统相对独立的,或单独核算的专门技术开发机构,如企业办研究所(包括现改名为开发中心、开发部等专门技术开发机构)。

技术开发人员 是指企业在报告年内,从事技术开发活动的时间(不包括加班时间)占年工作时间10%(含10%)以上的工作技术人员、管理人员、工人及其他人员。从事技术开发活动的时间(不包括加班时间)占年工作时间在10%以下(不含10%)的人员不统计。

文化、体育、卫生、环保

WEN HUA TI YU WEI SHENG HUAN BAO

资 料 整 理 人 员

孔艳丽 王俊梅

15-1　2000-2010年广播、电视台（站）数

年 份	无线		电视广播		人口覆盖率(%)	
	广播电台	中短波发射台和转播台	电视台	一千瓦以上发射台及转播台	广播	电视
2000	11	1	2	3	88.02	91.53
2001	11	1	2	3	87.03	91.30
2002	11		2	3	88.04	91.70
2003	11		2	3	88.04	91.70
2004	11		2	3	88.04	91.70
2005	11		2	3	86.66	91.03
2006	11		2	3	88.04	91.70
2007	11		2	3	88.05	91.71
2008	11		2	8	88.07	91.73
2009	11		2	8	88.09	91.75
2010	11		2	8	88.23	91.85

备注:资料来源于广播局

15-2 文化艺术事业机构和人员数（2010年）

类 别	总 计		文化部门			
			国有单位		集体单位	
	机构数（个）	人 数（人）	机构数（个）	人 数（人）	机构数（个）	人 数（人）
总 计						
艺术业						
群众文化服务业						
文艺科研	1	36	1	36		

备注:资料来源于文化局

15-3 主要年份广播剧、电视剧、电影故事片制作情况

年 份	广播剧		电视剧		电影故事片（部）
	部	集数	部	集数	
1989			1	6	
2004	4	350			
2007	3	46			
2008					
2009					
2010					

备注:资料来源于广播局

15-4 2000-2010年文化艺术、文物事业单位数

年 份	艺术表演团体（个）	文化馆（个）	公共图书馆（个）	博物馆（个）
2000	3			1
2001	3			1
2002	3			1
2003	3			1
2004	3			1
2005	3			1
2006	3			1
2007	3			1
2008	3			1
2009	3			1
2010	2			1

15-5 艺术表演团体演出情况（2010年）

单位: 场

类　别	国内演出场次	#到农村演出场次	国内演出观众人次(千人次)
国有经营剧团	240	192	75
戏曲剧团			

备注:资料来源于文化局

15-6 艺术表演团体收入和支出（2010年）

单位: 千元

类　别	剧团（个）	国家经费补　贴	总收入	#演出收入	总支出
国有经营剧团	2	3641	4047	406	3913
戏曲剧团					

备注:资料来源于文化局

15-7 群众艺术馆、文化馆业务活动及经费（2010年）

项　　目	计量单位	总　计		
			#群众艺术馆	#文化馆
单位数	个	1	1	
举办展览	个	10	10	
举办培训班	次	11	11	
组织文艺活动次数	次	3	3	
下基层服务次数	次			
总支出	千元	1336	1336	
#公用支出	千元	411	411	
修缮费	千元			

备注:资料来源于文化局

15-8　出版发行、文物、图书馆、群众文化事业机构和人员数（2010年）

项　目	机构数 (个)	人　数 (人)
#博物馆	1	6
文物机构	1	25
群众艺术馆	1	21

备注:资料来源于文化局

15-9　博物馆、文物机构业务活动及经费（2010年）

项　目	计量单位	文物保护管理机构	其他文物机构	博物馆	文　物商　店	文物科研机构
经费收入	千元	1587		202		
经费支出	千元	1587		202		
#公用支出		820		50		

备注:资料来源于文化局

15-10 文化及相关产业基本情况（2010年）

项　　目	单位数（个、户）	从业人员（人）
总　计	273	546
网络文化服务	273	546
个体经营户		

备注:资料来源于文化局

15-11 广播、电视台（站）数（2010年）

项　　目	计量单位	2010
广播电台	座	11
电视台	个	2
一千瓦以上发射台及转播台	个	8
人口覆盖率	%	
#广播	%	88.23
#电视	%	91.85

备注:资料来源于广播局

15-12 主要年份报纸、杂志出版数

年 份	报纸		杂志	
	种数（种）	总印数（万份）	种 数（种）	总印数（万份）
1990	1	265.2	1	0.66
1995	1	428.4	1	0.78
2000	1	547.2	1	2.4
2001	1	504	1	2.6
2002	1	630	1	2.6
2003	1	756	1	2.6
2004	1	1071	1	2.6
2005	1	1083.6	1	2.6
2006	1	1066.8	1	3.6
2007	1	1325.1	1	3.8
2008	1	1302	1	3.8
2009	1	1302	1	3.8
2010	1	1302	1	3.6

备注:报纸为忻州日报;杂志为五台山杂志

15-13 体育局系统从业人员数(2010年)

单位: 人

类 别	合 计	行政机关职工合计	体育运动学校	业余体校	体育场馆	其他事业单位
总 计	709	11	670		18	10
公务员	11	11				
教练员	31		31			
运动员	606		606			
科研人员	2					2
医务人员	2		2			
文化教师	23		23			
管理人员	15		4		6	5
其他人员	19		4		12	3

15-14 体育场地情况（2010年）

单位: 个

项　目	总 计	体 育 系 统	教 育 系 统					其 他 系 统
				高等院校	中专中技	中小学	其 他	
总　计	3310	57	652	29	25	593	5	2601
体育场	6	2	4	1	1	2		
体育馆	1	1						
游泳馆	3							3
室内游泳池	15							15
有固定看台	11	7						4
综合房馆	2		2	1		1		
篮球房馆	3		3	1	1	1		
羽毛球房馆	2		2		2			
乒乓球房馆	4							4
摔跤柔道房馆	7	7						
健身房馆	5		1		1			4
棋牌房馆	3							3
保龄球房馆	4							4
台球房馆	8							8
田径场	12	1	11	3		7	1	
小运动场	60	3	57		1	55	1	
室内网球场馆	5	2						3
室外网球场馆	11	5	2	1			1	4
篮球场	3108	13	552	15	17	518	2	2543
排球场	15		15	5	2	8		
门球场	25	16	3	2		1		6

注：本表为第五次全国体育场地普查数，普查时点为2003年12月31日。

15-15 2004-2010年体育场地数

单位：个

项　　目	2004	2005	2006	2007	2008	2009	2010
体育场	5	5	5	5	5	5	5
体育馆	1	1	1	1	1	1	1
有看台的灯光球场	11	11	11	11	11	11	11
运动场	60	60	60	60	60	60	60
游泳池	19	19	19	119	19	19	19

15-16 分项目等级运动员发展人数（2010年）

单位：人

运动项目	人数合计	二级	#女
总　计	30	30	5
田　径	1	1	
举　重	2	2	1
国际式摔跤	10	10	
柔　道	6	6	2
乒乓球	1	1	1
跆拳道	3	3	
射　箭	1	1	
击　剑	4	4	1
武　术	2	2	
围　棋			

15-17 分项目等级裁判员发展人数（2010年）

单位: 人

运动项目	人数合计	二级	
			# 女
总 计	145	145	33
中国式摔跤			
射箭	6	6	1
跆拳道	2	2	
田径	23	23	4
门球	20	20	11
摔跤	35	35	5
健美操	5	5	5
散打	10	10	
武术	6	6	1
篮球	9	9	
举重	9	9	4
击剑	8	8	1
柔道	11	11	
乒乓球	1	1	1

15-18　2004-2010年群众体育活动情况

年份	《国家体育锻炼标准》达标率（%）	举办综合运动会次数（次）	举办单项比赛次数（次）	举办全民健身活动次数（次）	参加活动人数（万人）
2004	95	25	123	33	3
2005	97	28	115	37	3.2
2006	97	23	128	35	3.5
2007	98	31	121	38	3.8
2008	98	13	60		7
2009	78	14	79	45	8
2010		16	98	53	8.5

15-19　2004-2010年体育彩票、福利彩票发行情况

单位: 万元

年份	体育电脑彩票销售点 个	体育彩票销售收入 万元
2004	41	27.4
2005	40	107.1
2006	40	112.8
2007	46	119.2
2008	46	168.7
2009	72	170.8
2010	69	172.1

15-20　2004-2010年卫生机构数

年份	总　计	#医　院	#疗养院（所）	#门诊部（所）	#专科防治所（站）	#卫生防疫站	#妇幼保健所（站）	#医学科学研究机构	#其他卫生机　构
2004	353	54		1	2	15	15		3
2005	355	51		1	2	15	15		3
2006	314	48			1	14	15		1
2007	620	48			1	14	15		1
2008	668	77	2			12	16		3
2009	686	85	2	284		15	15		
2010	745	93	2	309		15	15		

15-21 2004-2010年卫生机构床位数

单位：张

年　份	总　计			平均每千人口拥有医院床位数
		医院	其它卫生机构	
2004	7285	4551	2734	1.81
2005	7236	4541	2695	2.38
2006	7051	4568	2483	2.31
2007	6565	4440	2125	2.14
2008	7858	4995	2863	2.54
2009	10336	5614	96	3.33
2010	10891	6093	13	3.55

15-22　2004-2010年卫生技术人员数

单位：人

年　份	卫生技术人员	#医生	#护师（士）	平均每千人口拥有卫生技术人员数
2004	10132	5111	2362	2.55
2005	10444	4941	2503	3.44
2006	10159	4680	2686	3.32
2007	10905	5243	2831	3.55
2008	11820	5462	3108	3.82
2009	13071	4750	3388	4.22
2010	13659	4847	3681	4.45

15-23 卫生机构、床位、人员数（2010年）

类　别	机构数（个）	床位数（张）	人员合计（人）	# 卫生技术人员
总　计	745	10891	15864	13659
一、医院合计	93	6093	8613	7318
二、疗养院	2	860	123	40
三、社区卫生服务中心	26	119	302	261
四、卫生院合计	261	3501	4125	3786
五、门诊部合计	5	44	88	59
六、诊所、卫生所、医务室	304		591	551
八、急救中心（站）	1	2	39	30
九、采供血机构	2		109	83
十、妇幼保健院（所、站）	15	272	660	552
十一、专科疾病防治院（所、站）				
十二、疾病预防控制中心（防疫站）	15		614	483
十三、卫生监督所	15		435	366
十四、医学科学研究机构				
十五、医学在职培训机构				
十六、健康教育所（站、中心）	3		105	83
十七、其他卫生机构	3		60	47

备注:资料来源于卫生局

15-24 卫生机构分类人员数（2010年）

单位: 人

人员分类	2010
一、各类人员总计	15864
卫生技术人员	13659
其他技术人员	894
管理人员	456
工勤人员	855
二、卫生技术人员	13659
执业助理医师	6097
#执业医师	4847
注册护士	3681
药师（士）人员	670
技师（士）	649
#检验人员	445
其他	2562
三、平均每千人拥有	
卫生技术人员	4.45
#医生	1.99

注：本表不包括村卫生室人员。

15-25 医疗机构医疗服务量及病床使用情况（2010年）

类　别	总诊疗人次（人次）	入院人数（人）	病床使用率（%）
总　计	6226657	236834	52.33
#医　院	1420764	139882	65.34
#综合医院	1051324	122583	68.29
#中医医院	231460	10034	43.75
#专科医院	137980	7265	74.74
社区卫生服务中心	161875	590	53.62
卫生院	1565721	85452	33.91
#乡镇卫生院	1420684	82293	32.84
门诊部	5778	120	19.33
妇幼保健院（所、站）	51426	5660	32.17
专科防治院（所、站）			

15-26 农村村级卫生组织情况（2010年）

指　　标	实有数
村设置的医疗点数（个）	4247
村或群众集体办	2150
乡卫生院设点	236
乡村医生或卫生员联合办	60
个体办	1654
其 他	147
乡村医生和卫生员数（人）	5775
乡村医生	5488
卫生员数	287
诊疗人次数（人次）	2699553

15-27 2004-2010年重点工业企业“三废”排放与治理情况

项目	计量单位	2004	2005	2006	2007	2008	2009	2010
废水								
废水排放总量	万吨	961.2	1665.72	1650.62	1676.09	985.08	962.1	1384.32
废水排放达标率	%	39.23	23.1	23.38	24.21	99.95	99.95	51.28
废水处理排放达标量	万吨	377.05	384.79	385.92	405.82	984.55	961.72	709.94
废气								
废气排放量	亿标立方米	215.77	484.35	486.92	513.03	1253.4	2202.58	
二氧化硫排放量	万吨	4.14	8.79	10.34	9.02	6.39	6.97	7.53
烟尘排放量	万吨	3.78	11.54	11.08	7.09	10.42	10.42	1.44
粉尘排放量	万吨	1.24	2.47	2.47	2.45	1.33	0.45	0.7
固体废物								
固体废物产生量	万吨	130.02	246.33	241.46	258.71	299.4	352.63	688.67
固体废物综合利用量	万吨	74.62	198.61	198.43	217.11	276.3	318.4	610.66
固体废物综合利用率	%	57.39	80.63	82.18	83.92	92.22	92.26	88.67
固体废物处置量	万吨	7.77	8	6.65	6.94	27.87	30.61	10.74
固体废物贮存量	万吨	23.53	15.14	12.60	12.17	25.66	29.28	57.01
固体废物排放量	万吨	24.10	24.57	24.13	22.48			10.26
污染治理								
当年污染治理施工项目总数	个	7	2	13	19	43	31	
污染治理项目本年完成投资额	万元	6140.20	8468	20786.92	97159.31	100146	139998.3	
治理废水		1217	2200	1905.00	9379.00	34258	10578.9	
治理废气		2234.6	6268	9793.60	87123.00	23713	62343.6	
治理固体废物		2688.6		9088.32	657.31	42175	67075.83	

主要统计指标解释

文体事业机构 指从事专业文化工作和为专业文化工作服务的单独核算、独立建制的单位。不包括文化主管部门直属单位举办的其他行业和各部门的业余文化组织。

艺术表演团体 指从事戏曲、音乐、舞蹈、杂技等专业艺术表演，有独立帐户，实行单独核算的团体。不包括半工半艺、半农半艺的业余团体。

电影放映单位 指具有放映机器设备、固定或不固定的放映场所与专职或兼职的放映技术人员，经文化行政部门登记批准，经常为一定的观众对象映出电影的机构。包括经批准对外开放进行营业，并与电影发行放映管理机构分帐的专用放映单位或军委系统租片单位在内。

电影观众人数 指各类放映单位及军委系统租片单位映出的观众人数。一个观众连续看了一部长片和短片专场规定的短片，为二人次。

艺术表演观众人数 指售票、包场演出或民族地区免费演出艺术表演观众人次数。不包括彩排审查和内部观摩演出的观看人次数。

等级运动员人数 指经考核正式批准授予等级运动员称号的人数。运动员等级分为国际级运动健将、运动健将、一级运动员、二级运动员、三级运动员、少年级运动员。

等级裁判员人数 指经考核正式批准授予等级裁判员称号的人数。裁判员等级分为国际裁判、国家级裁判、一级裁判、二级裁判、三级裁判。

体育场 指有 400 米跑道(中心含足球场)，有固定道牙，路道 6 条以上，并有固定看台的田径场。以看台容纳观众人数分:甲级 25000 人以上，乙级 15000–25000 人，丙级 5000–15000 人，丁级 5000 人以下。

工来废水排放量 指经过企业厂区所有排放口排到企业外部的工业废水量。包括生产废水、外排的直接冷却水、超标排放的矿井地下水和与工业废水混排的厂区生活污水，不包括外排的间接冷却水(清污不分流的间接冷却水应计算在内)。

工业废水排放达标量 指各项指标都达到国家或地方排放标准的外排工业废水量，包括未经处理外排达标和经过处理后外排达标两部分(国家排放标准见 GB89 78–88)。

工业废水处理量 指报告期内各种水治理设施实际处理的工业废水量，包括处理后外排和处理后回用的工业废水量和虽经处理但未达到国家或地方排放标准的废水量。如车间和厂排放口均有治理设施，并对同一废水分级处理时，不应重复计算工业废水处理量。

工业废气排放量 指企业厂区内燃料燃烧和生产工艺过程中产生的各种排入空气的含有污染物的气体总量，按标准状态[273K，101325Pa]计算。

工业二氧化硫排放量 指企业在燃料燃烧和生产工艺过程中排入大气的二氧化硫数量。

工业粉尘排放量 指企业在生产工艺过程中排放的颗粒物重量，如钢铁企业的耐火材料粉尘、焦化企业的筛焦系统粉尘、烧结机的粉尘、石灰窑的粉尘、建材企业的水泥粉尘等。不包括电厂排入大气的烟尘。

工业固体废物产生量 指企业在生产过程中产生的固体状、半固体状和高浓度液体状废弃物的总量、包括危险废物、冶炼废渣、粉煤灰、炉渣、煤矸石、尾矿、放射性废物和其他废物等;不包括矿山开采的剥离废石和掘进废石(煤矸石和呈酸性或碱性的废石除外)。酸性或碱性废石指采掘的废石其流经水、雨淋水的 PH 值小于 4 或 PH 值大于 10.5 者。

工业固体废物综合利用量 指通过回收、加工、循环、交换等方式，从固体废物中提取或者使其转化为可以利用的资源、能源和其他原材料的固体废物量(包括当年利用往年的工业固体废物累计贮存量)，如用作农业肥料、生产建筑材料、筑路等。综合利用量由原产生固体废物的单位统计。

工业固体废物贮存量 指以综合利用或处置为目的，将固体废物暂时贮存或堆存在专设的贮存设施或专设的集中堆存场所内的数量。专设的固体废物贮存场所或贮存设施必须有防扩散、防流失、防渗漏、防止污染大气、水体的措施。

工业固体废物处置量 指将固体废物焚烧或者最终置于符合环境保护规定要求的场所，并不再回取的工业固体废物量(包括当年处置往年的工业固体废物累计贮存量)。处置方法有填埋(其中危险废物应安全填埋)、焚烧、专业贮存场(库)封场处理、深层灌注、回填矿井等。

工业固体废物排放量 指将所产生的固体废物排到固体废物污染防治设施、场所以外的数量、不包括矿山开采的剥离废石和掘进废石(煤矸石和呈酸性或碱性的废石除外)。

县市区篇

XIAN SHI QU PIAN

16-1 总人口数（2010年）

单位：人

县 市	总人口
全 市	3067501
忻府区	544682
定襄县	217468
五台县	299390
代 县	214091
繁峙县	266800
宁武县	161164
静乐县	156846
神池县	106538
五寨县	107632
岢岚县	84395
河曲县	145136
保德县	160035
偏关县	112111
原平市	491213

注：各县（市、区）的总人口数是2010年11月1日的人口普查时点数。

16-2 国民经济核

县（市、区）	总产出	第一产业	第二产业	#工 业	第三产业	#交通运输仓储邮政	#批发和零售业	地区生产总值	第一产业
全 市	11977507	823049	4967033	4445543	6187425	1256018	1380165	4374561	492210
忻府区	2321550	120805	1229380	897413	971365	136703	369178	801344	63287
定襄县	1102857	63259	661345	641359	378253	164807	75433	341577	38800
五台县	532824	71195	202209	130920	259420	22954	17522	246073	41348
代 县	691214	36420	521536	448325	133258	29211	35304	361500	23376
繁峙县	726456	49873	540912	444000	135671	43736	15600	335000	28082
宁武县	479151	19341	274320	239320	185490	44330	35260	226000	10772
静乐县	487559	28000	3569876	122949	102573	11437	48000	140432	15400
神池县	266439	66722	47625	23025	152092	24596	34300	102430	44265
五寨县	273974	55037	77825	39043	141112	19890	67727	140210	36733
岢岚县	262467	39245	80417	57635	142805	13586	39395	100445	22910
河曲县	1256845	47707	946708	494869	262430	54710	64676	444880	22002
保德县	830340	33586	597731	540825	199023	37577	73988	443041	17136
偏关县	328204	49594	121490	102282	157120	17500	38000	164542	28842
原平市	1601828	146925	930433	915433	524470	62650	201450	700600	85991

算主要指标(2010年)

单位: 万元

第二产业	#工 业	第三产业	#交通运输仓储邮政	#批发和零售业	人均地区生产总值(元/人)	最终消费	资本形成总额	居民总消费水平(元/人)	农村居民	城镇居民
1950803	1760435	1931548	392095	252352	14188	2438344	2869915	5571	3042	9785
313851	257363	424206	60375	60618	14831	560941	240403	8502	6017	10855
197309	192427	105468	21184	19886	15541	155200	184600	5099	3655	9404
67423	41083	137302	9939	11370	7958	132834	101722	3687	3046	6935
226924	197500	111200	22470	30699	16978	179500	176300	5300	4036	7676
196660	168660	110258	26586	13530	12595	134170	200830	4050	2340	7358
126213	118313	89015	17640	7810	13970	85330	60870	1657	1210	2291
78782	48032	46250	7426	9343	8843	79843	22747	4838	2253	5747
9551	5651	48614	6000	9346	9623	53605	48725	3587	2103	7803
25121	9341	78356	12350	37769	12612	53717	81880	3869	2730	8269
25297	22520	52238	9390	13746	11972	57998	42447	3879	2736	6893
298515	238400	124363	30100	12435	30458	209331	233410	8978	4892	15620
325907	297454	99998	26621	18497	27343	181935	235600	8982	3478	15523
53150	48100	82550	10000	6200	14560	109910	50170	4549	3886	5987
325014	317014	289595	47500	55600	14243	328600	372000	4349	4189	4559

16-3 国民经济核算主

县（市、区）	总产出	第一产业	第二产业	#工 业	第三产业	#交通运输仓储邮政业	#批发和零售业	地区生产总 值	第一产业
全 市	21.6	10.8	36.4	41.3	15.0	12.9	14.2	18.7	8.9
忻府区	17.8	8.3	21.6	33.3	15.2	35.9	15.2	18.5	4.8
定襄县	17.9	13.0	19.5	19.6	14.1	8.1	43.5	15.2	6.5
五台县	19.7	22.4	32.1	59.1	11.5	4.8	0.5	15.0	6.5
代 县	39.2	6.2	52.6	52.6	17.5	18.1	20.0	35.6	18.6
繁峙县	69.9	16.6	106.5	159.8	6.5	4.5	11.0	35.2	17.0
宁武县	16.1	9.4	27.5	19.5	3.2	1.4	17.5	15.1	5.0
静乐县	35.8	1.2	48.4	220.4	13.0	7.8	21.0	21.6	1.8
神池县	27.0	12.7	42.3	58.3	32.6	53.8	33.1	21.1	18.9
五寨县	30.7	15.8	20.5	29.6	44.1	11.8	92.9	20.0	13.2
岢岚县	34.5	14.4	77.8	163.3	23.1	19.9	51.0	21.1	15.3
河曲县	20.6	29.5	21.9	31.7	14.9	6.6	22.1	15.0	17.5
保德县	7.3	15.7	5.1	2.3	10.7	2.2	13.8	14.0	13.4
偏关县	22.9	66.2	15.1	17.0	16.7	5.0	11.8	14.4	3.8
原平市	30.2	22.9	44.1	45.1	12.0	18.0	9.6	23.8	20.8

要指标增长速度(2010年)

单位：%

第二产业	#工业	第三产业	#交通运输仓储邮政业	#批发和零售业	最终消费	资本形成总额	居民总消费水平(元/人)	农村居民	城镇居民
28.7	30.8	13.9	11.8	22.7	4.7	41.0	4.7	10.9	0.8
39.8	57.8	10.0	14.3	15.5	12.8	36.0	11.5	10.9	12.4
18.7	18.8	12.2	–6.3	35.5	6.3	66.5	–5.4	–17.7	7.2
34.0	49.0	11.5	3.4	26.1	–3.6	53.8	10.6	11.3	5.5
52.6	64.7	14.6	18.1	20.0	24.6	49.2	33.4	61.6	16.2
67.2	123.1	6.0	4.0	8.5	13.8	69.2	10.2	11.3	9.4
30.2	27.5	2.9	2.8	2.1	34.1	19.2	16.8	35.3	13.3
32.1	64.5	13.5	3.7	13.9	1.8	1.9	0.8	1.1	0.4
78.3	86.9	16.4	19.4	15.4	23.3	19.2	21.4	22.8	19.8
18.7	29.0	22.8	4.9	44.8	11.8	26.8	18.8	18.1	18.3
40.1	44.8	17.8	12.4	40.1	15.0	20.3	14.8	8.5	10.7
19.5	27.0	4.5	–7.8	3.4	16.3	14.0	17.1	17.2	17.0
13.9	6.0	14.4	8.9	18.7	6.8	6.2	9.1	6.4	14.5
13.9	13.2	18.2	1.9	10.1	21.3	2.3	35.0	67.9	–16.2
33.3	33.4	13.9	8.9	29.9	34.3	15.4	13.5	11.6	15.8

16-4 城镇单位从业人员（2010年）

单位：人

县（市、区）	从业人员	#女性	在岗职工				其他从业人员	离开本单位仍保留劳动关系的职工
				国有单位	集体单位	其他单位		
全　市	226976	80005	221423	185663	15313	20447	5553	22937
忻府区	66137	25541	64014	52593	4340	7081	2123	4539
定襄县	8071	3262	7755	6854	823	78	316	1324
五台县	14123	5818	14123	13481	631	11		340
代　县	9045	3499	8976	7753	1188	35	69	1921
繁峙县	14292	4899	13864	11774	2080	10	428	376
宁武县	15276	5237	15187	14700	447	40	89	882
静乐县	12231	3293	12005	9308	389	2308	226	1838
神池县	6661	2261	6649	5605	802	242	12	20
五寨县	6210	2621	5922	5490	429	3	288	100
岢岚县	4891	1902	4703	4496	207		188	39
河曲县	12879	3657	12846	9083	193	3570	33	251
保德县	11834	3935	11374	9957	589	828	460	593
偏关县	7119	2314	6533	5273	662	598	586	
原平市	38207	11766	37472	29296	2533	5643	735	10714

16-5 城镇单位从业人员劳动报酬（2010年）

县市	从业人员平均人数（人）	在岗职工平均人数	其他从业人员平均人数	从业人员劳动报酬（万元）	在岗职工工资总额	其他从业人员劳动报酬	在岗职工平均工资(元)
全　市	227853	222002	5851	549535	541736	7799	24402
忻府区	66441	64141	2300	144051	140924	3127	21971
定襄县	8251	7785	466	18746	17989	757	23107
五台县	14187	14187		34747	34747		24492
代　县	9024	8956	68	20519	20504	15	22894
繁峙县	14528	14153	375	34396	33845	551	23914
宁武县	15298	15209	89	38257	38176	81	25101
静乐县	12458	12227	231	26255	25464	791	20826
神池县	6647	6635	12	15459	15452	7	23289
五寨县	6190	5908	282	16126	15912	214	26934
岢岚县	4880	4693	187	12942	12774	169	27219
河曲县	12398	12365	33	39015	38986	29	31529
保德县	11834	11374	460	28654	28390	264	24960
偏关县	7119	6533	586	17216	16233	983	24848
原平市	38598	37836	762	103153	102341	812	27049

16-6 国有单位从业人员（2010年）

单位：人

县 市	从业人员	#女性	在岗职工	其他从业人员	离开本单位仍保留劳动关系的职工
全 市	189564	68794	185663	3901	12290
忻府区	54053	21127	52593	1460	3204
定襄县	7167	3028	6854	313	742
五台县	13481	5524	13481		340
代 县	7822	3250	7753	69	1658
繁峙县	12202	3845	11774	428	376
宁武县	14789	5011	14700	89	882
静乐县	9534	2961	9308	226	1553
神池县	5617	1984	5605	12	7
五寨县	5767	2452	5490	277	100
岢岚县	4656	1823	4496	160	26
河曲县	9116	3143	9083	33	236
保德县	9985	3403	9957	28	161
偏关县	5859	2140	5273	586	
原平市	29516	9103	29296	220	3005

16-7　国有单位从业人员劳动报酬（2010年）

县市	从业人员平均人数（人）	在岗职工平均人数	其他从业人员平均人数	从业人员劳动报酬（万元）	在岗职工工资总额	其他从业人员劳动报酬	在岗职工平均工资(元)
全　市	190003	185846	4157	485976	480106	5871	25834
忻府区	54168	52531	1637	124841	122661	2180	23350
定襄县	7347	6884	463	16861	16106	756	23396
五台县	13552	13552		33538	33538		24748
代　县	7826	7758	68	19105	19089	15	24606
繁峙县	12438	12063	375	30642	30092	551	24945
宁武县	14811	14722	89	37710	37629	81	25560
静乐县	9718	9487	231	22875	22084	791	23278
神池县	5594	5582	12	14820	14813	7	26538
五寨县	5747	5483	264	15262	15062	201	27470
岢岚县	4649	4490	159	12402	12255	147	27294
河曲县	8676	8643	33	27867	27838	29	32208
保德县	9985	9957	28	26311	26297	14	26410
偏关县	5859	5273	586	16767	15784	983	29934
原平市	29633	29421	212	86975	86858	117	29522

16-8 集体单位从业人员（2010年）

单位：人

县 市	从业人员	# 女性	在岗职工	其他从业人员	离开本单位仍保留劳动关系的职工
全 市	16320	6912	15313	1007	4243
忻府区	4492	2412	4340	152	984
定襄县	823	195	823		566
五台县	631	294	631		
代 县	1188	247	1188		263
繁峙县	2080	1051	2080		
宁武县	447	208	447		
静乐县	389	149	389		125
神池县	802	263	802		13
五寨县	440	169	429	11	
岢岚县	235	79	207	28	13
河曲县	193	71	193		15
保德县	1021	403	589	432	432
偏关县	662	147	662		
原平市	2917	1224	2533	384	1832

16-9 集体单位从业人员劳动报酬（2010年）

县 市	从业人员平均人数（人）	在岗职工平均人数	其他从业人员平均人数	从业人员劳动报酬（万元）	在岗职工工资总额	其他从业人员劳动报酬	在岗职工平均工资(元)
全 市	16538	15534	1004	24128	23304	824	15002
忻府区	4768	4607	161	6191	6123	69	13290
定襄县	823	823		1799	1799		21853
五台县	624	624		1209	1209		19377
代 县	1163	1163		1414	1414		12162
繁峙县	2080	2080		3735	3735		17957
宁武县	447	447		448	448		10027
静乐县	391	391		329	329		8422
神池县	811	811		618	618		7620
五寨县	440	422	18	864	851	14	20156
岢岚县	231	203	28	541	519	22	25542
河曲县	193	193		306	306		15855
保德县	1021	589	432	1080	830	250	14092
偏关县	662	662		327	327		4944
原平市	2884	2519	365	5266	4796	470	19039

16-10 其他单位从业人员（2010年）

单位：人

县市	从业人员	#女性	在岗职工	其他从业人员	离开本单位仍保留劳动关系的职工
全　市	21092	4299	20447	645	6404
忻府区	7592	2002	7081	511	351
定襄县	81	39	78	3	16
五台县	11		11		
代　县	35	2	35		
繁峙县	10	3	10		
宁武县	40	18	40		
静乐县	2308	183	2308		160
神池县	242	14	242		
五寨县	3		3		
岢岚县					
河曲县	3570	443	3570		
保德县	828	129	828		
偏关县	598	27	598		
原平市	5774	1439	5643	131	5877

16-11 其他单位从业人员劳动报酬（2010年）

县市	从业人员平均人数（人）	在岗职工平均人数	其他从业人员平均人数	从业人员劳动报酬（万元）	在岗职工工资总额	其他从业人员劳动报酬	在岗职工平均工资(元)
全　市	21312	20622	690	39431	38327	1105	18585
忻府区	7505	7003	502	13018	12140	878	17335
定襄县	81	78	3	86	84	2	10795
五台县	11	11					
代　县	35	35					
繁峙县	10	10		18	18		18400
宁武县	40	40		99	99		24625
静乐县	2349	2349		3051	3051		12986
神池县	242	242		21	21		868
五寨县	3	3					
岢岚县							
河曲县	3529	3529		10842	10842		30723
保德县	828	828		1263	1263		15254
偏关县	598	598		122	122		2040
原平市	6081	5896	185	10912	10687	225	18126

16-12 城镇固定资产

县（市、区）	施工项目个数	#本年新开工	本年投产项目个数	本年新增固定资产	本年完成投资	#住宅	#建筑工程
全市	2113	1788	1356	2705859	4172396	250723	2066416
忻府区	466	406	287	320382	465639	100667	249301
定襄县	105	76	59	73199	124474	13479	47583
五台县	95	65	53	39989	144280	27467	89036
代县	124	115	101	107307	117811	1663	72295
繁峙县	226	217	207	324307	293674	6461	106364
宁武县	258	221	110	23029	223793	5302	120945
静乐县	148	102	87	29359	234037	20440	122292
神池县	71	60	57	16415	113964	3217	69874
五寨县	102	78	83	88987	88991	16360	69615
岢岚县	84	69	37	146421	133880	3664	86326
河曲县	141	123	125	317186	472040	9372	77314
保德县	78	67	58	57215	319444	4526	117907
偏关县	18	13	10	18642	76549	12032	37092
原平市	195	176	81	875495	667144	26073	187802

投资主要指标（2010年）

单位：万元

# 安装工程	# 设备工器具购置	#其他费用	#新建	#扩建	#改建和技术改造	#单纯建造生活设施	#迁建	#恢复	#单纯购置
324220	1099118	682642	1977105	1216279	694877	99546	63	1244	1967
50073	93620	72645	180968	54550	117749	8252	63	500	117
3738	56914	16239	44832	31114	32105	1585			
7321	29267	18656	90428	7654	17468	2852			
3908	18709	22899	51333	14520	44946	4894			
18098	76720	92492	147991	71008	71097	2540			
11138	81384	10326	82871	37160	102652	455			
19493	48618	43634	68978	113756	30788	13730			
5000	39090		68546	464	41750	3204			
7973	4689	6714	29878	36724	8216	9498		445	
2890	32798	11866	84569	31411	14333	1996			
40593	264654	89479	196169	251336	15743	566			
26364	99491	75682	128884	133952	51872	3676			
2347	36079	1031	52146	3520	10533	10350			
125284	197218	156840	52836	429110	135625	35948		299	1850

16-13 城镇固定资产投资房屋面积及价值（2010年）

县（市、区）	本年施工房屋面积（平方米）	#住宅	本年竣工房屋面积（平方米）	#住宅	本年竣工房屋价值（万元）	#住宅
全　市	3769912	968161	1760586	480116	215414	48252
忻府区	863178	16660	299746	5000	26469	400
定襄县	200515	14600	112708	11000	9755	1000
五台县	207364	60588	115365	35672	10509	4306
代　县	162617		52503		47355	
繁峙县	516869	74660	454504	43860	38076	6050
宁武县	343707	51500	16465	10600	1603	948
静乐县	202584	126309	81969	47309	10698	4390
神池县	217126	27500	86908	27500	10212	3529
五寨县	275850	145704	189945	96204	25104	15078
岢岚县	93086	24322	60872	18722	11446	1996
河曲县	123718	58980	117613	52875	8798	2962
保德县	108113	37500	20114		2796	
偏关县	303214	217074	123574	103074	8742	3742
原平市	151971	112764	28300	28300	3851	3851

16-14　房地产开发房屋销售额（2010年）

单位: 万元

县（市、区）	商品房销售额	住 宅	#90平方米以下住房	#经济适用房	商业营业用房	其 他
全 市	143645	136664	8979	2823	6166	815
忻府区	98042	93551	6466	2266	4122	369
定襄县	17061	17061	212			
五台县	13830	12483			1347	
代 县	2397	1951	836			446
繁峙县	1507	992			515	
宁武县						
静乐县						
神池县						
五寨县	5950	5870	1026	557	80	
岢岚县						
河曲县						
保德县	3764	3764				
偏关县						
原平市	1094	992	439		102	

16-15 房地产开发房屋销售面积（2010年）

单位: 平方米

县（市、区）	商品房销售面积	住宅			商业营业用房	其他
			#90平方米以下住房	#经济适用房		
全　市	689488	670708	50411	16910	12213	6567
忻府区	429897	416905	34532	12265	8425	4567
定襄县	112139	112139	1047			
五台县	61297	59477			1820	
代　县	14100	12100	5280			2000
繁峙县	11093	10235			858	
宁武县						
静乐县						
神池县						
五寨县	31204	30604	6172	4645	600	
岢岚县						
河曲县						
保德县	21618	21618				
偏关县						
原平市	8140	7630	3380		510	

16-16 房地产开发施工、竣工及价值（2010年）

县（市、区）	本年施工房屋面积（平方米）	#住宅	本年竣工房屋面积（平方米）	#住宅	本年竣工价值（万元）	#住宅
全　市	3254558	2800530	446569	405696	65490	58774
忻府区	2141222	1995281	287549	265883	41808	38228
定襄县	183151	162823				
五台县	361070	251070	11700	11700	1621	1621
代　县	15300	12100	15300	12100	2278	1663
繁峙县	11093	10235	11093	10235	1038	561
宁武县	20000	15500				
静乐县	233172	100362				
神池县						
五寨县	89895	88870	71843	70818	10853	10739
岢岚县	31609	27319	6912	2622	1144	436
河曲县	80057	68960	6620	3280	990	630
保德县	32240	27246	18240	14996	2888	2366
偏关县						
原平市	55749	40764	17312	14062	2870	2530

16–17 房地产开发投资（2010年）

单位: 万元

县（市、区）	本年完成投资	#住 宅	建筑工程	安装工程	设备工器具购置	其他费用
全 市	181315	159908	128425	24218	802	27870
忻府区	103440	94675	70618	20891	366	11565
定襄县	14838	12134	10653	280		3905
五台县	25878	22378	24267	441	206	964
代 县	2118	1663	1048	530		540
繁峙县	1038	561	694	32		312
宁武县	655	480	640	15		
静乐县	6785	4700	6785			
神池县						
五寨县	4230	4012	3156	580		494
岢岚县	1571	1268	1054	90	30	397
河曲县	8226	7066	4570	1239		2417
保德县	1060	850	650	120	200	90
偏关县						
原平市	11476	10121	4290			7186

16-18 农村非农户固定资产投资主要指标（2010年）

单位: 万元

县（市、区）	施工项目个数（个）	#本年新开工	本年投产项目个数（个）	本年新增固定资产	本年完成投资	#住宅	建筑工程	安装工程
忻州市	161	106	108	55726	71442	8609	44235	3850
忻府区	41	20	22	12315	14819		5019	890
定襄县	7	1	6	1080	3593		478	25
五台县	37	29	27	7356	9752	1446	8517	130
代　县	2	1			360		75	
繁峙县								
宁武县	11		11	1635	435		435	
静乐县								
神池县	12	12	12	2300	2300		2300	
五寨县	3	3	3	5780	5780	16	5310	32
岢岚县	8	8			2900		2900	
河曲县	7	2	5	9515	8799	3667	7704	400
保德县	1	1	1	1000	1000		1000	
偏关县	4	4	3	1218	1598		1598	
原平市	28	25	18	13527	20106	3480	8899	2373

16-18 续表

单位: 万元

县（市、区）	设备工器具购置	其他费用	本年施工房屋面积(平方米)	#住宅	本年竣工房屋面积(平方米)	#住宅	本年竣工房屋价值	#住宅
忻州市	12642	10715	265067	72820	215969	33384	11844	4339
忻府区	3927	4983	16320		6720		1560	
定襄县	1400	1690	2524		2524		200	
五台县	780	325	10604	8244	8604	6244	2335	1880
代　县		285						
繁峙县								
宁武县								
静乐县								
神池县			139127		139127		2154	
五寨县	128	310	5274	260	5274	260	1031	15
岢岚县								
河曲县	653	42	72588	45686	53720	26880	4564	2444
保德县								
偏关县								
原平市	5754	3080	18630	18630				

16-19 煤、焦收入量与销售量（2010年）

单位：万吨

县（市、区）	原煤		洗精煤		焦炭	
	收入量	销售量	收入量	销售量	收入量	销售量
忻州市	3209.79	3188.7	48.56	36.01	169.46	171.01
忻府区					148.83	151.18
定襄县						
五台县		1.02				
代县						
繁峙县						
宁武县	659.69	678.37	2.69	2.69		
静乐县	97.37	96.7	15.67	3.17	14.2	13.9
神池县		0.26				
五寨县						
岢岚县	8.28	7.71	8.5	8.45	6.43	5.93
河曲县	627.22	596.73				
保德县	1267.41	1247.47				
偏关县						
原平市	549.82	560.44	21.7	21.7		

16-20 社会消费品零售总额（2010年）

单位：万元

县（市、区）	社会消费品零售总额	城镇的零售额	乡村的零售额
忻州市	1698152	1136101.8	562050.4
忻府区	465255.2	319442.0	145813.2
定襄县	112832.1	62156.0	50676.1
五台县	120039.6	70155.4	49884.2
代　县	81244.1	49836.3	31407.7
繁峙县	91876.2	55669.9	36206.4
宁武县	56003.5	43283.4	12720.1
静乐县	51576.6	38248.3	13328.3
神池县	56245.0	40054.6	16190.4
五寨县	54889.5	46165.9	8723.6
岢岚县	49521.4	36032.0	13489.4
河曲县	80661.4	56995.3	23666.1
保德县	96784.9	63429.0	33355.9
偏关县	61147.6	48934.7	12212.9
原平市	320075.0	205698.9	114376.1

16-21 农林牧渔业总产值（2010年）

按现行价格计算 单位：万元

县（市、区）	农林牧渔业总产值	农业	林业	牧业	渔业	农林牧渔服务业
全 市	823049	465090	57219	273392	2364	24984
忻府区	120805	64657	9267	42234	266	4380
定襄县	63259	43369	4478	11952	260	3200
五台县	71195	27949	6369	35107	210	1560
代 县	36420	19522	3753	11810	216	1120
繁峙县	49873	18228	5411	24586	228	1420
宁武县	19341	7119	2930	8296	77	920
静乐县	42542	26021	5694	10037	81	710
神池县	66722	46538	1646	18339	29	170
五寨县	55037	38589	5391	9349	224	1485
岢岚县	39245	17976	1203	18521	36	1510
河曲县	47707	26566	5187	14067	127	1761
保德县	33586	16876	8062	7660	98	890
偏关县	49594	23269	4103	20663	99	1460
原平市	146925	71902	11475	59421	427	3700

16-22 农林牧渔业总产值（2010年）

按可比价格计算　　　　单位：万元

县（市、区）	农林牧渔业总产值	农业	林业	牧业	渔业	农林牧渔服务业
全　市	773344	433911	56271	255917	2358	24887
忻府区	120321	64048	9086	42565	262	4360
定襄县	59202	39665	4059	12064	257	3158
五台县	65120	24441	6273	32711	210	1486
代　县	30952	18087	3737	7806	215	1107
繁峙县	45740	14398	4306	25415	219	1401
宁武县	17356	6002	2869	7497	77	911
静乐县	32705	17367	5314	9280	76	667
神池县	58998	40474	1665	16662	29	169
五寨县	43170	29329	5113	7204	198	1326
岢岚县	36893	16813	1195	17358	36	1492
河曲县	45530	25098	5024	13605	124	1680
保德县	31886	15645	7883	7390	96	873
偏关县	47501	22718	3947	19295	99	1442
原平市	138133	66490	10202	57407	413	3622

16-23 农林牧渔业中间消耗（2010年）

按现行价格计算　　单位：万元

县（市、区）	农林牧渔中间消耗	农业	林业	牧业	渔业	农林牧渔服务业
全　市	330839	158633	29837	130361	1003	11005
忻府区	57518	27007	3360	24880	106	2165
定襄县	21330	15162	1083	3463	122	1500
五台县	29847	10299	2723	16046	99	680
代　县	13044	7434	1695	3424	102	389
繁峙县	21791	9116	2215	9659	111	690
宁武县	8569	3189	1252	3632	36	460
静乐县	13859	7343	2530	3640	36	310
神池县	22457	13482	723	8157	12	83
五寨县	18304	8596	2462	6527	21	698
岢岚县	16335	9148	521	6038	18	610
河曲县	14419	8113	2039	3524	43	700
保德县	11680	6081	2131	3005	43	420
偏关县	20752	10566	1886	7657	43	600
原平市	60934	23097	5217	30709	211	1700

16-24　农业主要产品生产情况（2010年）

单位：公顷、吨、公斤/公顷

县（市、区）	农作物总播种面　积	一、粮食作物			（一）夏收粮食			（二）秋收粮食		
		播种面积	产量	单产	播种面积	产量	单产	播种面积	产量	单产
市抽样调查	470315.90	420882.00	1478991	3514	558.30	1096	1963	420323.70	1477895	3516
忻府区	52838.80	50691.90	285656	5635				50691.90	285656	5635
定襄县	27179.00	24397.10	167761	6876				24397.10	167761	6876
五台县	28905.40	28019.80	91145	3253				28019.80	91145	3253
代　县	25272.40	22726.80	69445	3056				22726.80	69445	3056
繁峙县	38839.10	37122.20	70577	1901				37122.20	70577	1901
宁武县	19238.10	16141.80	17103	1060				16141.80	17103	1060
静乐县	27180.80	21753.10	39035	1795				21753.10	39035	1795
神池县	47942.00	36821.20	123723	3360				36821.20	123723	3360
五寨县	36207.90	35692.50	153903	4312				35692.50	153903	4312
岢岚县	29830.80	23637.60	36327	1537				23637.60	36327	1537
河曲县	27640.00	21464.90	49946	2327				21464.90	49946	2327
保德县	23315.40	21936.40	35199	1605				21936.40	35199	1605
偏关县	27767.40	24496.70	48043	1961	266.70	200	750	24230.00	47843	1975
原平市	58158.80	55980.00	291129	5201	291.60	896	3073	55688.40	290233	5212

16-24 农业主要产品生产情况（续表1）

单位：公顷 、吨、公斤/公顷

县（市、区）	<一>谷物			（1）稻谷			（2）小麦		
	播种面积	总产量	每公顷产量	播种面积	总产量	每公顷产量	播种面积	总产量	每公顷产量
市抽样调查	321958.10	1316506	4089	529.20	1947	3680	291.60	896	3073
忻府区	50019.90	284930	5696	21.40	96	4486			
定襄县	23477.80	166281	7083						
五台县	23585.60	82505	3498	136.00	332	2441			
代　县	20663.60	66238	3206	184.10	634	3444			
繁峙县	30803.30	64566	2096	37.70	217	5756			
宁武县	7377.90	9354	1268						
静乐县	10627.40	18464	1737						
神池县	21986.20	91940	4182						
五寨县	27502.00	136302	4956						
岢岚县	8372.10	16448	1965						
河曲县	13858.70	36104	2605						
保德县	14176.20	23114	1631						
偏关县	17395.30	35406	2035						
原平市	52112.10	284857	5466	150.00	668	4456	291.60	896	3073

16–24 农业主要产品生产情况（续表2）

单位：公顷 、吨、公斤/公顷

县（市、区）	（3）玉米			（4）谷子			（5）高粱		
	播种面积	总产量	每公顷产量	播种面积	总产量	每公顷产量	播种面积	总产量	每公顷产量
市抽样调查	237986.50	1162828	4886	32623.60	71398	2189	2592.90	6799	2622
忻府区	47786.40	280207	5864	1679.70	3238	1928	382.30	1202	3145
定襄县	20779.70	159738	7687	1605.90	4141	2579	721.40	1874	2597
五台县	18992.00	71778	3779	1970.50	3354	1702	207.10	510	2464
代　县	16715.00	60262	3605	1345.40	2415	1795	410.50	962	2342
繁峙县	22828.60	59117	2590	1743.70	2202	1263			
宁武县	1433.50	6021	4200	97.40	76	780			
静乐县	2253.10	7848	3483	2357.00	4697	1993	226.60	759	3348
神池县	12900.90	65992	5115	863.00	1840	2132			
五寨县	20763.00	110170	5306	4716.90	20836	4417	28.00	72	2554
岢岚县	3972.80	10494	2641	1167.40	1106	948			
河曲县	7100.00	21910	3086	3252.30	7675	2360	23.70	190	8034
保德县	7394.00	12812	1733	4387.70	6408	1461	136.70	204	1494
偏关县	7585.10	17284	2279	5514.00	11290	2048			
原平市	47482.40	279197	5880	1922.70	2120	1102	456.60	1027	2248

16–24 农业主要产品生产情况（续表3）

单位：公顷 、吨、公斤/公顷

县（市、区）	（6）其它谷物			其中：a、燕麦			b.荞麦		
	播种面积	总产量	每公顷产量	播种面积	总产量	每公顷产量	播种面积	总产量	每公顷产量
市抽样调查	47934.30	72638	1515	21348.20	38821	1819	854.80	1647	1926
忻府区	150.10	187	1245						
定襄县	370.80	528	1423				26.70	42	1554
五台县	2280.00	6531	2864	738.80	2920	3952	10.00	25	2500
代　县	2008.60	1966	979	387.30	277	716			
繁峙县	6193.30	3031	489	906.70	391	432	137.10	98	712
宁武县	5847.00	3257	557	4013.90	2341	583	79.20	95	1200
静乐县	5790.70	5160	891	4154.70	3337	803	13.30	20	1504
神池县	8222.30	24108	2932	8222.30	24108	2932			
五寨县	1994.10	5224	2620	838.00	2064	2463	254.40	693	2722
岢岚县	3231.90	4848	1500	25.10	127	5048	304.10	675	2220
河曲县	3482.70	6329	1817	160.00	144	900			
保德县	2257.80	3689	1634				30.00		
偏关县	4296.20	6832	1590	1156.70	2588	2237			
原平市	1808.80	950	525	744.70	523	703			

16-24 农业主要产品生产情况（续表4）

单位：公顷、吨、公斤/公顷

县（市、区）	c.糜黍			<二> 豆类			其中：a、大豆		
	播种面积	总产量	每公顷产 量	播种面积	总产量	每公顷产 量	播种面积	总产量	每公顷产 量
市抽样调查				55491.00	61847	1115	25582.40	30197	1180
忻府区				617.00	510	827	606.40	500	824
定襄县				600.20	615	1025	426.60	450	1055
五台县				1377.90	1842	1337	927.10	1251	1349
代　县				1177.90	1300	1103	357.70	496	1388
繁峙县				4114.70	2969	722	3555.80	1485	418
宁武县				6185.90	2361	382	807.30	306	379
静乐县				6296.00	6434	1022	3258.00	2768	850
神池县				8148.30	14822	1819	3453.30	6544	1895
五寨县				5303.70	8944	1686	2735.50	5107	1867
岢岚县				9036.30	7665	848	795.70	1003	1261
河曲县				3772.50	4404	1167	2622.50	2989	1140
保德县				3627.30	4455	1228	2801.30	3254	1162
偏关县				2932.00	3536	1206	2365.30	3066	1296
原平市				2301.30	1990	865	869.90	979	1125

16-24 农业主要产品生产情况（续表5）

单位：公顷 、吨、公斤/公顷

县（市、区）	b、杂豆			<三> 薯类			其中：马铃薯		
	播种面积	总产量	每公顷产量	播种面积	总产量	每公顷产量	播种面积	总产量	每公顷产量
市抽样调查	29908.60	31650	1058	43432.90	100638	2317	42465.40	98176	2312
忻府区	10.60	11	1000	55.00	216	3931	41.80	129	3086
定襄县	173.60	165	952	319.10	865	2709	221.90	277	1247
五台县	450.80	592	1312	3056.30	6798	2224	2960.20	6366	2150
代　县	820.20	803	979	885.30	1908	2155	821.70	1732	2108
繁峙县	558.90	1484	2655	2204.20	3041	1380	1946.90	2832	1455
宁武县	5378.60	2055	382	2578.00	5389	2090	2578.00	5389	2090
静乐县	3038.00	3666	1207	4829.70	14137	2927	4829.70	14137	2927
神池县	4695.00	8278	1763	6686.70	16961	2537	6686.70	16961	2537
五寨县	2568.20	3837	1494	2886.80	8658	2999	2886.80	8658	2999
岢岚县	8240.60	6662	808	6229.20	12214	1961	6229.20	12214	1961
河曲县	1150.00	1415	1231	3833.70	9438	2462	3810.50	9368	2459
保德县	826.00	1201	1454	4132.90	7630	1846	3766.40	6844	1817
偏关县	566.70	470	829	4169.40	9101	2183	4169.40	9101	2183
原平市	1431.40	1011	706	1566.60	4283	2734	1516.20	4169	2750

16-24 农业主要产品生产情况（续表6）

单位：公顷、吨、公斤/公顷

县（市、区）	二、油料			1、花生			2、油菜籽		
	播种面积	总产量	每公顷产量	播种面积	总产量	每公顷产量	播种面积	总产量	每公顷产量
忻州市	35228.70	36696	1042	997.60	2568	2574	26.40	21	780
忻府区	399.40	573	1434	5.30	9	1698			
定襄县	933.50	1380	1478	82.80	205	2480			
五台县	438.70	467	1065				21.10	16	749
代　县	643.50	815	1267	107.70	256	2377			
繁峙县	1288.10	495	384						
宁武县	2937.70	4838	1647						
静乐县	4722.50	4493	952						
神池县	8878.80	7717	869						
五寨县	263.50	221	839						
岢岚县	5970.60	4573	766						
河曲县	4128.00	5269	1276	769.10	2045	2659	5.30	5	906
保德县	543.00	470	865	30.00	48	1587			
偏关县	2936.70	4171	1420						
原平市	1144.70	1215	1062	2.70	5	1852			

16-24 农业主要产品生产情况（续表7）

单位：公顷、吨、公斤/公顷

县（市、区）	3、芝麻			4、胡麻籽			5、向日葵籽		
	播种面积	总产量	每公顷产量	播种面积	总产量	每公顷产量	播种面积	总产量	每公顷产量
忻州市	45.30	36	797	22864.80	21863	956	6228.60	7370	1183
忻府区	1.00	1	1000				242.30	358	1477
定襄县	9.40	5	479				423.80	800	1888
五台县	3.30	4	1061	190.70	200	1050	97.30	107	1103
代　县				219.40	121	550	260.90	394	1512
繁峙县				720.00	222	308	457.70	195	425
宁武县				2937.70	4838	1647			
静乐县				3580.70	3641	1017	525.20	473	900
神池县				7785.50	6225	800	1093.30	1492	1365
五寨县				209.10	176	843	54.40	45	824
岢岚县				4935.60	3516	712	1035.00	1057	1021
河曲县	10.90	5	486	249.80	240	961	581.30	588	1011
保德县	20.70	22	1053	47.00	74	1575	207.30	326	1574
偏关县				1570.00	2114	1346	663.40	1050	1583
原平市				419.30	497	1184	586.70	486	828

16-24 农业主要产品生产情况（续表8）

单位：公顷、吨、公斤/公顷

县（市、区）	6、蓖麻籽			7、其它油料			三、棉花		
	播种面积	总产量	每公顷产量	播种面积	总产量	每公顷产量	播种面积	总产量	每公顷产量
忻州市				5066.00	4838	955	129.60	84	651
忻府区				150.80	205	1359			
定襄县				417.50	369	885	127.50	83	654
五台县				126.30	140	1110			
代　县				55.50	44	798			
繁峙县				110.40	78	710			
宁武县									
静乐县				616.60	380	616			
神池县									
五寨县									
岢岚县									
河曲县				2511.60	2386	950	2.10	1	429
保德县				238.00					
偏关县				703.30	1007	1432			
原平市				136.00	228	1677			

16-24 农业主要产品生产情况（续表9）

单位：公顷、吨、公斤/公顷

县（市、区）	四、甜菜			五、药材			六、蔬菜		
	播种面积	总产量	每公顷产量	播种面积	总产量	每公顷产量	播种面积	总产量	每公顷产量
忻州市	2.30	70	30435	245.60	1344	5472	6380.80	180973	28362
忻府区				16.30	23	1411	1216.30	32444	26675
定襄县							600.70	26123	43488
五台县				66.60	142	2132	365.30	9951	27241
代　县							237.60	8923	37553
繁峙县	2.30	70	30435				80.50	6828	84820
宁武县				33.30	376	11291	125.30	2456	19601
静乐县				11.30	255	22566	585.80	4389	7493
神池县							1173.30	17705	15090
五寨县				56.00	82	1470	154.80	6218	40165
岢岚县							106.50	422	3962
河曲县							469.20	16349	34845
保德县							459.30	3837	8354
偏关县							87.30	3409	39049
原平市				62.10	466	7496	718.90	41919	58309

16-24 农业主要产品生产情况（续表10）

单位：公顷 、吨、公斤/公顷

县（市、区）	其中：大棚蔬菜			七、瓜类			1、西瓜		
	播种面积	总产量	每公顷产量	播种面积	总产量	每公顷产量	播种面积	总产量	每公顷产量
忻州市				3255.10	90838	27906	2015.20	65826	33156
忻府区				364.80	10884	29837	97.70	5329	54548
定襄县				1108.10	36243	32707	803.10	29313	36500
五台县				15.00	208	13893	10.00	122	12200
代　县				230.90	10092	43707	191.60	9035	47154
繁峙县				346.00	7530	21763	326.00	7170	21994
宁武县									
静乐县				84.70	911	10758	51.30	500	9747
神池县				80.00	1720	21500			
五寨县				37.70	794	21061	14.00	294	21000
岢岚县				1.40	37	26143	1.40	37	26143
河曲县				424.10	10438	24612	358.40	8978	25050
保德县				376.70	6635	17613			
偏关县				100.00	1623	16225	80.00	1448	18094
原平市				85.70	3723	43442	81.70	3602	44082

16-24　农业主要产品生产情况（续表11）

单位：公顷、吨、公斤/公顷

县（市、区）	2、甜瓜			八、其它播种面积	其中:青饲料播种面积	补充：糯玉米		
	播种面积	总产量	每公顷产量			播种面积	总产量	每公顷产量
忻州市	737.70	15710	22146	4190.50	3928.70			
忻府区	267.10	5555	20798	150.10				
定襄县	303.00	6900	22772	10.80				
五台县	5.00	85	17000					
代　县	38.70	1026	26514	1433.60	1433.60			
繁峙县	20.00	360	18000					
宁武县								
静乐县	33.30	411	12348	23.40	13.30			
神池县				988.70	984.70			
五寨县	1.30	30	23077	3.40				
岢岚县				114.70	114.70			
河曲县	45.70	1046	22888	1151.70	1151.70			
保德县								
偏关县	20.00	175	8750	146.70	146.70			
原平市	3.60	122	33750	167.40	84.00			

16-25 2004-2010年粮食、油料

县（市、区）	粮食产量							油料产量	
	2004	2005	2006	2007	2008	2009	2010	2004	2005
全　市	1185514	1022009	1089803	1230716	1170005	1141777	1478991	52443	40037
忻府区	236743	214667	225873	259792	253599	264235	285656	2354	1603
定襄县	156109	132809	132019	159270	162628	163998	167761	1896	1691
五台县	99154	103472	105179	113414	111710	100940	91145	1631	1473
代　县	86828	53919	69908	74169	77686	60402	69445	2067	409
繁峙县	74088	60323	74690	69127	64076	57027	70577	2244	1710
宁武县	20986	12519	16134	21486	26234	16600	17103	2994	1878
静乐县	36034	35828	35826	40399	33724	34643	39035	4868	4646
神池县	39933	33850	35926	111330	93712	97232	123723	5740	5033
五寨县	44995	30065	25752	84370	111068	97502	153903	5290	3234
岢岚县	27857	30981	14995	36024	36748	28013	36327	4929	4558
河曲县	46402	40008	35968	50364	50268	53171	49946	5994	4989
保德县	34136	19539	7678	33911	34325	34849	35199	886	803
偏关县	38015	37369	25600	37511	47714	42464	48043	6416	5593
原平市	282913	202845	284255	299091	275611	251724	291129	5134	2417

和蔬菜产量

单位: 吨

					蔬菜产量						
2006	2007	2008	2009	2010	2004	2005	2006	2007	2008	2009	2010
31075	43562	43012	38507	36696	201413	183804	159893	150966	201507	163843	180973
930	1386	1742	491	573	36969	34465	35405	29413	35102	24853	32444
1640	1953	1339	1328	1380	18392	11600	14309	15803	32156	23776	26123
1437	1329	1300	976	467	11006	11744	11007	10317	11370	9246	9951
486	852	1152	714	815	18609	9671	11604	7955	14407	5937	8923
2005	1487	1406	831	495	13282	6355	7328	8830	13771	9996	6828
2236	3119	2495	3425	4838	2054	1865	1783	1997	2882	2703	2456
3280	4098	4408	4398	4493	2185	2574	1750	2085	2165	1894	4389
3741	8902	7873	8581	7717	25236	25550	15870	15975	14057	13680	17705
1341	1337	1241	810	221	14675	10978	8688	8387	8880	4508	6218
2864	5310	6227	4022	4573	5775	8100	405	985	7560	3516	422
4233	5679	5929	6045	5269	14080	20627	11985	10464	12587	12842	16349
172	644	593	803	470	5029	4560	4765	2348	2623	3337	3837
3314	4870	5385	4867	4171	2125	1810	800	1030	2675	3198	3409
3390	2596	1922	1216	1215	31996	33905	34194	35377	41272	44360	41919

16-26 农业机械

县（市、区）	农业机械总动力	柴油发动机	汽油发动机	电动机	拖拉机	
					台	千瓦
全 市	2161483	1712577	94555	354351	36512	530698
忻府区	340959	270714	209	70036	4094	78085
定襄县	90085	65994	24	24067	2582	47951
五台县	118370	98918	12967	6485	4166	41521
代 县	160595	130041	91	30463	2853	37286
繁峙县	181785	118618	9961	53206	2727	43268
宁武县	82900	70874	5644	6382	1847	30193
静乐县	77360	71875		5485	953	10858
神池县	157620	139370	12553	5697	4281	58894
五寨县	123000	100900	2800	19300	4406	47675
岢岚县	100358	82527	6112	11719	922	9494
河曲县	84851	72481	3546	8824	1052	13370
保德县	129804	106877		22927	324	5106
偏关县	129126	101760	4532	22834	2521	31403
原平市	384670	281628	36116	66926	3784	75594

拥有量（2010年）

单位：千瓦、台

1、大中型拖拉机		2、小型拖拉机				农用运输车	
				手扶式			
台	千瓦	台	千瓦	台	千瓦	辆	千瓦
7677	235028	28835	295670	7362	56134	49636	935128
1204	47771	2890	30314	726	4418	10623	173280
648	23427	1934	24524	398	2944	473	9803
552	12609	3614	28912	1570	12560	3012	16102
331	11967	2522	25319	852	6969	4146	85018
492	18893	2235	24375	490	4758	2326	69415
255	9191	1592	21002	285	2547	1020	24937
87	2154	866	8704	672	6539	2224	52362
505	14462	3776	44432	20	147	3235	80896
1099	22175	3307	25500	404	1212	3181	37250
366	7869	556	1625	63	430	2164	25462
213	4886	839	8484	262	2143	2158	47794
124	2685	200	2421	56	570	4098	91560
261	5902	2260	25501	992	7115	1158	60048
1540	51037	2244	24557	572	3782	9818	161201

16–26 农业机械

县（市、区）	种植业机械（台）						农用排灌机械		
	机引犁	旋耕机	机引耙	播种机	化肥深施机	地膜覆盖机	排灌动力机械(台)	农用水泵(台)	节水喷灌类机械(套)
全　市	14674	4137	879	7941	2056	4257	9555	7882	460
忻府区	991	660	5	1205	165	81	1944	1095	16
定襄县	662	340	38	859	45	25	1696	1835	210
五台县	612	143	15	183	176	583	973	774	19
代　县	566	425	335	271	167	126	944	551	34
繁峙县	774	811	312	1131	510	478	918	785	40
宁武县	684	25	10	43	31	31	153	431	
静乐县	621	77		433	192	96	22	44	20
神池县	1269	90	110	1382	145	369	61	2	
五寨县	2950	50		410	50	1485	4	48	
岢岚县	1399	100		442	155	442	184	139	36
河曲县	334	191		68	61	50	252	453	9
保德县	351	65		78	120	54	523	602	
偏关县	2333	350	5	280		209	192	243	5
原平市	1128	810	49	1156	239	228	1689	880	71

拥有量（续表）

收获机械			机　动 脱粒机 （台）	温室 （万平方米）	农产品初加 工作业机械 （台）		
联合 收割机 (台)	割晒机 (台)	其它作物 收割机 (台)				#粮食 加工	#油料 加工
332	1165	1671	9168	1474	23701	16486	1849
41		145	595	1219	1642	1155	95
53	10	168	985	38	1336	822	57
15	10	23	384	10	1336	1279	55
31		54	618	19	1795	1350	40
78	151	479	1420	10	2524	1555	428
7		20	30	20	1100	686	216
3	6	29	25	14	1197	737	230
15	956	98	522	3	696	409	91
13		133	360	3	1693	928	274
11	22	178	148	9	2045	1334	143
4		91	154	5	717	473	40
3	2	22	446	9	2370	1682	13
14	8	111	40	16	2559	2087	41
44		120	3441	99	2691	1989	126

16-27 农村劳动力（2010年）

单位：人

县（市、区）	乡村人口	乡村从业人员	农业	工业	建筑业	交运仓储和邮政业	信息及软件	批、零业	住宿和餐饮业	其他行业
全市	2404308	972394	585520	91472	104114	52574	4609	45161	25508	63436
忻府区	339715	154314	86934	10040	24123	8595	1102	8054	5826	9640
定襄县	176037	82034	39374	21634	8344	2750	281	3837	1094	4720
五台县	278442	88937	49183	5940	19119	3169	366	2664	2802	5694
代县	166867	74639	52505	5730	7473	2232	348	2241	1816	2294
繁峙县	239466	76486	52489	6926	5157	2939	308	2243	914	5510
宁武县	118659	47707	28651	3511	1897	5476	132	2250	1003	4787
静乐县	141966	58267	35895	4144	6051	2743	390	2232	1533	5279
神池县	85082	28093	22864	947	722	1262	123	756	274	1145
五寨县	91849	37246	28292	1338	1738	2992	71	1076	766	973
岢岚县	67003	28736	19628	1034	1731	991	205	937	948	3262
河曲县	116925	44005	29721	3644	3093	2205	101	1188	462	3591
保德县	143520	62403	33964	8939	5536	3855	386	3905	2528	3290
偏关县	91623	36297	23741	3081	3466	2172	97	1455	862	1423
原平市	347154	153230	82279	14564	15664	11193	699	12323	4680	11828

16-28 农村电气化、化学情况（2010年）

单位：万千瓦时、吨

县（市、区）	农村用电量	化肥施用量										农用塑料薄膜使用量		地膜覆盖面积	农药使用量
		按实物量计算	氮肥	磷肥	钾肥	复合肥	按折纯量计算	氮肥	磷肥	钾肥	复合肥		地膜使用量		
全市	50856	441585	222364	115577	11153	92491	126539	48834	25288	6158	46258	3386	3140	66706	905
忻府区	8086	74767	30207	8752	1564	34245	25675	6283	1488	782	17122	256	190	3236	210
定襄县	13990	28345	10724	7119	1084	9419	8635	2252	1186	488	4709	83	75	723	44
五台县	3457	27646	14557	7178	656	5256	9288	4096	2258	313	2621	444	439	10828	48
代县	2999	27745	12169	7204	1165	7208	7944	2083	1282	580	52	209	203	4332	63
繁峙县	4531	32714	19028	9839	294	3554	7120	3425	1771	147	3999	245	242	5077	38
宁武县	359	1315	627	379	49	260	350	213	76	10	1777	15	12	485	5
静乐县	914	20118	11486	7664	223	745	4653	2633	1546	99	376	112	112	1256	23
神池县	559	22858	12761	7253	101	2743	11494	5866	4220	43	1364	442	442	9585	10
五寨县	739	34892	20774	11544	631	1943	7333	4026	2209	126	972	688	683	18805	186
岢岚县	493	26879	15321	7916	1791	1851	5380	2672	1364	519	825	302	272	5183	51
河曲县	1354	23618	14427	6342	161	2688	5358	2771	1213	30	1344	212	136	1901	71
保德县	6322	14642	9020	2559	679	2384	4187	2216	494	288	1190	124	122	603	14
偏关县	1001	29432	16127	8345	1938	3022	6507	2580	1419	969	1539	111	99	2472	14
原平市	6053	76614	35137	23484	819	17174	22616	7719	4764	1764	8368	142	112	2219	264

16–29 营林生产

县（市、区）	当年造林面积(成活85%以上)	1、按造林方式分			2、按经济成份分			
		人工造林	飞播造林	无林地和疏林地封育	①公有经济造林			②非公有经济造林
					合计	国有	集体	
全　市	39397	22696		16701	36930	6766	30164	2467
忻府区	2267	1067		1200				2267
定襄县	1287	487		800	1287		1287	
五台县	1986	1119		867	1986		1986	
代　县	1600	933		667	1600		1600	
繁峙县	1466	933		533	1266		1266	200
宁武县	1334	867		467	1334		1334	
静乐县	2533	1000		1533	2533	2533		
神池县	3808	2308		1500	3808		3808	
五寨县	3333	2133		1200	3333		3333	
岢岚县	3833	2033		1800	3833	3833		
河曲县	2933	1600		1333	2933	400	2533	
保德县	2987	1653		1334	2987		2987	
偏关县	4557	2890		1667	4557		4557	
原平市	3425	1958		1467	3425		3425	

情况（2010年）

单位：公顷

3、按林种用途分			年末实有封山(沙)育林面积	零　星(四旁植树)(万株)	幼林抚育实际面积	育苗面积	
经济林	防护林	薪炭林					本年新育
5860	31970	1567	118722	1072.4	12944	3072.2	1376.9
666	1601		4600	178.1	4677	351.2	151.2
231	1056		3094	69.8		220	73
500	1253	233	3067	80.0		166.7	40
800	800		5027	178.2	1000	400	246.7
200	1266		12178	60.0	800	166.7	53.3
267	1067		13510	60.0	867	266	133
220	2313		13553	63.8		147	70.6
143	3465	200	7720	67.0	2667	240	133
333	2667	333	9687	61.9		153.3	53
333	3366	134	6854	52.8		130	43.4
467	2332	134	11106	40.0		58	33
533	2454		6168	60.0	2733	200	133
900	3257	400	8505	60.0	200	240	107
267	3025	133	13320	40.8		333.3	106.7

16-30 水果生产情况（2010年）

单位：吨

县（市、区）	园林水果	苹果	梨	桃	葡萄	红枣	柿子	沙果	其他
全　市	61659	17855	24724	1494	3861	9621	753	458	2874
忻府区	10599	4323	3272	927	1374	333			350
定襄县	10530	3605	4665	93	481	774	565	10	336
五台县	2127	1057	572	3		7	188		300
代　县	6683	2065	3676	77	627	57			180
繁峙县	676	77	46	247	26	1			281
宁武县									
静乐县	331	131	115		4	9			73
神池县									
五寨县									
岢岚县	247	127	71		26	23			
河曲县	2325	197	173	26	1151	367		11	400
保德县	7846	537	265	19	39	6580			406
偏关县	1549	684	390		2			400	73
原平市	18746	5054	11479	103	132	1469		37	473

16-30 水果生产情况（续表）

单位：公顷

县（市、区）	年末果园面积	1.苹果	2.梨	3.桃园	4.葡萄	5.其它果园
全　市	17775.4	4199.4	4612.7	245.3	398.3	8319.7
忻府区	1981.9	965.2	469.3	114.8	126.3	306.2
定襄县	985.9	338.7	203.5	6.6	35.5	401.6
五台县	194.5	95.0	47.9	1.4		50.2
代　县	1824.2	487.7	668.1	33.7	80.3	554.3
繁峙县	156.4	70.8	3.1	19.0	2.0	61.5
宁武县						
静乐县	354.7	131.3	79.3	0.0	2.5	141.5
神池县						
五寨县						
岢岚县	109.3	56.0	20.0		33.3	
河曲县	2346.3	288.8	293.2	15.2	87.2	1661.9
保德县	4687.8	616.1	641.9	24.5	16.1	3389.2
偏关县	684.5	180.9	54.1		1.8	447.7
原平市	4450.1	968.9	2132.3	30.1	13.2	1305.6

16-31 畜牧业生产情况（2010年）

单位：吨

县（市、区）	肉类总产量	其中：					牛奶产量	禽蛋产量
		牛肉产量	驴肉产量	猪肉产量	羊肉产量	禽肉产量		
全市	83278	7316	831	51281	17845	4915	68151	41386
忻府区	11623	787	11	8213	830	1772	46004	6792
定襄县	3751	151	8	3169	351	59	8467	1015
五台县	9903	2763	52	5085	1735	222	744	2713
代县	2933	541	120	1391	770	92	248	899
繁峙县	9500	788	60	7018	1429	193	5600	1869
宁武县	3170	413	105	1026	1393	137	72	1373
静乐县	3888	251	166	1711	1032	333	50	955
神池县	4515	504	93	1690	2083	22		634
五寨县	2496	139	32	1142	1080	64	130	363
岢岚县	3691	364	76	986	2033	90	1074	72
河曲县	2524	39	2	1573	762	141	3279	3737
保德县	3077	45	1	2156	722	148	171	577
偏关县	6004	155	71	3022	2572	97	18	431
原平市	16203	377	34	13100	1053	1545	2294	19956

16-31 畜牧业生产情况（2010年）

单位：头、只

县（市、区）	大牲畜年末总头数	其中：					猪存栏数	羊存栏数	禽存栏数	兔存栏数
		牛	#乳牛	马	驴	骡				
全　市	248752	161609	24003	5421	45801	35921	524604	2410272	5951000	361800
忻府区	20993	17973	13946	56	1819	1145	64019	122538	998000	2500
定襄县	9589	7598	3528	320	981	690	44235	65406	166000	10400
五台县	42565	37417	186	302	2450	2396	35434	153113	420000	2600
代　县	16469	12618	103	187	3193	471	17923	117999	103000	214000
繁峙县	36785	26216	2687	1016	7272	2281	77164	231578	286000	4200
宁武县	22846	12772	35	911	4163	5000	17206	180682	203000	
静乐县	19116	8025	55	67	6966	4058	16693	168772	156000	123400
神池县	18090	8284		312	3094	6400	18092	343158	112000	
五寨县	12071	4942	105	632	4001	2496	12155	188800	161000	500
岢岚县	13759	8830	384	768	2158	2003	11817	300244	133000	
河曲县	9150	3997	1531		2263	2890	20533	106954	386000	1700
保德县	2467	2147	232	1	34	285	27489	61949	181000	
偏关县	8925	1429	7	18	4011	3467	20605	172477	81000	
原平市	15927	9361	1204	831	3396	2339	141239	196602	2565000	2500

16–32 **2004–2010年农村**

县（市、区）	2004	2005	2006
全　市	1777.90	1925.00	2086.88
忻府区	2425.00	2604.00	2786.00
定襄县	3206.00	3495.00	3880.00
五台县	1462.00	1614.95	1780.00
代　县	1720.00	1847.60	1996.00
繁峙县	1681.40	1788.30	1989.00
宁武县	1191.00	1312.00	1200.00
静乐县	1300.00	1512.00	1352.00
神池县	979.00	1008.00	1102.00
五寨县	998.10	1018.00	996.00
岢岚县	1500.80	1568.00	1662.00
河曲县	1507.40	1661.60	1796.00
保德县	1595.90	1760.80	1618.00
偏关县	1391.00	1441.00	1552.00
原平市	2378.00	2467.00	2710.00

居民人均纯收入

单位：元/人

2007	2008	2009	2010
2516.05	2830.41	3028.10	3445.70
3124.00	3650.39	3982.00	4485.30
4293.00	4877.20	5022.40	5735.00
2097.00	2408.63	2606.90	2903.50
2202.00	2536.27	2048.00	2361.60
2250.00	2527.34	2685.90	3236.50
1513.00	1812.66	1936.00	2248.90
1755.00	2165.39	2389.30	2681.80
2100.00	2406.47	2643.00	3205.00
1967.00	2259.88	2660.50	3200.70
2401.00	2713.26	2380.20	2890.00
2175.00	2408.21	2636.60	2942.20
2128.00	2402.50	2807.00	3129.80
2041.00	2401.53	2589.50	2967.70
3204.00	3615.43	3935.20	4628.20

16-33 工业企业分县市主要

县（市、区）	代码	企业单位数（个）	#亏损企业	工业总产值（当年价格）	工业销售产值（当年价格）	#出口交货值
全　市	140900	323	78	4116939	3930339	220291
忻府区	140902	33	12	650574	638259	176217
定襄县	140921	62	9	412448	342956	42090
五台县	140922	10	5	119917	103661	
代　县	140923	60	12	473222	433549	
繁峙县	140924	60	15	389418	351421	
宁武县	140925	5		219680	221177	
静乐县	140926	10	8	81483	79615	
神池县	140927	2		5831	3965	
五寨县	140928	5		30801	30801	
岢岚县	140929	11		40468	38091	
河曲县	140930	15	4	454502	427459	1984
保德县	140931	13	2	475419	468561	
偏关县	140932	5	1	85758	86337	
原平县	140981	32	10	677419	704489	

经济指标（2010年）

单位: 万元

资产总计	流动资产合计	#应收帐款	#存　货	#产成品	固定资产合计	累计折旧
7928267	3099679	708361	569918	235331	3880295	1013467
813673	353320	93563	127997	60110	398399	83374
349652	215501	50321	97970	50111	115769	30189
206478	74679	4014	27260	9706	98195	35848
335832	203422	51556	55358	27769	121588	46077
517735	230459	26135	59015	32897	196978	48269
446849	297413	20198	14705	12635	88439	50408
443523	173494	211	11524	6306	169264	14858
83590	4360	2827	27	27	79206	8
12245	8020	3054	1388	1257	3702	1005
36169	12411	1530	2212	1880	20769	1179
997972	222399	56137	37215	2617	539070	190393
1087238	520616	269568	17950	2287	409235	183302
405822	48797	5459	2140	554	299752	147176
2191491	734789	123788	115156	27173	1339928	181381

16-33 **续表1**

县（市、区）	固定资产净 值	负债合计	所有者权益合计	实收资本	国家资本	集体资本
全 市	3409749	5076155	2840959	1394989	171155	86675
忻府区	378954	661904	149661	119929	4764	2820
定襄县	105357	206840	142387	73461		100
五台县	97493	111406	95067	43392		
代 县	111195	169160	166394	42757		1850
繁峙县	160487	303926	213241	141949		2000
宁武县	83068	305812	141037	27668	3372	
静乐县	57831	346487	97036	104559	702	50314
神池县	58	81386	2115	8698	8635	
五寨县	3702	6797	5444	3160		
岢岚县	20630	19366	16803	10774		
河曲县	526860	582734	409388	153575		
保德县	352708	302278	784751	129256	68689	28677
偏关县	297591	283534	122288	94495	81000	
原平县	1213815	1694526	495347	441318	3994	915

单位: 万元

法人资本	个人资本	港澳台资本	外商资本	主营业务收入	主营业务成本	主营业务税加及附加	营业费用
915919	220267	385	588	3947097	2936166	52416	94496
87721	24264	360		655013	580005	1327	21075
27595	45153	25	588	339941	313032	951	9154
39137	4255			114813	103082	456	2062
8755	32152			441276	313931	7946	7853
87669	52279			366886	290841	10717	2246
23417	879			206559	104951	3251	11607
51914	1630			82864	74808	4361	1897
	63			5831	3829	7	26
410	2750			27676	26479	72	196
250	10524			32752	28406	323	753
128613	24962			426289	288430	7620	12337
25330	6560			439533	176068	9536	2617
12857	638			90239	54469	939	1017
422252	14157			717425	577837	4910	21657

16-33 续表2

县（市、区）	管理费用	#税 金	财务费用	#利息支出	营业利润	营业外收入
全 市	278346	13638	114988	109445	520219	18933
忻府区	18043	490	10369	10062	43873	8242
定襄县	10554	339	4372	3682	10377	458
五台县	9011	418	1094	973	1495	346
代 县	20733	1022	3781	2961	84576	716
繁峙县	20975	1617	2694	2631	45168	544
宁武县	29553	2244	3933	3906	33172	148
静乐县	36033	113	4535	3506	-27644	712
神池县	184		1020	3	2180	
五寨县	263	11	153	139	343	
岢岚县	915	40	299	287	2056	
河曲县	12967	241	23046	23134	81704	456
保德县	36695	1789	2473	2520	214478	475
偏关县	3711	79	15693	15683	13927	500
原平县	78709	5233	41527	39957	14516	6337

单位: 万元

营业外支出	利润总额	应交所得税	亏损企业亏损总额	利税总额	本年应付工资总额	本年应交增值税	全部从业人员年平均人数（人）
37423	502596	100781	60345	813302	282257	258290	87985
2842	49273	11820	9437	63319	23152	12719	12860
2841	7994	1577	973	17833	18158	8889	6534
487	1356	704	2384	6061	9218	4250	3150
10350	74942	20578	1379	113237	19307	30349	8562
3255	42457	9910	1311	74780	24041	21606	9078
5238	28082	1967		56550	38977	25217	7241
240	-27172	4	27902	-15894	18891	6917	5175
129	2051			2066	103	7	56
	343			546	3097	131	749
	2056	280		4176	1310	1798	1145
1025	81999	19373	1118	128423	20594	38804	5781
2484	212468	16623	194	278828	27824	56825	4311
138	14289	3436	88	26435	3438	11208	1396
8393	12460	14469	15560	56941	74149	39571	21947

16-34 建筑业企业总产值和竣工产值（2010年）

单位: 万元

县（市、区）	总产值			竣工产值
		建筑工程	安装工程	
全 市	410104	317151	52466	292856
忻府区	148703	112082	29457	62849
定襄县	15711	14497	758	12141
五台县	71289	60635	8512	54198
代 县	27701	22348	1432	27701
繁峙县	96912	70879	7607	96203
宁武县	7043	2071		6555
静乐县	4020	3080	940	4020
神池县				
五寨县	4688	4214	260	4088
岢岚县	2782	2782		2782
河曲县	8626	6735	1703	8040
保德县	2214	2214		2150
偏关县	1948	1948		1548
原平市	18467	13666	1798	10580

16–35　建筑业企业房屋建筑面积（2010年）

单位: 平方米

县（市、区）	房屋建筑施工面积	本年新开工面积	投标承包的面积
全　市	2713721	2127370	2106995
忻府区	842210	645457	660326
定襄县	185959	109580	76614
五台县	674883	535769	670883
代　县	171105	162092	75775
繁峙县	346272	317479	346272
宁武县	19393	12550	6400
静乐县	20850	10850	10850
神池县			
五寨县	57914	46054	
岢岚县	33942	33942	33942
河曲县	103229	45870	80106
保德县	15150	15150	15150
偏关县	16340	16340	16340
原平市	226474	176237	114337

16-36 建筑业企业机械设备情况（2010年）

县（市、区）	自有机械设备年末总台数（台）	自有机械设备年末总功率（千瓦）	自有机械设备净值（万元）
全市	13437	161051	32312
忻府区			
定襄县	2332	28223	1679
五台县	4580	47182	6022
代县	596	11700	1462
繁峙县	2436	44715	11844
宁武县	97	195	4181
静乐县	16	1500	540
神池县			
五寨县	745	7387	1234
岢岚县	197	1156	183
河曲县	800	5003	1876
保德县			
偏关县	399	1948	1088
原平市	1239	12042	2204

16-37 建筑业企业劳动生产率（2010年）

县（市、区）	企业个数（个）	计算劳动生产率的平均人数（人）	按总产值计算的劳动生产率（元/人）	人均竣工产值（元/人）
全　市	110	36336	112864	80597
忻府区	49	9066	164023	69324
定襄县	5	2408	65244	50420
五台县	9	9556	74602	56716
代　县	9	2847	97300	97300
繁峙县	8	6957	139302	138283
宁武县	3	259	271927	253100
静乐县	1	227	177093	177093
神池县				
五寨县	4	962	48730	42493
岢岚县	1	301	92425	92425
河曲县	5	1234	69902	65151
保德县	1	215	102953	100000
偏关县	3	376	51809	41170
原平市	12	1928	95783	54878

16-38 建筑业企业资

县（市、区）	实收资本	资产总计		
			流动资产合计	固定资产合计
全　市	115703	280234	179309	92904
忻府区	41735	136726	98672	32924
定襄县	2116	6589	3758	2720
五台县	21602	32835	17863	14381
代　县	10478	24726	15070	9109
繁峙县	16438	34096	18916	15181
宁武县	4582	10479	6276	4203
静乐县	810	1610	350	810
神池县				
五寨县	2457	4833	2873	1598
岢岚县	600	837	546	244
河曲县	4271	7019	2506	4481
保德县	700	2348	1865	483
偏关县	2769	2800	920	1880
原平市	7144	15336	9693	4891

本金及资产（2010年）

单位：万元

固定资产原价合计	生产经营用	固定资产折旧	本年折旧	无形及递延资产合计
118474	73350	37897	6100	1877
39193	14675	11125	2336	347
2764	1887	1198	315	111
15967	13499	6541	1054	591
11534	6449	2635	272	
27321	22170	12141	1489	
4347	3470	144	54	
810	490	242	50	
2204	1074	711	33	
313	243	70	6	47
4906	4616	977	163	28
483		47	24	
2828	645	948	104	
5804	4134	1120	201	753

16-39 建筑业企业负债及所有者权益（2010年）

单位: 万元

县（市、区）	负债合计	流动负债	长期负债	所有者权益合计
全　市	98022	95974	2047	182212
忻府区	60093	59909	185	76633
定襄县	1780	1755	25	4809
五台县	6402	6402		26433
代　县	8587	7867	720	16139
繁峙县	3290	3290		30806
宁武县	5783	5583	200	4697
静乐县	45	45		1565
神池县				
五寨县	2376	2255	121	2457
岢岚县	61	61	0	776
河曲县	1125	697	429	5893
保德县	1648	1307	341	700
偏关县				2800
原平市	6831	6805	26	8505

16-40 建筑业企业工程结算收入（2010年）

单位：万元

县（市、区）	工程结算收入	#工程结算成本	#工程结算税金及附加	#工程结算利润	其他业务收入
全 市	385506	333068	14057	31956	716
忻府区	128222	110518	4871	12497	
定襄县	15711	13194	604	1530	
五台县	68670	59821	2893	4770	22
代 县	27952	22599	1117	4241	275
繁峙县	96912	87341	2512	4403	
宁武县	7043	6425	255	294	
静乐县	4120	3500	105	115	
神池县					
五寨县	4088	3484	177	313	
岢岚县	2782	2587	139	29	
河曲县	8572	6641	386	1271	
保德县	2150	1698	130	299	5
偏关县	1898	1093	66	448	
原平市	17386	14168	803	1748	414

16-41 建筑业企业费用情况（2010年）

单位: 万元

县（市、区）	经营费用	管理费用			财务费用	劳动、失业保险费	住房公积金及住房补贴
			#差旅费	#工会经费			
全　市	7507	13823	838	372	2389	371	593
忻府区	337	5678	282	117	1048	187	364
定襄县	384	339	17	1	128	9	69
五台县	1187	2497	128	93	234	167	138
代　县	1019	1462	156	31	418	3	2
繁峙县	2657	1827	128	63	266		
宁武县	69	144	3	8	11		
静乐县	400	100	8		4		
神池县							
五寨县	114	111	16		76		
岢岚县	27	18	1		1		
河曲县	274	479	20	31	113		
保德县	23	40	3		3		
偏关县	292	47	13	4	8		4
原平市	726	1082	63	25	79	5	16

16-42 建筑业企业利润及税金情况（2010年）

单位: 万元

县（市、区）	利润总额	税金总额	工程结算税金及附加	管理费用中的税金	营业利润	其他业务利润
全　市	15270	14974	14057	917	15971	387
忻府区	5771	5169	4871	297	5771	
定襄县	1062	617	604	13	1063	
五台县	1941	3062	2893	170	2061	22
代　县	2109	1200	1117	83	2621	260
繁峙县	2305	2641	2512	129	2310	
宁武县	82	258	255	3	139	
静乐县	25	115	105	10	12	
神池县						
五寨县	127	201	177	24	127	
岢岚县	10	139	139		10	
河曲县	670	388	386	2	678	
保德县	250	133	130	3	259	3
偏关县	223	80	66	14	233	
原平市	696	971	803	168	689	102

16-43 建筑业企业工资和福利费情况（2010年）

单位:万元

县（市、区）	本年应付工资总额	#主营业务应付工资	本年应付福利费总额	#主营业务应付福利费
全　市	48972	47660	4030	3859
忻府区	13632	13114	1206	1173
定襄县	2830	2802	263	263
五台县	12844	12588	795	759
代　县	2019	1881	102	78
繁峙县	10426	10426	1099	1099
宁武县	82	76	9	8
静乐县	132	132		
神池县				
五寨县	463	463	9	9
岢岚县	484	464		
河曲县	2079	1796	192	179
保德县	387	387	41	41
偏关县	736	736	48	48
原平市	2858	2796	266	202

16-44 财政一般预算收支总额（2010年）

单位：万元

县（市、区）	财政总收入	一般预算收入	#企业所得税	#增值税	一般预算支出	#一般公共服务	#教育事业费	#社会保障和就业
忻府区	83779	24526	954	2011	99921	16703	24588	12716
定襄	31138	11959	514	2171	62639	10693	12482	11357
五台	31734	13678	558	1626	98959	13345	27113	8224
代县	60598	18872	1350	4252	66620	10234	13293	12691
繁峙	35338	12718	697	2572	77539	8086	18254	11172
宁武	81264	30378	2639	5682	81943	8664	15286	10400
静乐	21427	8963	78	1367	67750	8725	13070	11651
神池	20101	9952	703	651	56185	8847	11440	8974
五寨	32268	8768	509	3087	56712	9959	12878	4831
岢岚	20100	6616	119	1707	50612	8776	8477	9547
河曲	102358	39442	4137	6714	82369	7996	14121	12732
保德	141303	45451	5750	11032	83167	9737	14258	12748
偏关	24026	9115	1572	1223	58143	9431	11332	6984
原平	118000	57995	2442	5882	140129	13006	29427	22880

16-45 普通中学基

县（市、区）	学校数				学生数					
					初中					
							在校生			
	合计	民办	其他部门	初中	毕业生	招生数	合计	民办	其他部门	小学毕业升学率
合计	352	32		312	54028	58170	154374	23120		98.84%
忻府区	53	5		46	12465	11323	29527	5010		
定襄	44	2		42	2086	3351	8746	1000		
五台	37	4		32	5247	5892	16138	1124		
原平	52	6		45	7200	7651	21311	5763		
代县	26	1		24	3722	3091	9939	707		
繁峙	21	3		18	6365	7121	14753	3613		
宁武	24	4		22	2784	3008	7536	2319		
静乐	10	1		8	3536	3100	9983	1309		
神池	12	1		10	1090	1676	4337			
五寨	12	2		10	2151	2615	5940	1597		
岢岚	9			8	1032	1892	4992			
河曲	22	1		19	2500	2538	6962			
保德	16	1		15	2034	2528	7496	509		
偏关	14	1		13	1816	2384	6714	169		

本情况（2010年）

						教职工数				
高　中						合　计	民　办	其他部门	专任教师	
毕业生	招生数	在校生			初中毕业升学率				初　中	高　中
		合　计	民　办	其他部门						
20361	20494	64664	12312		37.93%	17558	2295		10732	4112
5508	5992	17855	6248			3796	920		2150	968
1197	1066	3647				1080	76		633	263
2527	2310	7245	1520			1781	149		1130	467
2528	2545	7344	482			2595	353		1663	492
1492	1319	4177				1114	45		699	274
1356	1557	6605	1376			1336	272		836	303
503	503	1625				814	33		498	134
770	977	3031	1076			856	196		457	209
926	502	2021	332			508	12		298	119
738	583	1815	663			669	148		415	112
495	425	1457				459			319	103
1007	1013	3128	615			995	62		605	276
535	882	2150				749	15		534	165
779	820	2564				806	14		495	227

16-46 **职业中学基**

县（市、区）	职业高中		
	学校数	学生数	
		毕业生	招生数
合　计	36	10803	13044
忻府区	13	2084	3368
定襄县	2	520	536
五台县	1	870	1180
原平市	3	1599	2342
代　县	1	778	526
繁峙县	4	1442	1222
宁武县	1	150	104
静乐县	2	754	876
神池县	1	1100	963
五寨县	2	361	301
岢岚县	2	179	190
河曲县	1	348	671
保德县	1	520	504
偏关县	2	98	261

本情况（2010年）

在校生	初中毕业升学率	教职工数	
		合　计	专任教师
31945	24.14%	1856	1448
9744		438	328
1176		114	65
2872		161	153
6429		327	227
730		66	54
3519		180	152
487		68	48
1296		101	91
1465		38	29
927		111	91
400		29	23
1245		67	49
1221		123	115
434		33	23

16-47 小学基本

县（市、区）	学校数（所）			学生数	
	合 计	民办	其他部门	毕业生	招生数
合 计	2360	25	1	58847	42667
忻府区	221	8		9427	6354
定襄县	93			3351	3318
五台县	258			5940	4456
原平市	297	5	1		6782
代 县	209	1		7651	3372
繁峙县	119	2		3103	2861
宁武县	336	1		7129	2508
静乐县	180			3596	2399
神池县	49			3779	1061
五寨县	54	1		2280	1319
岢岚县	129			2623	1578
河曲县	88	1		1892	2168
保德县	205	4		2538	2946
偏关县	122	2		2731	1545

情况（2010年）

单位：人

在校生			教职工			
合　计	民办	其他部门	合　计	民办	其他部门	专任教师
292760	16648	15	19980	1092	1	18423
46356	3642		2952	397		2599
17865	526		1284	38		1108
31320			1666			1630
40175	5727	15	3061	228	1	2976
20281	732		1261	72		1208
30048	1360		1840	160		1659
18184	1659		1303	1		1193
19438			1371			1266
10036			624			527
8856	1123		852	45		737
9573			596			580
13247	96		1042	13		946
16207	938		1064	58		1047
11174	845		1064	80		947

16-48　幼儿园基本情况（2010年）

县（市、区）	幼儿园			
	园数	幼儿数	教职工数	其中专任教师
合　计	186	34648	2204	1535
忻府区	34	4385	791	532
定襄县	8	2696	101	51
五台县	8	4046	144	106
原平市	61	8389	156	121
代　县	5	3521	96	69
繁峙县	5	2864	64	33
宁武县	9	1196	30	21
静乐县	6	803	69	54
神池县	3	1587	66	54
五寨县	11	1626	107	71
岢岚县	5	919	92	64
河曲县	6	923	206	169
保德县	14	782	157	111
偏关县	11	911	125	79

16-49 各类学校平均每万人口中在校生（2010年）

县（市、区）	普通高中	普通初中	职业高中	小学	幼儿园
合　计	211	503	104	954	113
忻府区	328	542	179	851	80
定襄县	168	402	54	821	124
五台县	242	539	96	1046	135
原平市	150	434	131	818	171
代　县	195	464	34	947	164
繁峙县	248	553	132	1126	107
宁武县	101	467	30	1128	74
静乐县	193	637	83	1240	51
神池县	190	407	138	942	149
五寨县	169	552	86	823	151
岢岚县	173	591	47	1134	109
河曲县	216	480	86	913	64
保德县	134	469	76	1013	49
偏关县	229	599	39	997	81

16-50 普通中学专任教师

县（市、区）	合　计	初　中				
		小　计	研究生毕业	本科毕业	专科毕业	高中阶段毕业
合　计	14844	10732	12	5862	4715	136
忻府区	3118	2150	5	1633	505	7
定襄县	896	633		370	259	4
五台县	1597	1130		629	494	7
原平市	2155	1663	3	902	710	48
代　县	973	699		350	347	2
繁峙县	1139	836		187	632	17
宁武县	632	498	1	209	270	11
静乐县	666	457		190	264	3
神池县	417	298		128	170	
五寨县	527	415		207	207	1
岢岚县	422	319	1	164	150	4
河曲县	881	605	2	319	278	6
保德县	699	304		266	256	12
偏关县	722	495		308	173	14

学历情况（2010年）

单位：人

	高 中					
高中毕业以下	小计	研究生毕业	本科毕业	专科毕业	高中阶段毕业	高中毕业以下
7	4112	112	3806	191	3	
	968	59	897	12	1	
	263	6	250	6		
	467		449	18		
	492	5	464	20		
	274	10	254	10		
	303	1	250	52		
7	134		133	1		
	209		199	10		
	119	3	112	4		
	112	3	91	17	1	
	103		103			
	276	8	234	33	1	
	165	6	159			
	227	8	211	8		

16-51 职业高中、小学专任

县（市、区）	职业高中				
	小计	研究生毕业	本科毕业	专科毕业	高中毕业及以下
合计	1448	3	1060	380	5
忻府区	328	1	211	115	2
定襄县	65		60	4	
五台县	153		119	32	2
原平市	227	2	177	47	1
代县	54		43	11	
繁峙县	152		102	50	
宁武县	48		28	20	
静乐县	91		82	9	
神池县	29		20	9	
五寨县	91		62	29	
岢岚县	23		19	4	
河曲县	49		11	38	
保德县	115		112	3	
偏关县	23		14	9	

教师学历情况（2010年）

单位：人

小学					
小计	研究生毕业	本科毕业	专科毕业	高中阶段毕业	高中毕业以下
18423	4	3915	10787	3651	66
2599	1	1110	1341	146	1
1108		427	602	79	
1630	1	243	1103	284	3
2976	1	666	1932	373	4
1208		235	732	240	
1659		147	1014	489	9
1193		145	482	545	21
1266	1	152	573	534	6
527		169	257	101	
737		173	473	91	
580		71	374	117	18
946		137	514	294	1
1047		136	756	152	3
947		104	634	209	

16-52 普通中学专任教师

县（市、区）	合 计	初 中				
		小 计	高 级	一 级	二 级	三 级
合 计	14844	10732	840	4513	3864	600
忻府区	3118	2150	273	955	691	69
定襄县	896	633	49	267	216	27
五台县	1597	1130	92	437	436	84
原平市	2155	1663	156	698	507	95
代 县	973	699	28	358	263	21
繁峙县	1139	836	7	301	357	152
宁武县	632	498	17	213	181	24
静乐县	666	457	32	199	130	18
神池县	417	298	23	122	137	13
五寨县	527	415	29	167	138	14
岢岚县	422	319	12	94	145	6
河曲县	881	605	58	297	204	16
保德县	699	534	12	197	246	60
偏关县	722	495	52	208	213	1

技术职称情况（2010年）

单位：人

	高中					
未评	小计	高级	一级	二级	三级	未评
915	4112	926	1511	1358	56	261
162	968	273	347	311	2	37
74	263	65	108	75	7	13
81	467	81	181	179		19
207	492	137	183	133	15	24
29	274	62	102	95		15
19	303	80	149	34	25	15
63	134	25	51	43		15
78	209	36	52	78	4	39
3	119	22	45	43	2	7
67	112	22	40	46		4
62	103	17	25	57		4
30	276	47	125	92		12
19	165	14	24	72		55
21	227	45	79	100	1	2

16-53 职业高中、小学专任教师

县（市、区）	职业高中					
	小 计	高 级	一 级	二 级	三 级	未 评
合 计	1448	153	688	433		174
忻府区	328	50	152	90		36
定襄县	65	11	21	15		18
五台县	153	10	60	77		6
原平市	227	39	95	41		52
代 县	54	1	24	23		6
繁峙县	152		148	4		
宁武县	48	3	32	13		
静乐县	91	23	30	38		
神池县	29	1	7	21		
五寨县	91	2	45	18		26
岢岚县	23		14	9		
河曲县	49	4	25	20		
保德县	115	8	22	55		30
偏关县	23	1	13	9		

技术职称情况（2010年）

单位：人

小学						
小计	中学高级	小学高级	一级	二级	三级	未评
18423	132	8646	7404	865	115	1261
2599	30	1284	865	91	3	326
1108	8	445	516	61	7	71
1630	14	743	692	87	9	85
2976	50	1522	1016	86	68	234
1208	5	570	512	64	7	50
1659		653	809	105	1	91
1193	11	625	481	8	1	67
1266	1	593	522	53		97
527		272	207	43		5
737	1	292	338	51	3	52
580	1	267	207	28	2	75
946	8	541	344	35		18
1047	3	390	461	111	9	73
947		449	434	42	5	17

16-54 普通中学、职业高中、小学教师与学生的比例情况（2010年）

单位：人

县（市、区）	普通中学			职业高中			小学		
	专任教师数	学生数	每一教师负担的学生	专任教师数	学生数	每一教师负担的学生	专任教师数	学生数	每一教师负担的学生
合计	14844	219038	15	1448	31945	22	18423	292760	16
忻府区	3118	47382	15	328	9744	30	2599	46356	18
定襄县	896	12393	14	65	1176	18	1108	17865	16
五台县	1597	23383	15	153	2872	19	1630	31320	19
原平市	2155	28655	13	227	6429	28	2976	40175	13
代县	973	14116	15	54	730	14	1208	20281	17
繁峙县	1139	21358	19	152	3519	23	1659	30048	18
宁武县	632	9161	14	48	487	10	1193	18184	15
静乐县	666	13014	20	91	1296	14	1266	19438	15
神池县	417	6358	15	29	1465	51	527	10036	19
五寨县	527	7755	15	91	927	10	737	8856	12
岢岚县	422	6449	15	23	400	17	580	9573	17
河曲县	881	10090	11	49	1245	25	946	13247	14
保德县	699	9646	14	115	1221	11	1047	16207	15
偏关县	722	9278	13	23	434	19	947	11174	12

16-55 基础教育普及情况综合表（2010年）

单位：人

县（市、区）	小学					初中				
	校内外学龄人口	在校学生数	毛入学率%	巩固率%	小学升初中升学率%	校内外学龄人口	在校学生数	毛入学率%	巩固率%	初中升学率%（高中、中职）
合计	290858	292760	100.65	98.09	98.84	153382	154374	100.65	99.07	62.07
忻府区	46164	46356	100.42	100.00		29494	29527	100.11	100.00	
定襄县	1763	17865	100.01	92.94		8746	8746	100.00	98.63	
五台县	31328	31320	99.97	99.73		16193	16138	99.66	99.06	
原平市	40175	40175	100.00	100.00		21311	21311	100.00	98.71	
代县	20286	20281	99.98	96.94		9947	9939	99.92	98.79	
繁峙县	30048	30048	100.00	94.51		14753	14753	100.00	98.84	
宁武县	17858	18184	101.83	98.05		7191	7536	104.80	98.81	
静乐县	19371	19438	100.35	99.76		9987	9983	99.96	98.96	
神池县	10036	10036	100.00	99.68		4657	4337	93.13	98.43	
五寨县	8831	8856	100.28	100.00		5648	5940	105.17	98.44	
岢岚县	9573	9573	100.00	100.00		4992	4992	100.00	98.80	
河曲县	12781	13247	103.32	95.52		6538	6962	106.49	98.37	
保德县	15437	16207	104.99	99.24		7210	7496	103.64	98.84	
偏关县	11107	11174	100.60	99.73		6715	6714	99.99	98.99	

16-56 县级以上自然科学研究与技术开发机构人员数（2010年）

单位：人

项目	机构数（个）	职工人数	#从事科技活动人员	#科学家工程师	在职工总数中:从事课题活动人员
总计	19	299	251	147	76
中国科学院属					
市属	7	125	102	67	44
县属	12	174	149	80	32
忻府区	2	23	19	14	13
定襄县	1	6	6	2	5
五台县					
代县					
繁峙县	1	20	20	6	
宁武县	1	7	7	2	
静乐县	2	8	7	4	
神池县	1	15	15	12	4
五寨县	1	7	7	4	
岢岚县					
河曲县	1	26	12	8	2
保德县					
偏关县					
原平市	2	62	56	28	8

注：数据来源于科技局

16-57 卫生机构数（2010年）

单位：个

县（市、区）	总 计	#医 院	#疾病预防控制中心	#妇幼保健站
全 市	745	93	15	15
忻府区	138	33	2	2
定襄县	49	7	1	1
五台县	52	4	1	1
原平市	83	15	1	1
代县	50	2	1	1
繁峙县	66	6	1	1
宁武县	74	6	1	1
静乐县	45	3	1	1
神池县	15	2	1	1
五寨县	28	3	1	1
岢岚县	25	2	1	1
河曲县	40	6	1	1
保德县	37	2	1	1
偏关县	43	2	1	1

备注：资料来源于卫生局

16-58 卫生机构床位和人员情况（2010年）

县（市、区）	卫生机构床位数（张）	#医院	卫生技术人员（人）	#执业（助理）医师	#注册护士
全市	10891	6093	13659	6412	3697
忻府区	3300	1802	3590	1694	1187
定襄县	564	359	689	451	188
五台县	664	238	899	430	171
原平市	1616	1225	1946	826	700
代县	516	276	555	293	146
繁峙县	649	362	956	429	192
宁武县	744	351	1124	503	279
静乐县	331	184	488	216	144
神池县	352	113	297	155	52
五寨县	430	188	572	264	108
岢岚县	257	110	385	180	89
河曲县	696	460	813	341	173
保德县	482	280	641	276	173
偏关县	290	145	704	354	95

乡镇篇

XIANG ZHENG PIAN

资料整理人员

苗金秀　李　雯　白　哲

17-1 忻府区乡、建制镇基本情况（2010年）

行政区划代码	乡镇名称	村民委员会(个)	乡镇行政区域面积(公顷)	年末常用耕地面积(公顷)	年末有效灌溉面积(公顷)	乡镇总户数(户)
140902100	山西省忻州市忻府区播明镇	13	4200	3432	3432	6009
140902101	山西省忻州市忻府区奇村镇	32	18400	4430	2910	10594
140902102	山西省忻州市忻府区三交镇	54	38200	3075	459	4010
140902103	山西省忻州市忻府区庄磨镇	29	12000	2400	400	4303
140902104	山西省忻州市忻府区豆罗镇	33	13200	3239	770	6087
140902105	山西省忻州市忻府区董村镇	11	8000	4270	2394	8032
140902200	山西省忻州市忻府区曹张乡	11	5000	2992	2600	5435
140902201	山西省忻州市忻府区高城乡	9	5100	2203	1893	4885
140902202	山西省忻州市忻府区秦城乡	10	5800	2368	1391	7318
140902203	山西省忻州市忻府区解原乡	29	8703	4323	2847	9047
140902204	山西省忻州市忻府区合索乡	36	13099	3197	1842	5838
140902205	山西省忻州市忻府区阳坡乡	30	27333	811	500	1786
140902206	山西省忻州市忻府区兰村乡	39	12940	3781	837	6286
140902207	山西省忻州市忻府区紫岩乡	11	4422	2533	2075	4770
140902208	山西省忻州市忻府区西张乡	13	5783	2156	1564	3933
140902209	山西省忻州市忻府区东楼乡	7	2560	1666	1666	6182
140902210	山西省忻州市忻府区北义井乡	8	3212	1864	1864	4924

17-1 续表 1

行政区划代码	乡镇名称	乡镇总人口(人)	乡镇从业人员数(人)	农作物总播种面积(公顷)	粮食播种面积(公顷)
140902100	山西省忻州市忻府区播明镇	18650	8481	2650	2618
140902101	山西省忻州市忻府区奇村镇	29967	14427	4480	4454
140902102	山西省忻州市忻府区三交镇	10542	4318	2234	2198
140902103	山西省忻州市忻府区庄磨镇	11584	6971	2477	2442
140902104	山西省忻州市忻府区豆罗镇	19633	7468	3239	3236
140902105	山西省忻州市忻府区董村镇	23218	12774	4280	4280
140902200	山西省忻州市忻府区曹张乡	16787	7523	3210	2976
140902201	山西省忻州市忻府区高城乡	14552	6428	2256	1681
140902202	山西省忻州市忻府区秦城乡	21706	7615	2445	2340
140902203	山西省忻州市忻府区解原乡	26033	11283	4353	4321
140902204	山西省忻州市忻府区合索乡	18015	6800	3415	3309
140902205	山西省忻州市忻府区阳坡乡	4228	1896	811	803
140902206	山西省忻州市忻府区兰村乡	17687	9493	3938	3820
140902207	山西省忻州市忻府区紫岩乡	13516	7699	2543	2526
140902208	山西省忻州市忻府区西张乡	12100	6015	2285	2282
140902209	山西省忻州市忻府区东楼乡	18205	6062	1668	1637
140902210	山西省忻州市忻府区北义井乡	15095	5643	1932	1850

粮食总产量(吨)	肉类总产量(吨)	企业个数(个)	企业从业人员(人)	固定资产投资完成额(万元)	农业投资完成额(万元)	本乡镇公路里程(公里)	农技推广服务机构(个)	农技推广服务从业人员(人)
22772	648	28	788			60	1	5
31650	416	60	1496	110	30	48	1	3
8210	44	14	70			113	1	4
11206	174	56	770			50	1	2
6464	162	296	2300	9000		45	1	2
20235	458	360	5100	520	50	60	2	4
17773	530	30	162	1000	700	25		
11414	309	93	631			70	1	2
13840	389	153	1204	1600	1100	26	1	1
23211	173	185	3120	363	45	120	5	10
19796	1180	213	1700	122	122	131	1	25
2436	29			100		105		
13471	477	327	3992			52	1	3
19341	460	346	1406	400	110	22	1	12
15916	420					40	1	12
15063	1302	164	2372	4500	3500	9	1	4
12584	178	14	280	782	139	20	1	1

17-1 续表 2

行政区划代码	乡镇名称	小学效总数(个)	小学在校学生总数(人)	小学教师总数(人)	中学效总数(个)
140902100	山西省忻州市忻府区播明镇	13	1237	91	1
140902101	山西省忻州市忻府区奇村镇	12	2108	114	1
140902102	山西省忻州市忻府区三交镇	18	680	68	2
140902103	山西省忻州市忻府区庄磨镇	7	717	53	1
140902104	山西省忻州市忻府区豆罗镇	24	3720	170	2
140902105	山西省忻州市忻府区董村镇	8	1410	80	3
140902200	山西省忻州市忻府区曹张乡	11	1050	87	1
140902201	山西省忻州市忻府区高城乡	8	874	73	1
140902202	山西省忻州市忻府区秦城乡	9	1760	106	1
140902203	山西省忻州市忻府区解原乡	20	2000	130	5
140902204	山西省忻州市忻府区合索乡	10	547	78	2
140902205	山西省忻州市忻府区阳坡乡	4	178	6	1
140902206	山西省忻州市忻府区兰村乡	21	955	90	1
140902207	山西省忻州市忻府区紫岩乡	10	310	76	1
140902208	山西省忻州市忻府区西张乡	10	500	57	1
140902209	山西省忻州市忻府区东楼乡	7	875	82	1
140902210	山西省忻州市忻府区北义井乡	8	956	72	1

中学在校学生总数(人)	中学教师总数(人)	医院、卫生院(个)	医生数(人)	病床数(床)	农民人均纯收入(元)	参加农村新型合作医疗(人)	参加农村社会养老保险(人)	享受居民最低生活保障(人)
537	92	1	36	25	4626	16859	6500	1180
1094	97	2	53	50	4454	22902	4692	214
297	30	1	22	40	2718	9751	3023	1663
231	24	1	5	8	4340	10800	3100	1200
740	60	2	25	35	3761	18500	3506	610
870	81	1	15	25	4467	17696	2150	1633
209	35	1	10	15	5093	10300	3932	1359
181	27	1	28	10	4529	11570	2369	1130
640	62	1	34	10	4277	18139	2167	1798
1220	108	2	37	40	4181	23429	7948	810
145	32	1	23	40	3531	14380	3505	892
64	16	3	6	16	2185	4100	831	779
672	50	1	31	15	3573	16044	2702	1197
138	29	1	10	20	4395	11600	3037	1300
50	25	1	17	14	4575	12000	4000	800
335	39	1	18	15	5508	14133	2455	1662
321	37	1	5	15	4761	10320	2993	1216

17-2 定襄县乡、建制

行政区划代码	乡镇名称	村民委员会(个)	乡镇行政区域面积(公顷)	年末常用耕地面积(公顷)	年末有效灌溉面积(公顷)	乡镇总户数(户)	乡镇总人口(人)
140921100	山西省忻州市定襄县晋昌镇	10	3594	2066	1933	8588	21220
140921101	山西省忻州市定襄县河边镇	27	23120	3312	1513	9267	28603
140921102	山西省忻州市定襄县宏道镇	18	6263	3614	2731	8591	26988
140921200	山西省忻州市定襄县杨芳乡	8	3593	2014	1630	5009	15187
140921201	山西省忻州市定襄县南王乡	30	18237	4682	2860	8424	24125
140921202	山西省忻州市定襄县蒋村乡	21	8186	2316	1916	4912	14135
140921203	山西省忻州市定襄县神山乡	8	3399	1523	1467	4842	14323
140921204	山西省忻州市定襄县季庄乡	12	6500	2878	1200	5963	17787
140921205	山西省忻州市定襄县受录乡	21	11000	5326	5326	6683	17669

镇基本情况（2010年）

乡镇从业人员数(人)	农作物总播种面积(公顷)	粮食播种面积(公顷)	粮食总产量(吨)	肉类总产量(吨)	企业个数(个)	企业从业人员(人)	固定资产投资完成额(万元)	农业投资完成额(万元)	本乡镇公路里程(公里)
8750	2066	1933	1617	450	515	5404	16700		16
14291	3232	2924	15338	430	445	5955	13000	80	35
13120	3319	2858	23538	480	393	5610	1200	180	22
6593	2159	2100	17049	320	41	2200	2000		5
10420	4814	4741	28816	460	218	3150	500		60
9894	1913	1715	694	300	168	4040	4050		65
7600	1901	1788	14577	360	212	7600	8000	100	30
6949	2878	2392	20162	325	33	1060	11760		25
7660	4610	3607	26419	310	6	112			40

17–2 **续表**

行政区划代码	乡镇名称	农技推广服务机构(个)	农技推广服务从业人员(人)	小学校总数(个)	小学在校学生总数(人)	小学教师总数(人)	中学校总数(个)
140921100	山西省忻州市定襄县晋昌镇	4	5	7	3400	260	6
140921101	山西省忻州市定襄县河边镇	2	22	15	2800	141	5
140921102	山西省忻州市定襄县宏道镇	5	21	18	2329	154	1
140921200	山西省忻州市定襄县杨芳乡	1	9	7	1330	105	3
140921201	山西省忻州市定襄县南王乡	1	7	18	2280	186	10
140921202	山西省忻州市定襄县蒋村乡	1	7	10	1044	43	3
140921203	山西省忻州市定襄县神山乡	3	20	8	1200	102	7
140921204	山西省忻州市定襄县季庄乡	1	4	8	690	58	4
140921205	山西省忻州市定襄县受录乡	1	3	15	1221	105	3

中学在校学生总数(人)	中学教师总数(人)	医院、卫生院(个)	医生数(人)	病床数(床)	农民人均纯收入(元)	参加农村新型合作医疗(人)	参加农村社会养老保险(人)	享受居民最低生活保障(人)
7400	520	4	390	280	6219	20600		146
800	78	14	58	130	5720	24810	4250	176
520	53	1	14	16	5120	23932	2400	540
570	36	1	7	10	6072	14665		846
900	48	3	18	8	4473	23833	1674	400
311	86	1	13	15	5226	13791	1655	350
366	24	1	13	20	8515	13423	14	680
330	59	1	4	15	5067	16563		1404
305	48	2	10	20	5066	16164	50	1422

17-3 五台县乡、建制

行政区划代码	乡镇名称	村民委员会(个)	乡镇行政区域面积(公顷)	年末常用耕地面积(公顷)	年末有效灌溉面积(公顷)	乡镇总户数(户)	乡镇总人口(人)
140922100	山西省忻州市五台县台城镇	26	8615	2100	100	10283	31628
140922101	山西省忻州市五台县台怀镇	22	18945	201		2450	7538
140922102	山西省忻州市五台县耿镇镇	51	21833	1430		3851	14013
140922103	山西省忻州市五台县豆村镇	68	32695	2673		9201	26709
140922104	山西省忻州市五台县白家庄镇	26	8271	838		4851	16285
140922105	山西省忻州市五台县东冶镇	22	9914	2864	1341	10600	31819
140922200	山西省忻州市五台县沟南乡	34	11796	3587		6659	25754
140922201	山西省忻州市五台县东雷乡	28	14433	2358		3696	11968
140922202	山西省忻州市五台县高洪口乡	22	11507	542	107	2239	7363
140922203	山西省忻州市五台县门限石乡	49	24905	793		3422	10382
140922204	山西省忻州市五台县陈家庄乡	47	28549	1354	390	4301	14111
140922205	山西省忻州市五台县建安乡	19	6432	1250	665	4926	15071
140922206	山西省忻州市五台县神西乡	8	5011	332	137	2015	6180
140922207	山西省忻州市五台县蒋坊乡	22	11168	1473		3174	10137
140922208	山西省忻州市五台县灵境乡	28	13005	408		770	2430
140922209	山西省忻州市五台县阳白乡	28	19268	3837	450	7770	23336
140922210	山西省忻州市五台县茹村乡	32	16620	3073		8946	29077
140922211	山西省忻州市五台县石咀乡	31	14721	974		2071	6437
140922212	山西省忻州市五台县金岗库乡	10	9629	176.91		760	2307

镇基本情况（2010年）

乡镇从业人员数(人)	农作物总播种面积(公顷)	粮食播种面积(公顷)	粮食总产量(吨)	肉类总产量(吨)	企业个数(个)	企业从业人员(人)	固定资产投资完成额(万元)	农业投资完成额(万元)	本乡镇公路里程(公里)
16697	1712	1654	7703	413	32	1656	270		47
3365	150	130	493	138	310	2020			102
4791	1428	1419	3580	280	20	260			77
9303	4153	4011	16954	1090	125	3000	1200	200	135
5450	841	841	980	460	10	1025			42
12417	2534	2415	7252	724	651	5236	16200	4200	50
8743	2838	2678	10920	581	17	1360	90		52
4010	2278	2166	9306	684	10	750	1846	560	88
2798	542	542	1744	470	12	355	1300	240	49
4590	605	584	2207	249	10	150			78
4710	1346	1287	2050	826	69	1048	1000		84
5173	1292	1230	3849	369	11	370			45
2146	332	332	1068	71	30	314			48
3429	1439	1372	4200	328	40	1500	500	100	48
812	408	384	659	109	6	72			55
7780	3097	3078	14939	524	67	871	2375		45
11640	3074	3074	13830	2114	30	950			48
2169	707	698	2000	416	12	408	8000	250	56
1103	128	125	395	39	8	450			37

17-3 **续表**

行政区划代　码	乡镇名称	农技推广服务机构(个)	农技推广服务从业人员(人)	小学校总数(个)	小学在校学生总数(人)	小学教师总数(人)	中学校总数(个)
140922100	山西省忻州市五台县台城镇	2	7	9	5630	542	3
140922101	山西省忻州市五台县台怀镇	1	3	12	560	70	1
140922102	山西省忻州市五台县耿镇镇	1	1	21	2130	114	2
140922103	山西省忻州市五台县豆村镇	1	8	24	1600	127	2
140922104	山西省忻州市五台县白家庄镇	1	2	15	730	74	1
140922105	山西省忻州市五台县东冶镇	5	12	12	3270	199	4
140922200	山西省忻州市五台县沟南乡	2	6	19	2250	128	2
140922201	山西省忻州市五台县东雷乡	1	3	15	660	64	1
140922202	山西省忻州市五台县高洪口乡	1	2	6	460	41	1
140922203	山西省忻州市五台县门限石乡	1	1	18	803	73	1
140922204	山西省忻州市五台县陈家庄乡	2	10	22	1000	90	3
140922205	山西省忻州市五台县建安乡	1	3	10	938	80	1
140922206	山西省忻州市五台县神西乡	1	6	6	1000	64	1
140922207	山西省忻州市五台县蒋坊乡	1	5	10	920	70	2
140922208	山西省忻州市五台县灵境乡	1	3	1	70	13	
140922209	山西省忻州市五台县阳白乡	1	5	16	1428	105	2
140922210	山西省忻州市五台县茹村乡	1	15	23	1907	175	3
140922211	山西省忻州市五台县石咀乡	1	6	15	467	44	1
140922212	山西省忻州市五台县金岗库乡	1	1	4	138	20	

中学在校学生总数(人)	中学教师总数(人)	医院、卫生院(个)	医生数(人)	病床数(床)	农民人均纯收入(元)	参加农村新型合作医疗(人)	参加农村社会养老保险(人)	享受居民最低生活保障(人)
1860	78	1	19	45	4089	14086	156	1102
110	21	1	24	36	3213	7024	237	237
1100	42	2	15	30	1831	11380	760	280
1450	145	4	50	42	4100	24720	1057	1685
95	12	1	7	15	1264	12180	1470	931
3420	263	2	140	90	3866	30259	4600	2175
820	64	2	15	12	3903	18857	2350	2450
120	16	1	12	11	4025	11130	910	685
70	13	1	7	5	1521	7208	1366	479
167	16	1	14	10	1620	8115	790	768
300	44	2	17	30	1605	13128	420	1113
700	61	1	8	26	3048	14781	3500	731
210	28	1	7	10	1939	5840	500	65
220	36	1	7	8	2767	9800	900	290
		1	6	3	1229	2232	130	196
1493	100	2	28	25	2300	20982	2220	1388
850	75	1	15	100	3380	28000	1100	1560
97	15	1	12	30	2155	4980	600	230
		1	5	6	2238	2270	60	132

17-4 代县乡、建制

行政区划代码	乡镇名称	村民委员会(个)	乡镇行政区域面积(公顷)	年末常用耕地面积(公顷)	年末有效灌溉面积(公顷)	乡镇总户数(户)	乡镇总人口(人)
140923100	山西省忻州市代县上馆镇	29	8641	2656	1860	20750	45175
140923101	山西省忻州市代县阳明堡镇	36	11490	3848	1543	5924	20718
140923102	山西省忻州市代县峨口镇	20	4026	1355	1177	9488	30966
140923103	山西省忻州市代县聂营镇	43	19207	1663	343	3751	12128
140923104	山西省忻州市代县枣林镇	34	11640	3482	2067	5520	18621
140923105	山西省忻州市代县滩上镇	60	28432	1171		3094	8140
140923200	山西省忻州市代县新高乡	41	21506	3113	399	5402	18739
140923201	山西省忻州市代县峪口乡	22	10027	2090	1500	5465	17092
140923202	山西省忻州市代县磨坊乡	35	21374	1959	1080	4210	12775
140923203	山西省忻州市代县胡峪乡	29	18362	553		1964	7186
140923204	山西省忻州市代县雁门关乡	28	18187	1906	542	2660	7875

镇基本情况（2010年）

乡镇从业人员数(人)	农作物总播种面积(公顷)	粮食播种面积(公顷)	粮食总产量(吨)	肉类总产量(吨)	企业个数(个)	企业从业人员(人)	固定资产投资完成额(万元)	农业投资完成额(万元)	本乡镇公路里程(公里)
14720	2613	2495	6495	539	270	4850			150
9025	4265	4177	13604	201	67	713			91
12910	1738	1643	11220	309	28	790	300	300	75
6116	1663	1546	3215	171	29	2690	609	340	62
8734	3704	2271	6131	324	70	1850			65
3856	1075	957	1597	119	5	410			87
7275	3113	2838	7465	549	41	4210	26		86
8315	2193	2083	9778	164	8	2100			80
6296	2267	2179	6849	264	24	1100	1700		121
3073	553	523	740	119	2	40			85
4283	2090	2015	1877	161	3	65	500		240

17-4 续表

行政区划代码	乡镇名称	农技推广服务机构(个)	农技推广服务从业人员(人)	小学校总数(个)	小学在校学生总数(人)	小学教师总数(人)	中学校总数(个)
140923100	山西省忻州市代县上馆镇	1	3	28	6324	388	7
140923101	山西省忻州市代县阳明堡镇	2	3	20	1800	147	2
140923102	山西省忻州市代县峨口镇	1	2	16	3265	209	3
140923103	山西省忻州市代县聂营镇	1	2	16	1222	74	2
140923104	山西省忻州市代县枣林镇			18	1655	116	1
140923105	山西省忻州市代县滩上镇	1	1	22	433	62	1
140923200	山西省忻州市代县新高乡	1	7	25	1734	107	2
140923201	山西省忻州市代县峪口乡	1	2	14	1247	84	3
140923202	山西省忻州市代县磨坊乡	1	2	21	1124	83	1
140923203	山西省忻州市代县胡峪乡			17	802	58	1
140923204	山西省忻州市代县雁门关乡	1	10	12	788	60	2

中学在校学生总数(人)	中学教师总数(人)	医院、卫生院(个)	医生数(人)	病床数(床)	农民人均纯收入(元)	参加农村新型合作医疗(人)	参加农村社会养老保险(人)	享受居民最低生活保障(人)
8801	766	3	120	230	2951	20909	1470	1224
1010	69	1	11	20	2729	20242	550	1110
1310	87	2	58	120	3230	17439	175	1195
718	55	1	4	20	1298	10781	450	2100
396	32	1	8	25	2025	17200	650	1050
174	37	2	5	20	1197	7099	787	647
632	77	1	12	20	2284	16492	224	1041
566	66	1	10	20	2785	15900	924	960
306	44	1	10	20	2006	12010	293	720
230	15	1	7	20	1219	6100	350	434
344	37	1	7	10	1255	7650	244	76

17-5 繁峙县乡、建制

行政区划代码	乡镇名称	村民委员会(个)	乡镇行政区域面积(公顷)	年末常用耕地面积(公顷)	年末有效灌溉面积(公顷)	乡镇总户数(户)	乡镇总人口(人)
140924100	山西省忻州市繁峙县繁城镇	35	16981	3505	1426	25123	53761
140924101	山西省忻州市繁峙县砂河镇	43	22234	5661	1200	15862	47686
140924102	山西省忻州市繁峙县大营镇	29	13878	4213	266	6902	22454
140924200	山西省忻州市繁峙县下茹越乡	17	9966	2095	1005	3805	12427
140924201	山西省忻州市繁峙县杏园乡	18	11571	3600	1137	6442	20133
140924202	山西省忻州市繁峙县光裕堡乡	15	9980	2788	400	3838	12892
140924203	山西省忻州市繁峙县集义庄乡	21	7600	2404	1025	4389	15595
140924204	山西省忻州市繁峙县东山乡	47	27569	3505	600	7955	27311
140924205	山西省忻州市繁峙县金山铺乡	30	16077	5045	182	5200	18538
140924206	山西省忻州市繁峙县柏家庄乡	18	11424	3033		3243	10131
140924207	山西省忻州市繁峙县横涧乡	25	15918	2477	320	4445	14411
140924208	山西省忻州市繁峙县神堂堡乡	48	42092	759	120	2700	7685
140924209	山西省忻州市繁峙县岩头乡	56	31500	1740	4	3622	10735

镇基本情况（2010年）

乡镇从业人员数(人)	农作物总播种面积(公顷)	粮食播种面积(公顷)	粮食总产量(吨)	肉类总产量(吨)	企业个数(个)	企业从业人员(人)	固定资产投资完成额(万元)	农业投资完成额(万元)	本乡镇公路里程(公里)
18650	3992	3962	7433	703	390	6300			68
16192	4936	4729	9715	926	185	3002			85
5891	4534	4060	5800	165	5	220	200		75
4157	1732	1616	5185	126	29	1145			60
7307	3947	3920	8370	1094	130	710			40
3967	2789	2462	4998	581	5	200			55
4633	2400	2400	6800	1175	7	1000	23		45
9278	3729	3729	9688	1385	12	1050			130
4591	3873	3773	4850	765	5	1600			58
3380	2833	2698	2520	412	6	150			45
3834	2477	2254	3390	280	7	738			55
3765	749	480	450	287	8	520	100	58	65
2880	1100	1040	780	178	25	3190			70

17–5 **续表**

行政区划代码	乡镇名称	农技推广服务机构(个)	农技推广服务从业人员(人)	小学校总数(个)	小学在校学生总数(人)	小学教师总数(人)	中学校总数(个)
140924100	山西省忻州市繁峙县繁城镇	1	4	10	6000	333	4
140924101	山西省忻州市繁峙县砂河镇	1	3	39	10000	600	5
140924102	山西省忻州市繁峙县大营镇	1	4	20	800	70	1
140924200	山西省忻州市繁峙县下茹越乡	1	3	5	800	45	
140924201	山西省忻州市繁峙县杏园乡	1	2	17	2030	144	1
140924202	山西省忻州市繁峙县光裕堡乡	1	3	10	995	65	1
140924203	山西省忻州市繁峙县集义庄乡			15	730	90	2
140924204	山西省忻州市繁峙县东山乡	1	6	9	1058	210	
140924205	山西省忻州市繁峙县金山铺乡	1	6	15	1270	112	
140924206	山西省忻州市繁峙县柏家庄乡	1	1	9	345	42	
140924207	山西省忻州市繁峙县横涧乡			12	712	56	1
140924208	山西省忻州市繁峙县神堂堡乡	1	1	4	356	35	1
140924209	山西省忻州市繁峙县岩头乡	1	3	2	524	59	1

中学在校学生总数（人）	中学教师总数（人）	医院、卫生院（个）	医生数（人）	病床数（床）	农民人均纯收入（元）	参加农村新型合作医疗（人）	参加农村社会养老保险（人）	享受居民最低生活保障（人）
3514	208	1	20	70	3550	25866		1951
3900	170	5	410	210	3550	39990	20	1325
200	26	1	30	17	3100	18500		650
		1	8	6	3470	10196	17	910
1228	70	1	32	15	2900	16218		1562
200	10	1	11	8	2700	12151	10	480
160	30	1	4	27	2818	12576		590
		2	20	15	3480	20456		1328
		2	21	9	2850	15006		904
		1	12	12	2700	8413		785
282	23	1	4	12	3940	11580	24	869
151	11	2	17	22	3496	6450		643
138	19	3	24	27	3497	8643		780

17-6 宁武县乡、建制

行政区划代码	乡镇名称	村民委员会(个)	乡镇行政区域面积(公顷)	年末常用耕地面积(公顷)	年末有效灌溉面积(公顷)	乡镇总户数(户)	乡镇总人口(人)
140925100	山西省忻州市宁武县凤凰镇	62	8732	3468		4020	13500
140925101	山西省忻州市宁武县阳方口镇	28	7533	1069		3365	9807
140925102	山西省忻州市宁武县东寨镇	62	20675	1511		5088	15465
140925103	山西省忻州市宁武县石家庄镇	11	2085	724		1191	4370
140925200	山西省忻州市宁武县薛家洼乡	35	18262	1404		1815	8210
140925201	山西省忻州市宁武县余庄乡	39	48332	2195		2243	8735
140925202	山西省忻州市宁武县涔山乡	27	28670	1427		1350	4658
140925203	山西省忻州市宁武县化北屯乡	51	14820	2435		3646	13266
140925204	山西省忻州市宁武县西马坊乡	43	20000	1800		2290	9493
140925205	山西省忻州市宁武县新堡乡	24	11200	1169		2404	7548
140925206	山西省忻州市宁武县迭台寺乡	22	10900	1116		1166	4676
140925207	山西省忻州市宁武县圪廖乡	13	22350	860		942	3574
140925208	山西省忻州市宁武县怀道乡	23	13200	1375		1635	6857
140925209	山西省忻州市宁武县东马坊乡	24	15600	1598		2627	8500

镇基本情况（2010年）

乡镇从业人员数(人)	农作物总播种面积(公顷)	粮食播种面积(公顷)	粮食总产量(吨)	肉类总产量(吨)	企业个数(个)	企业从业人员(人)	固定资产投资完成额(万元)	农业投资完成额(万元)	本乡镇公路里程(公里)
4568	2045	1575	2145	146	105	2030			84
4417	997	890	1892	80	9	803			76
6216	1390	1167	2092		9	743			15
2727	724	606	1145						10
3037	934	796	1916	252	16	416			26
3330	2141	1839	1472	307	5	475			15
1560	1009	616	408	80	1	153	30		35
4984	2223	1857	3267		6	365	180	168	12
3379	1800	1600	1423	158	1	300			20
3210	1169	946	1148	85	1	23			60
1876	1107	850	1144	55	1	10			21
1261	823	656	909	64					10
3267	1383	1187	1177	297					10
4563	1668	1558	1024	107	3	128			32

17-6 续表

行政区划代码	乡镇名称	农技推广服务机构(个)	农技推广服务从业人员(人)	小学校总数(个)	小学在校学生总数(人)	小学教师总数(人)	中学校总数(个)
140925100	山西省忻州市宁武县凤凰镇			50	578	131	0
140925101	山西省忻州市宁武县阳方口镇	1	13	14	596	118	1
140925102	山西省忻州市宁武县东寨镇	1	3	15	1402	138	3
140925103	山西省忻州市宁武县石家庄镇	1	2	10	345	21	0
140925200	山西省忻州市宁武县薛家洼乡	1	6	30	203	62	1
140925201	山西省忻州市宁武县余庄乡	1	4	21	527	31	1
140925202	山西省忻州市宁武县涔山乡	1	2	7	150	48	0
140925203	山西省忻州市宁武县化北屯乡			35	894	104	1
140925204	山西省忻州市宁武县西马坊乡	1	2	34	370	120	1
140925205	山西省忻州市宁武县新堡乡	1	1	17	500	52	1
140925206	山西省忻州市宁武县迭台寺乡	1	3	16	263	42	1
140925207	山西省忻州市宁武县圪廖乡	1	2	7	185	25	1
140925208	山西省忻州市宁武县怀道乡	1	3	14	181	45	1
140925209	山西省忻州市宁武县东马坊乡	1	2	22	806	113	2

中学在校学生总数(人)	中学教师总数(人)	医院、卫生院(个)	医生数(人)	病床数(床)	农民人均纯收入(元)	参加农村新型合作医疗(人)	参加农村社会养老保险(人)	享受居民最低生活保障(人)
		1	76	200	2660	11000	169	732
478	77	1	48	60	2530	8172	788	507
298	193	2	65	70	2306	13954	1138	1570
		1	4	7	1786	3700	101	216
32	30	3	18	20	2680	6654	69	421
32	31	2	32	30	2332	7838	137	582
		2	5	10	1895	4225	183	390
465	29	2	30	15	2283	11796	882	
120	30	1	6	20	1900	8500		1000
10	19	1	5	20	1967	7018	60	465
10	8	2	23	15	1762	3624	32	445
65	28	1	21	10	1624	3020	1000	120
140	31	1	7	20	1900	6225	620	
128	31	2	19	20	1840	7812	136	124

17-7 静乐县乡、建制

行政区划代码	乡镇名称	村民委员会(个)	乡镇行政区域面积(公顷)	年末常用耕地面积(公顷)	年末有效灌溉面积(公顷)	乡镇总户数(户)	乡镇总人口(人)
140926100	山西省忻州市静乐县鹅城镇	38	12632	2247	260	10650	34820
140926101	山西省忻州市静乐县杜家村镇	32	17286	2120	60	3695	13595
140926102	山西省忻州市静乐县康家会镇	27	16055	1620	20	2070	8420
140926103	山西省忻州市静乐县丰润镇	26	10275	1101	90	2450	9050
140926201	山西省忻州市静乐县堂尔上乡	20	6900	1095		1170	4680
140926202	山西省忻州市静乐县中庄乡	20	7385	1810	10	1860	7126
140926203	山西省忻州市静乐县双路乡	27	14565	2691		3284	12746
140926204	山西省忻州市静乐县段家寨乡	18	10997	1456	560	3023	10973
140926205	山西省忻州市静乐县辛村乡	21	12130	2300	20	2200	7512
140926206	山西省忻州市静乐县王村乡	35	16000	2543	20	3268	12412
140926207	山西省忻州市静乐县神峪沟乡	33	16275	2261	250	2489	10681
140926208	山西省忻州市静乐县娘子神乡	25	16344	2320	52	2349	9771
140926209	山西省忻州市静乐县娑婆乡	28	16800	2040		2060	8240
140926210	山西省忻州市静乐县赤泥洼乡	31	27270	2850		2350	10160

镇基本情况（2010年）

乡镇从业人员数(人)	农作物总播种面积(公顷)	粮食播种面积(公顷)	粮食总产量(吨)	肉类总产量(吨)	企业个数(个)	企业从业人员(人)	固定资产投资完成额(万元)	农业投资完成额(万元)	本乡镇公路里程(公里)
13210	1943	1333	4140	343	94	1845			65
6723	2610	2123	3339	639	30	1100			48
3137	1607	1360	2760	90	4	92	600	260	45
3390	1200	1000	2095	117	4	40	165	100	70
1774	1247	980	1764	229					30
2890	1706	1187	1766	100					38
5380	2200	1902	3250	285	15	950			85
4390	2410	1780	3660	224	25	330	30		45
2782	1733	1501	2802	124			126		35
5368	2381	1903	3576	365					70
4925	2100	1783	4115	162	2	110			76
3600	2370	2000	3062	164	7	32			50
3411	1799	1460	2901	203			30	15	75
4227	2250	1683	2762	363	22	110			80

17–7 **续表**

行政区划代码	乡镇名称	农技推广服务机构(个)	农技推广服务从业人员(人)	小学校总数(个)	小学在校学生总数(人)	小学教师总数(人)	中学校总数(个)
140926100	山西省忻州市静乐县鹅城镇	1	3	33	9950	1920	6
140926101	山西省忻州市静乐县杜家村镇			21	1712	110	1
140926102	山西省忻州市静乐县康家会镇			15	830	65	1
140926103	山西省忻州市静乐县丰润镇	1	1	15	850	46	1
140926201	山西省忻州市静乐县堂尔上乡			7	118	23	
140926202	山西省忻州市静乐县中庄乡	1	1	19	582	64	
140926203	山西省忻州市静乐县双路乡	1	2	27	586	54	1
140926204	山西省忻州市静乐县段家寨乡	2	5	17	1012	55	1
140926205	山西省忻州市静乐县辛村乡			22	265	52	
140926206	山西省忻州市静乐县王村乡			26	1134	70	
140926207	山西省忻州市静乐县神峪沟乡			25	1780	82	
140926208	山西省忻州市静乐县娘子神乡			24	1506	66	
140926209	山西省忻州市静乐县娑婆乡	1	1	11	680	46	
140926210	山西省忻州市静乐县赤泥洼乡			24	820	52	

中学在校学生总数(人)	中学教师总数(人)	医院、卫生院(个)	医生数(人)	病床数(床)	农民人均纯收入(元)	参加农村新型合作医疗(人)	参加农村社会养老保险(人)	享受居民最低生活保障(人)
7650	842	5	45	95	2650	15469	310	1352
500	30	2	13	25	2650	13200	210	350
330	65	1	9	20	2650	8400	72	700
250	26	1	12	20	2600	8730	120	557
		1	6	6	2664	4575		338
		1	3	5	2100	6078	50	401
230	14	2	6	6	2685	11000	150	1200
350	48	2	5	10	2680	9816	150	878
		1	9	20	2650	6935	2714	636
		2	6	10	2706	10251	215	647
		2	4	4	2620	9890		847
		1	4	10	2720	9100		320
		1	6	4	2645	7420		500
		1	5	8	3100	7998		610

17–8 神池县乡、建制

行政区划代码	乡镇名称	村民委员会(个)	乡镇行政区域面积(公顷)	年末常用耕地面积(公顷)	年末有效灌溉面积(公顷)	乡镇总户数(户)	乡镇总人口(人)
140927100	山西省忻州市神池县龙泉镇	25	3012	2521		3752	11306
140927101	山西省忻州市神池县义井镇	20	12000	4800		3083	11583
140927102	山西省忻州市神池县八角镇	31	22000	7800		2700	10030
140927200	山西省忻州市神池县东湖乡	28	18900	7578		2961	9929
140927201	山西省忻州市神池县太平庄乡	24	10667	4827		2240	7710
140927202	山西省忻州市神池县虎北乡	11	10666	2658		1688	6895
140927203	山西省忻州市神池县贺职乡	29	13960	4668		2416	9305
140927204	山西省忻州市神池县长畛乡	29	17800	4250		1650	5900
140927205	山西省忻州市神池县烈堡乡	20	12800	3998		1875	6574
140927206	山西省忻州市神池县大严备乡	24	15300	3690		1560	5850

镇基本情况（2010年）

乡镇从业人员数(人)	农作物总播种面积(公顷)	粮食播种面积(公顷)	粮食总产量(吨)	肉类总产量(吨)	企业个数(个)	企业从业人员(人)	固定资产投资完成额(万元)	农业投资完成额(万元)	本乡镇公路里程(公里)
4096	2521	1924	4822	220	30	246			39
3883	4800	4092	13588	767	36	310			30
3350	7800	6873	18390	113					50
3450	7582	6754	20609	668					50
2690	4520	3453	8501	201					120
2514	2813	2033	5498	653	36	260			45
3267	5560	4207	16540	110					88
1975	4657	3623	6542	790			54	12	60
2212	3998	2236	4195	209					100
2100	3690	2252	5638	145					90

17-8 **续表**

行政区划代码	乡镇名称	农技推广服务机构(个)	农技推广服务从业人员(人)	小学校总数(个)	小学在校学生总数(人)	小学教师总数(人)	中学校总数(个)
140927100	山西省忻州市神池县龙泉镇	1	3	1	1893	124	
140927101	山西省忻州市神池县义井镇	1	3	10	850	87	1
140927102	山西省忻州市神池县八角镇			10	310	58	1
140927200	山西省忻州市神池县东湖乡	1	3	11	443	69	
140927201	山西省忻州市神池县太平庄乡	1	6	7	561	55	
140927202	山西省忻州市神池县虎北乡	2	6	3	300	40	1
140927203	山西省忻州市神池县贺职乡	1	3	10	610	55	1
140927204	山西省忻州市神池县长畛乡	1	6	4	134	24	
140927205	山西省忻州市神池县烈堡乡	1	2	7	240	44	1
140927206	山西省忻州市神池县大严备乡	1	3	4	120	22	

中学在校学生总数(人)	中学教师总数(人)	医院、卫生院(个)	医生数(人)	病床数(床)	农民人均纯收入(元)	参加农村新型合作医疗(人)	参加农村社会养老保险(人)	享受居民最低生活保障(人)
		1	177	150	3238	9311	275	950
186	31	1	12	18	3215	1182	35	1150
268	52	1	8	5	3026	9285	42	240
		1	4	6	3091	8610	42	550
		1	6	12	3826	7010	53	770
702	12	1	6	6	2860	6510	33	290
240	20	1	3	10	3300	6592	31	223
		1	6	12	3580	5200	150	980
170	32	1	6	6	2863	4611	210	353
		1	3	6	3068	4912	52	232

17-9 五寨县乡、建制

行政区划代码	乡镇名称	村民委员会(个)	乡镇行政区域面积(公顷)	年末常用耕地面积(公顷)	年末有效灌溉面积(公顷)	乡镇总户数(户)	乡镇总人口(人)
140928100	山西省忻州市五寨县砚城镇	9	3499	1048	380	12804	41000
140928101	山西省忻州市五寨县小河头镇	15	8357	2561		1644	6054
140928102	山西省忻州市五寨县三岔镇	34	18014	4653		3525	12464
140928200	山西省忻州市五寨县前所乡	23	20350	2082	730	3128	11120
140928201	山西省忻州市五寨县李家坪乡	11	9279	2577		1701	5696
140928202	山西省忻州市五寨县孙家坪乡	26	11291	3001		1937	7500
140928203	山西省忻州市五寨县梁家坪乡	15	6248	2517		1125	3818
140928204	山西省忻州市五寨县胡会乡	14	9171	2975	920	2110	7300
140928205	山西省忻州市五寨县新寨乡	14	6819	2697	444	1912	7169
140928206	山西省忻州市五寨县韩家楼乡	26	12871	2715		1739	6545
140928207	山西省忻州市五寨县东秀庄乡	31	14186	4554		1872	7277
140928208	山西省忻州市五寨县杏岭子乡	32	17801	4120		1505	5522

镇基本情况（2010年）

乡镇从业人员数(人)	农作物总播种面积(公顷)	粮食播种面积(公顷)	粮食总产量(吨)	肉类总产量(吨)	企业个数(个)	企业从业人员(人)	固定资产投资完成额(万元)	农业投资完成额(万元)	本乡镇公路里程(公里)
15352	1049	1017	4745	104	108	2061			40
4300	2626	2623	11312	188	7	151			50
4483	4838	4761	19688	367	39	423			48
4890	2231	2097	10194	240	86	580			36
2395	2577	2558	9285	186	2	40			28
2710	3001	2957	13221	260	4	50			30
1782	2560	2560	10856	111	5	70			38
3450	3174	3164	16133	353	4	135			22
3210	2793	2726	11703	218					40
2837	2710	2698	11331	120					46
3300	4600	4484	19552	233					50
2169	4050	4047	15883	140			70		33

17–9 **续表**

行政区划代码	乡镇名称	农技推广服务机构(个)	农技推广服务从业人员(人)	小学校总数(个)	小学在校学生总数(人)	小学教师总数(人)	中学校总数(个)
140928100	山西省忻州市五寨县砚城镇			4	5000	500	4
140928101	山西省忻州市五寨县小河头镇	1	3	6	300	30	1
140928102	山西省忻州市五寨县三岔镇			7	1122	73	1
140928200	山西省忻州市五寨县前所乡	2	2	8	386	84	
140928201	山西省忻州市五寨县李家坪乡	1	2	5	75	26	1
140928202	山西省忻州市五寨县孙家坪乡	1	3	4	51	31	
140928203	山西省忻州市五寨县梁家坪乡			1	58	30	1
140928204	山西省忻州市五寨县胡会乡	1	3	3	65	34	1
140928205	山西省忻州市五寨县新寨乡	1	2	5	160	15	
140928206	山西省忻州市五寨县韩家楼乡			6	150	33	1
140928207	山西省忻州市五寨县东秀庄乡	1	3	5	90	31	1
140928208	山西省忻州市五寨县杏岭子乡	1	9	2	132	49	

中学在校学生总数(人)	中学教师总数(人)	医院、卫生院(个)	医生数(人)	病床数(床)	农民人均纯收入(元)	参加农村新型合作医疗(人)	参加农村社会养老保险(人)	享受居民最低生活保障(人)
5000	600	3	200	100	3270	13245	120	2800
170	30	1	17	11	3160	6050	400	250
1957	84	1	45	36	3251	9890	423	1384
		1	26	20	3260	10550	180	1078
4	3	1	13	10	3080	5600	55	605
		1	18	10	3170	6455	60	805
17	13	1	8	10	3120	3810	30	525
32	22	1	12	10	3230	7218	18	758
		1	12	12	3200	6500	165	825
20	23	1	13	20	3240	6392	60	767
76	19	1	16	12	3120	6800	62	1210
		2	15	9	3100	5510	42	780

17-10 岢岚县乡、建制

行政区划代码	乡镇名称	村民委员会(个)	乡镇行政区域面积(公顷)	年末常用耕地面积(公顷)	年末有效灌溉面积(公顷)	乡镇总户数(户)	乡镇总人口(人)
140929100	山西省忻州市岢岚县岚漪镇	38	21660	3300	102	11576	38204
140929101	山西省忻州市岢岚县三井镇	15	11304	3766		1816	7105
140929200	山西省忻州市岢岚县神堂坪乡	14	13310	3966		2141	7059
140929201	山西省忻州市岢岚县高家会乡	15	12666	3960	50	2031	6653
140929202	山西省忻州市岢岚县李家沟乡	11	13533	2122		527	2318
140929203	山西省忻州市岢岚县水峪贯乡	21	19000	5202		1057	4749
140929204	山西省忻州市岢岚县西豹峪乡	15	16633	1510	11	989	3401
140929205	山西省忻州市岢岚县温泉乡	11	11200	2179	200	662	2623
140929206	山西省忻州市岢岚县阳坪乡	13	18420	1545	42	944	3296
140929207	山西省忻州市岢岚县大涧乡	17	12687	1595	37	847	4593
140929208	山西省忻州市岢岚县宋家沟乡	22	25300	3507	200	1630	6212
140929209	山西省忻州市岢岚县王家岔乡	10	8560	632		593	2008

镇基本情况（2010年）

乡镇从业人员数(人)	农作物总播种面积(公顷)	粮食播种面积(公顷)	粮食总产量(吨)	肉类总产量(吨)	企业个数(个)	企业从业人员(人)	固定资产投资完成额(万元)	农业投资完成额(万元)	本乡镇公路里程(公里)
19280	3300	2614	3085	563	268	2100			62
2410	3766	3093	4977	517	48	456	84		23
2251	3966	3089	4200	568	24	214	50	50	23
2460	3960	3000	4184	310			50		20
1173	2122	1544	3783	398					50
1521	3739	2289	5730	258					21
1761	1503	1146	1692	120					19
1436	1960	1608	6327	239	3	22			45
1745	1472	1300	3673	183			80	60	13
1479	1507	1221	3237	306					15
2020	2733	2303	4501	215	6	195			35
320	632	452	1270	98					15

17-10 续表

行政区划代码	乡镇名称	农技推广服务机构(个)	农技推广服务从业人员(人)	小学校总数(个)	小学在校学生总数(人)	小学教师总数(人)	中学校总数(个)
140929100	山西省忻州市岢岚县岚漪镇	5	27	18	378	68	4
140929101	山西省忻州市岢岚县三井镇	1	2	5	342	26	1
140929200	山西省忻州市岢岚县神堂坪乡	1	5	11	305	40	1
140929201	山西省忻州市岢岚县高家会乡	1	12	9	247	38	
140929202	山西省忻州市岢岚县李家沟乡	1	2	8	141	17	
140929203	山西省忻州市岢岚县水峪贯乡	1	1	18	408	37	1
140929204	山西省忻州市岢岚县西豹峪乡	1	6	5	79	15	
140929205	山西省忻州市岢岚县温泉乡	1	5	12	98	14	
140929206	山西省忻州市岢岚县阳坪乡	1	4	10	88	24	1
140929207	山西省忻州市岢岚县大涧乡			8	42	10	
140929208	山西省忻州市岢岚县宋家沟乡	4	13	14	50	28	1
140929209	山西省忻州市岢岚县王家岔乡			6	120	16	

中学在校学生总数(人)	中学教师总数(人)	医院、卫生院(个)	医生数(人)	病床数(床)	农民人均纯收入(元)	参加农村新型合作医疗(人)	参加农村社会养老保险(人)	享受居民最低生活保障(人)
4800	312	3	60	20	3200	16900	630	1623
66	13	1	4	10	3096	5684	158	825
103	16	1	8	7	3016	6987		794
		1	10	12	3010	6281	354	728
		1	5	4	3021	1864	58	383
146	10	2	10		2930	4200		400
		2	8	15	2915	2789	48	183
		1	5	5	2757	2501	108	125
62	12	1	9	21	2714	2840		478
		1	4	12	3208	550	547	
25	11	3	15	25	2980	4968		920
		1	5	10	2420	1800		250

17-11 河曲县乡、建制

行政区划代码	乡镇名称	村民委员会(个)	乡镇行政区域面积(公顷)	年末常用耕地面积(公顷)	年末有效灌溉面积(公顷)	乡镇总户数(户)	乡镇总人口(人)
140930100	山西省忻州市河曲县文笔镇	14	5142	1854	1131	25825	82389
140930101	山西省忻州市河曲县楼子营镇	17	5499	814	325	3467	11401
140930102	山西省忻州市河曲县刘家塔镇	32	12353	2326	9	4348	13849
140930103	山西省忻州市河曲县巡镇镇	28	8262	1639	987	6105	15375
140930200	山西省忻州市河曲县鹿固乡	27	8526	1523	25	3221	9509
140930201	山西省忻州市河曲县前川乡	23	11432	2345		1858	6459
140930202	山西省忻州市河曲县单寨乡	27	14970	2160		1803	6194
140930203	山西省忻州市河曲县土沟乡	22	11192	3525		1460	4521
140930204	山西省忻州市河曲县旧县乡	26	5581	1090		3510	10580
140930205	山西省忻州市河曲县沙坪乡	33	8710	2097		2389	7463
140930206	山西省忻州市河曲县社梁乡	26	8861	1683	47	2765	8034
140930207	山西省忻州市河曲县沙泉乡	43	20353	3670		3378	9480
140930208	山西省忻州市河曲县赵家沟乡	22	10552	1792		1034	3098

镇基本情况（2010年）

乡镇从业人员数(人)	农作物总播种面积(公顷)	粮食播种面积(公顷)	粮食总产量(吨)	肉类总产量(吨)	企业个数(个)	企业从业人员(人)	固定资产投资完成额(万元)	农业投资完成额(万元)	本乡镇公路里程(公里)
19221	2153	1286	7724	230	2	23	350	350	85
3068	1000	772	2413	62	3	130	357	30	19
4740	2275	2047	4530	311					30
4364	2087	1260	3700	314	56	391	440		20
3326	1860	1490	2993	153			50	50	70
2192	2626	1588	2485	150			107		28
2549	2754	2257	4761	272	1	15			57
2555	2286	2196	4261	147					40
4292	1212	1079	2354	175					83
3144	2038	1542	4081	148	10	340			87
3668	1894	1747	2135	120					51
3710	3983	3983	5000	218					35
1100	1792	1233	1867	210					45

17-11 续表

行政区划代码	乡镇名称	农技推广服务机构(个)	农技推广服务从业人员(人)	小学校总数(个)	小学在校学生总数(人)	小学教师总数(人)	中学校总数(个)
140930100	山西省忻州市河曲县文笔镇	1	2	5	603	58	4
140930101	山西省忻州市河曲县楼子营镇	5	10	6	797	52	1
140930102	山西省忻州市河曲县刘家塔镇	1	5	12	609	72	2
140930103	山西省忻州市河曲县巡镇镇			2	610	46	1
140930200	山西省忻州市河曲县鹿固乡			5	75	50	
140930201	山西省忻州市河曲县前川乡	1	2	4	110	25	1
140930202	山西省忻州市河曲县单寨乡	1	3	2	53	35	
140930203	山西省忻州市河曲县土沟乡	1	2	1	62	11	1
140930204	山西省忻州市河曲县旧县乡			2	433	55	1
140930205	山西省忻州市河曲县沙坪乡	1	5	5	42	27	2
140930206	山西省忻州市河曲县社梁乡	1	3	1	230	28	1
140930207	山西省忻州市河曲县沙泉乡	1	4	10	587	46	1
140930208	山西省忻州市河曲县赵家沟乡			2	120	20	

中学在校学生总数(人)	中学教师总数(人)	医院、卫生院(个)	医生数(人)	病床数(床)	农民人均纯收入(元)	参加农村新型合作医疗(人)	参加农村社会养老保险(人)	享受居民最低生活保障(人)
2122	191	1	10	30	4439	16112	14702	967
495	40	1	37	48	2802	7182	5321	860
266	45	5	23	20	2576	12168	7114	1065
380	120	1	51	70	3000	13100	9120	1140
		3	12	8	2578	7100	4200	783
80	13	5	17	33	2402	5180	2991	921
		1	9	12	2361	4785	2458	565
40	13	1	4	4	2445	2890	1942	566
150	34	1	15	50	4569	7555	5426	438
34	23	1	7	20	2204	6110	4608	552
295	32	2	12	9	2211	6000	3370	672
282	17	2	11	20	2679	7274	5726	1325
		1	2	10	2671	2740	1469	414

17-12 保德县乡、建制

行政区划代码	乡镇名称	村民委员会(个)	乡镇行政区域面积(公顷)	年末常用耕地面积(公顷)	年末有效灌溉面积(公顷)	乡镇总户数(户)	乡镇总人口(人)
140931100	山西省忻州市保德县东关镇	30	4599	943	87	5237	19126
140931101	山西省忻州市保德县义门镇	31	8895	2250	39	5392	20002
140931102	山西省忻州市保德县桥头镇	32	9790	3221		4548	18186
140931103	山西省忻州市保德县杨家湾镇	25	6660	915	120	2890	11759
140931200	山西省忻州市保德县腰庄乡	20	5466	847		3351	10893
140931201	山西省忻州市保德县韩家川乡	17	5800	852	24	2140	7030
140931202	山西省忻州市保德县林遮峪乡	17	4731	1150	110	1610	5970
140931203	山西省忻州市保德县冯家川乡	19	4710	1060	86	1675	6856
140931204	山西省忻州市保德县土崖塔乡	25	5006	1098	45	1605	6018
140931205	山西省忻州市保德县孙家沟乡	33	12023	2400		3158	11796
140931206	山西省忻州市保德县窑洼乡	26	9720	1404		1340	5340
140931207	山西省忻州市保德县尧圪台乡	16	6000	1288		1342	5239
140931208	山西省忻州市保德县南河沟乡	50	16365	3860		4080	15305

镇基本情况（2010年）

乡镇从业人员数(人)	农作物总播种面积(公顷)	粮食播种面积(公顷)	粮食总产量(吨)	肉类总产量(吨)	企业个数(个)	企业从业人员(人)	固定资产投资完成额(万元)	农业投资完成额(万元)	本乡镇公路里程(公里)
6600	1390	1310	2004	602	152	3300			90
6874	2550	2430	4343	377	27	4350			65
8651	2310	2094	3857	205	67	590			63
5720	1540	1490	3397	200	1	20			42
5359	1090	1050	1606	104	11	720	312	26	78
3100	1380	1340	2164	198	8	950			40
2416	1000	840	1845	47	1	15	40		45
2538	1020	930	1230	155	2	45	120	40	33
2367	1915	1765	3368	235	1	6	400	32	55
7190	2400	2130	4268	230	13	1372			98
3204	1520	1390	2388	82	18	360			43
2317	1561	1520	2250	47	17	316	510	450	57
8269	3650	3477	6044	648	1	387			93

17-12 **续表**

行政区划代码	乡镇名称	农技推广服务机构(个)	农技推广服务从业人员(人)	小学校总数(个)	小学在校学生总数(人)	小学教师总数(人)	中学校总数(个)
140931100	山西省忻州市保德县东关镇	1	2	11	7800	530	1
140931101	山西省忻州市保德县义门镇	1	4	26	1312	81	2
140931102	山西省忻州市保德县桥头镇	1	4	32	2368	342	2
140931103	山西省忻州市保德县杨家湾镇	1	2	23	1230	58	2
140931200	山西省忻州市保德县腰庄乡	1	4	10	398	28	
140931201	山西省忻州市保德县韩家川乡	1	3	15	195	31	
140931202	山西省忻州市保德县林遮峪乡			10	161	22	1
140931203	山西省忻州市保德县冯家川乡	1	2	8	270	40	
140931204	山西省忻州市保德县土崖塔乡	1	2	5	150	13	1
140931205	山西省忻州市保德县孙家沟乡	1	3	15	178	35	1
140931206	山西省忻州市保德县窑洼乡	1	7	8	262	27	
140931207	山西省忻州市保德县尧圪台乡	1	4	11	101	32	1
140931208	山西省忻州市保德县南河沟乡	1	3	31	559	67	1

中学在校学生总数(人)	中学教师总数(人)	医院、卫生院(个)	医生数(人)	病床数(床)	农民人均纯收入(元)	参加农村新型合作医疗(人)	参加农村社会养老保险(人)	享受居民最低生活保障(人)
1200	90	2	35	130	3360	18234	237	1715
763	53	2	16	48	3358	14950	410	1077
1314	121	1	15	30	3356	16052	426	1918
560	27	1	17	18	2400	11000	1180	1519
		1	9	15	2897	9353	1124	1020
		1	6	8	1945	6338	270	912
276	20	1	5	4	1640	5473	553	884
		1	5	6	1650	6610	700	897
289	14	1	5	10	2383	5800	475	587
96	17	2	15	19	2920	10002	1600	1227
		1	7	15	2240	4886	35	275
		1	5	10	2624	4870	427	673
452	30	5	25	30	3158	14147	1040	1650

17-13 偏关县乡、建制

行政区划代码	乡镇名称	村民委员会(个)	乡镇行政区域面积(公顷)	年末常用耕地面积(公顷)	年末有效灌溉面积(公顷)	乡镇总户数(户)	乡镇总人口(人)
140932100	山西省忻州市偏关县新关镇	47	17958	2670	201	4990	18670
140932101	山西省忻州市偏关县天峰坪镇	16	6533	1070	352	3051	9349
140932102	山西省忻州市偏关县老营镇	21	21429	2703	254	1985	7807
140932103	山西省忻州市偏关县万家寨镇	20	21133	2223		2324	8137
140932200	山西省忻州市偏关县窑头乡	33	14949	2391	413	4734	14494
140932201	山西省忻州市偏关县楼沟乡	45	27981	5400	44	3532	10366
140932202	山西省忻州市偏关县尚峪乡	16	15005	2536		1490	5353
140932203	山西省忻州市偏关县南堡子乡	17	13675	3296		1328	4806
140932204	山西省忻州市偏关县水泉乡	11	12985	3380		1660	5280
140932205	山西省忻州市偏关县陈家营乡	22	16993	2810	492	2108	7361

镇基本情况（2010年）

乡镇从业人员数(人)	农作物总播种面积(公顷)	粮食播种面积(公顷)	粮食总产量(吨)	肉类总产量(吨)	企业个数(个)	企业从业人员(人)	固定资产投资完成额(万元)	农业投资完成额(万元)	本乡镇公路里程(公里)
7627	2910	2780	4422	1414	130	2053			70
3580	1189	1139	2404	252	35	390	30		120
3050	2640	2077	4123	595	37	564	70	50	25
2620	2173	1927	2756	467	48	241	40	40	30
5145	2591	2511	4297	947	45	1281			100
4150	5630	5080	12302	679	28	455			80
2890	2593	2360	5930	816	20	289	30	30	30
1792	2400	1693	2986	237	18	198			100
2480	2503	2203	4455	362	30	474	65		80
2857	2870	2460	5070	274	42	648	110	110	245

17–13 **续表**

行政区划代码	乡镇名称	农技推广服务机构(个)	农技推广服务从业人员(人)	小学校总数(个)	小学在校学生总数(人)	小学教师总数(人)	中学校总数(个)
140932100	山西省忻州市偏关县新关镇	1	9	38	900	75	1
140932101	山西省忻州市偏关县天峰坪镇	1	4	14	149	45	1
140932102	山西省忻州市偏关县老营镇	1	12	12	430	37	1
140932103	山西省忻州市偏关县万家寨镇	1	3	27	650	54	1
140932200	山西省忻州市偏关县窑头乡	1	5	26	1010	75	1
140932201	山西省忻州市偏关县楼沟乡	1	2	42	420	84	
140932202	山西省忻州市偏关县尚峪乡	1	5	7	79	19	1
140932203	山西省忻州市偏关县南堡子乡	1	4	8	130	25	1
140932204	山西省忻州市偏关县水泉乡	1	4	14	256	34	1
140932205	山西省忻州市偏关县陈家营乡	1	4	13	400	42	1

中学在校学生总数(人)	中学教师总数(人)	医院、卫生院(个)	医生数(人)	病床数(床)	农民人均纯收入（元）	参加农村新型合作医疗（人）	参加农村社会养老保险（人）	享受居民最低生活保障（人）
420	62	2	22	26	2421	16450	20	966
102	19	1	10	15	2247	8891	20	502
186	22	1	26	25	3413	6360	270	234
85	16	1	10	15	2272	7500	514	350
265	65	2	30	20	3165	11980	66	550
		2	22	20	3541	8490	36	279
16	12	1	8	12	3585	4900	16	282
80	12	1	5	8	3540	4000	50	150
125	16	1	10	15	3397	4450	36	256
50	18	1	9	15	3599	7050	22	275

17-14 原平市乡、建制

行政区划代码	乡镇名称	村民委员会(个)	乡镇行政区域面积(公顷)	年末常用耕地面积(公顷)	年末有效灌溉面积(公顷)	乡镇总户数(户)	乡镇总人口(人)
140981100	山西省忻州市原平市东社镇	46	20527	4257	667	12824	36899
140981101	山西省忻州市原平市苏龙口镇	31	22796	3704	1019	5163	14824
140981102	山西省忻州市原平市崞阳镇	46	15802	5534	2587	10941	30563
140981103	山西省忻州市原平市大牛店镇	28	18129	2505	1700	7348	20758
140981104	山西省忻州市原平市闫庄镇	22	11462	3942	3158	8171	23874
140981105	山西省忻州市原平市长梁沟镇	36	19835	1833	146	5517	16359
140981106	山西省忻州市原平市轩岗镇	39	21613	1534	154	5620	14925
140981200	山西省忻州市原平市新原乡	20	7800	4889	4889	11272	33513
140981201	山西省忻州市原平市南白乡	25	6811	1068	119	3482	10331
140981202	山西省忻州市原平市子干乡	11	9761	3318	1567	6069	18398
140981203	山西省忻州市原平市中阳乡	25	11926	3039	1300	4728	13751
140981204	山西省忻州市原平市沿沟乡	34	15113	5100	1600	6780	19982
140981205	山西省忻州市原平市大林乡	26	9767	3500	2500	5411	16158
140981206	山西省忻州市原平市西镇乡	22	10800	6288	4903	9533	28132
140981207	山西省忻州市原平市解村乡	19	6712	1994	1298	4225	12881
140981208	山西省忻州市原平市王家庄乡	21	5030	2097	1753	4330	14287
140981209	山西省忻州市原平市楼板寨乡	20	15488	921	233	2785	7571
140981210	山西省忻州市原平市段家堡乡	49	27104	3755		6801	18018

镇基本情况（2010年）

乡镇从业人员数(人)	农作物总播种面积(公顷)	粮食播种面积(公顷)	粮食总产量(吨)	肉类总产量(吨)	企业个数(个)	企业从业人员(人)	固定资产投资完成额(万元)	农业投资完成额(万元)	本乡镇公路里程(公里)
14766	4315	4192	9443	572	391	1888			36
5973	3888	3763	14062	387	172	2330	294	81	32
14638	6085	5939	27119	1864	758	5999	3500	500	30
9398	2533	2524	20020		533	2756	350	150	20
14712	4172	4128	31658	1079	138	1201	94		66
5657	1800	1540	2088		454	1260	7000	500	70
7404	1534	1376	3800	124	2274	9413	3150	35	178
16639	3898	3531	30020	1553	650	8050	1800	700	50
5148	1573	1573	540	413	20	219			35
6469	3502	3337	15881	621	215	738			26
6133	2997	2913	14827	379	240	1114	700	670	50
7802	4418	4238	22700	1275	106	1600	350	320	312
8454	3684	3676	18215	888	196	1298			40
13182	5262	5193	38474	1566	302	2850	520	390	34
4067	2159	2146	15150	719	68	1653	8	2	83
6455	2466	2451	17622	667	149	1100			30
3375	912	906	5290	42	79	570			35
8522	2440	2082	2273	108	194	763	680	300	60

17-14 **续表**

行政区划代码	乡镇名称	农技推广服务机构(个)	农技推广服务从业人员(人)	小学校总数(个)	小学在校学生总数(人)	小学教师总数(人)	中学校总数(个)
140981100	山西省忻州市原平市东社镇	1	19	37	2293	116	2
140981101	山西省忻州市原平市苏龙口镇	1	3	23	612	70	1
140981102	山西省忻州市原平市崞阳镇	6	21	39	4011	272	4
140981103	山西省忻州市原平市大牛店镇	1	6	20	1500	150	2
140981104	山西省忻州市原平市闫庄镇	1	3	15	1236	128	1
140981105	山西省忻州市原平市长梁沟镇	1	3	18	950	170	1
140981106	山西省忻州市原平市轩岗镇	1	3	13	1130	133	1
140981200	山西省忻州市原平市新原乡	1	15	9	2400	193	3
140981201	山西省忻州市原平市南白乡	1	1	14	500	60	1
140981202	山西省忻州市原平市子干乡	1	15	11	910	140	1
140981203	山西省忻州市原平市中阳乡	1	4	15	491	74	2
140981204	山西省忻州市原平市沿沟乡	1	7	22	2600	154	1
140981205	山西省忻州市原平市大林乡	1	5	19	750	70	1
140981206	山西省忻州市原平市西镇乡	1	3	19	1831	154	3
140981207	山西省忻州市原平市解村乡	1	9	9	517	64	1
140981208	山西省忻州市原平市王家庄乡	1	12	13	715	80	1
140981209	山西省忻州市原平市楼板寨乡	1	2	6	353	59	1
140981210	山西省忻州市原平市段家堡乡	1	4	22	916	136	2

中学在校学生总数(人)	中学教师总数(人)	医院、卫生院(个)	医生数(人)	病床数(床)	农民人均纯收入(元)	参加农村新型合作医疗(人)	参加农村社会养老保险(人)	享受居民最低生活保障(人)
958	72	2	23	45	3938	31238	1480	2198
66	48	2	16	25	4370	13327	112	885
5209	332	4	46	54	4879	25619	2300	1610
1350	75	2	17	15	4678	19172	4015	835
186	33	1	13	17	4300	22120	5800	140
200	65	2	16	20	5134	15200	2860	880
153	38	3	21	45	5854	14145	213	730
1898	125	1	37	40	6040	26700	7260	1560
150	20	1	3	5	2742	8530		
110	30	1	16	15	4500	16700	196	1003
143	36	1	9	16	4495	12214	95	761
460	33	2	22	30	3621	17800	700	920
150	260	1	4	20	4437	14537	730	880
480	107	2	40	29	4985	25650	2000	1300
186	42	1	23	21	5422	11704	353	681
102	45	1	9	15	5240	12588	350	648
52	12	1	10	15	3772	6863	493	445
264	68	3	18	12	4700	16525	1902	816

企业篇

QI YE PIAN

资 料 整 理 人 员

张 丽 杨 婷

18-1 规模以上企业基本情况(2010年)

单位：万元

单位详细名称	主营业务收入	资产总计	工业总产值	从业人员年平均人数(人)
煤炭开采、洗选企业				
保德县桥头煤矿	344437	717307	354969	1512
大同煤矿集团轩岗煤电有限责任公司	171028	366373	110259	7895
山西鲁能河曲电煤开发有限责任公司	83272	156553	85892	1410
山西晋神河曲煤炭开发有限公司	79271	212603	89751	1471
大同煤矿集团轩岗煤电有限责任公司梨园河煤矿	55127	8075	60495	2114
大同煤矿集团阳方口矿业有责任限公司	53519	82549	54564	2756
山西潞安集团潞宁煤业有限责任公司	51647	295441	51647	871
宁武县大运华盛煤矿	37083	51242	43793	1004
山西忻州神达晋保煤业有限公司	29174	34185	31985	300
霍州煤电集团晋北煤业有限公司	27123	167674	27123	1773
原平市石豹沟煤矿	18031	38623	15548	2358
山西大远煤业有限公司	17969	99335	17969	1218
山西华鹿阳坡泉煤矿有限公司	13208	65430	13208	370
山西忻州神达惠安煤业有限公司	11096	9429	11096	120
山西忻州神达大桥沟煤业有限公司	10780	27587	10780	179
保德县五鑫煤业有限责任公司	10249	7429	10249	250
山西世德孙家沟煤矿有限公司	10152	76764	11500	488
宁武县栖风煤矿	9183	9541	9183	496
山西龙矿盘道煤业有限公司	7281	13789	9427	678
原平市泰兴煤焦有限公司	6300	2317	6300	111
岢岚县鑫马煤业有限责任公司	4064	1114	4551	70
岢岚县泓源洗煤厂（有限公司）	2865	2018	3450	45
岢岚北方浩然洗煤有限公司	2790	6428	3627	84
山西省忻州市石门煤矿	2364	6120	2517	10
山西煤炭运销集团泰山隆安煤业有限公司	2313	25900	4600	110
山西煤炭运销集团泰安煤业有限公司	2125	31520	15272	105
静乐县恒通洗煤有限公司	2059	2668	2059	18
山西忻州神达台基麻地沟煤业有限公司	2020	18809	2021	32
岢岚县愣子洗煤有限公司	2015	1036	2531	35
静乐县任家村第二煤矿	2000	15948	2000	110
保德县腰庄乡路家沟煤矿	1846	28592	1846	168
静乐县杜家村洗煤有限公司	1365	815	1380	20
岢岚县煤焦化有限公司	1108	2930	1335	30
静乐县晋兴洗煤厂	1049	57	1049	16
岢岚县天富润洗煤有限责任公司	998	2790	1522	46

18-1 续表1

单位：万元

单位详细名称	主营业务收入	资产总计	工业总产值	从业人员年平均人数(人)
铁矿企业				
代县龙华矿业有限责任公司	47895	26203	43872	383
代县鑫旺矿业有限公司	38470	44465	38470	2000
山西宝山矿业有限公司	34432	33463	34932	756
代县泰丰矿业有限公司	28739	23063	31540	357
代县李家庄昌盛铁矿	27802	11488	28857	393
繁峙县程林铁选有限责任公司	27197	26822	24874	412
山西省代县白峪里矿山冶炼有限公司	27066	23831	28891	378
繁峙县通达冶金矿业有限公司	23555	17705	24739	300
繁峙县宏岩矿业有限责任公司	20804	4495	23204	104
代县金升铁矿有限公司	20662	13074	25719	278
繁峙县平型关铁矿有限公司	18667	46423	20501	469
繁峙县腾飞选冶矿业有限责任公司笔峰分厂	15456	4012	16132	193
山西省代县大红才铁矿	14914	7737	16253	180
代县益丰矿业有限公司	14412	9535	18260	278
代县宝来矿业有限公司第二车间	14266	925	14266	108
代县厚旺铁矿	13320	8262	13951	170
山西平型关铁矿有限公司	13044	53491	11431	146
繁峙县中兴矿业发展有限公司	10963	17211	11125	635
山西省代县明利铁矿	10937	26227	13948	86
代县张仙堡冶金矿山有限公司	9925	10950	9888	234
五台县太星选矿有限公司	9790	7642	12342	150
原平市白石铁选有限公司	9419	14017	10127	446
繁峙县矿产品有限责任公司	9378	5944	9382	163
忻州市通源矿业有限责任公司	9227	5733	11457	90
山西砾瑶铁矿选矿有限公司	8831	5956	8831	127
繁峙县天宝矿业有限责任公司	8686	3065	9143	103
代县精诚铁矿	8085	11781	9075	180
繁峙县鼎泰矿业有限责任公司	6864	12849	6864	73
代县宝来矿业有限公司	6687	3890	8383	218
山西旭泰矿业开发有限公司	6424	14621	6542	135
山西省代县增鑫铁矿	6335	7942	7177	96
繁峙县鑫秀矿业有限公司	5148	3547	5367	80
代县八塔三山铁矿有限责任公司	5028	2399	5573	86
繁峙县滦兴铁选有限责任公司	4926	763	5185	23
五台铺上铁矿	4817	16431	2801	54

18-1 续表2

单位：万元

单位详细名称	主营业务收入	资产总计	工业总产值	从业人员年平均人数(人)
代县李家庄昌盛铁矿二选厂	4498	2220	3746	33
代县龙鑫铁矿有限公司	3946	3194	4293	80
代县程兴铁矿	3726	6669	5044	82
原平市苏龙口镇鑫源铁矿	3435	1118		88
代县金亿达选矿厂	3429	4752	3655	86
五台县鑫大鑫矿产有限公司	3242	27328	3501	140
繁峙县浩瀚铁选厂	3102	1256	3847	52
代县晶玉冶金实业有限公司	3038	5495	5381	116
代县宝源矿业有限公司	2796	1459	3138	44
代县生鑫选矿有限公司	2750	6500	6050	136
繁峙县越红磁选厂	2698	691	2698	65
代县精诚铁矿二选厂	2686	388	2806	46
繁峙县宏茂矿业有限责任公司	2583	4352	3111	60
繁峙县东鑫矿业有限责任公司	2550	3255	2184	52
繁峙县龙腾磁选厂	2439	1028	2705	29
繁峙县圣兴矿产品加工有限公司	2376	831	2504	52
原平市鑫海铁选厂	2373	11304	6745	200
代县俊杰选矿厂二车间	2328	1823	2972	210
繁峙县文溪磁选厂	2308	947	2802	153
繁峙县下茹越乡下寨选矿厂	2284	792	2284	31
代县俊杰选矿厂	2279	953	2966	70
代县兴旺矿业有限公司二选厂	2240	547	2040	34
繁峙县马王庙铁矿有限责任公司	2218	8615	2854	87
繁峙县德信磁选有限责任公司	2169	416	2584	36
繁峙县兆富磁选厂	2169	416	2169	17
繁峙县富繁铁选有限责任公司	2167	3877	2167	75
繁峙县煜鑫铁选厂	2158	2875	2158	35
繁峙县元盛机械工程有限公司	2156	5667	2156	101
繁峙县通运矿业有限公司	2153	416	2200	35
山西省德润贸易有限公司繁峙县同兴铁矿分公司	2144	1863	1193	72
代县宏胜选矿厂	2120	908		21
繁峙县江鑫宝石铁矿有限责任公司	2109	3557	3338	85
繁峙县曙光矿产品经销有限责任公司	2108	901	2425	86
代县强盛选矿厂	2101	1340	2101	22
繁峙县光峪矿业有限公司	2100	700	2100	25
繁峙县南峪口铁矿有限责任公司	2100	4817	3267	75
繁峙县宏伟铁矿	2099	1490	2705	65

18-1 **续表3**

单位：万元

单位详细名称	主营业务收入	资产总计	工业总产值	从业人员年平均人数(人)
代县亨瑞昌选厂	2094	629	2120	35
代县全成矿产品开发有限公司	2092	431	2092	36
繁峙县瓦磁地永旺选矿厂	2080	1084	2080	16
繁峙县宏达铁矿有限责任公司	2078	3725	2109	67
代县九龙湾选厂	2076	666	2076	120
繁峙县中虎峪选厂	2070	1100	2070	24
繁峙县宏盛铁矿有限责任公司	2070	1337	2376	39
繁峙县康达矿业有限责任公司	2061	899	1802	50
繁峙县梨峪铁矿有限责任公司	2052	2689	787	120
代县源业选矿厂	2050	917	2250	27
代县厚旺铁矿二选厂	2048	1024	2048	57
繁峙县兴岳矿业有限责任公司	2036	1778	2816	96
代县吉鑫球团厂	2035	1857	2035	42
繁峙县荣保矿业有限公司	2032	1192	2079	26
繁峙县富康铁矿有限责任公司	2024	1780	3615	102
代县双羊铁矿二车间	2019	6796	2019	31
代县凤凰观鑫盛铁矿有限公司	2016	6432	2212	152
代县双羊铁矿选厂	2008	895	2008	25
繁峙县恒源矿业有限公司	2007	3183	2598	40
繁峙县吉新源铁选有限公司大兴分公司	2005	1955	2184	85
代县阳鑫铁矿	2004	2641	1897	53
代县中新矿业有限公司	2003	878	2048	43
代县国云选矿厂	2003	1213	2413	32
繁峙县鑫利磁选厂	2003	1744	2221	43
代县增鑫铁矿二选厂	2001	2250	2012	90
繁峙县欣远矿业有限责任公司	2000	362	1986	20
代县来鑫选矿厂	1875	1449	1875	55
代县祥源选矿厂	1730	2442	2641	130
代县程晋铁矿	1647	2905	2667	85
代县顺文选矿厂	1520	1397	1500	28
代县计怀选矿有限责任公司	1250	2016	1250	27
繁峙县鑫源矿产有限责任公司	1188	932	1950	52
代县温兴选矿厂	1002	1691	1002	37
繁峙县宏基矿业有限责任公司	1001	1025	1357	120
代县宝兴选矿厂	974	1341	974	36
代县泰通矿山机械加工厂	900	392	1010	28
五台县豆村麻黄沟铁矿有限公司	900	4874	1450	47

18-1 续表4

单位：万元

单位详细名称	主营业务收入	资产总计	工业总产值	从业人员年平均人数(人)
代县泰鑫选厂	848	1261	1809	36
繁峙县鑫磊矿业有限责任公司	803	791	1221	30
代县吉源选矿厂	650	970	1600	50
五台县山金矿业有限公司	565	1411	480	27
法兰锻造企业				
忻州蓝天锅炉有限公司	161006	94642	161885	2415
山西省定襄金瑞高压环件有限公司	33305	14668	41538	448
山西申华电站设备有限公司	32185	42500	63620	215
繁峙县中兴实业有限公司	30215	20327	38489	614
定襄县宝源高合金铸造有限公司	26624	13158	31855	185
山西管家营法兰锻造有限公司	15400	23004	17573	430
山西天宝风电法兰有限公司	14527	19787	22030	210
山西恒跃锻造有限公司	13210	3392	16324	179
山西双环重型机械有限公司	12096	13148	13662	225
定襄县金石锻造有限公司	11721	4290	13192	108
山西冠力法兰有限公司	10274	12690	11702	190
定襄县昊坤不锈钢法兰锻造有限公司	8709	5360	7241	128
定襄县伟业齿轮锻造厂	8346	4201	10130	120
山西太仕柯锻造有限责任公司	6733	3421	6239	120
定襄煌星机械加工有限公司	6474	3085	9340	195
山西艾斯特金石锻压有限公司	6178	2824	6334	182
定襄县黎明法兰有限公司	6080	3885	6553	105
定襄北城法兰有限公司	6017	7038	5765	102
山西鳌元锻造有限公司	5673	10640	4482	210
定襄县新世纪机械有限公司	5548	4569	7931	200
格尔德贝克（山西）法兰管件有限公司	5222	1730	6553	105
山西源盛铸锻实业有限公司	5173	4947	5523	216
山西昊坤不锈钢冶锻有限公司	4644	5418	4658	60
定襄县亿鑫法兰有限公司	4296	2982	3619	75
山西鑫祥锻造有限公司	4246	5036	5667	65
原平市佳诚液压有限公司	4108	2710	6016	310
定襄县昌兴钢材法兰有限公司	3747	1093	3889	50
山西众立法兰有限公司	3226	10579	3457	80
定襄县蓝天齿轮锻造有限公司	3056	4030	3640	98
定襄县飞达实业锻造有限公司	2965	1834	2855	73
山西钰欣铸锻有限公司	2601	3450	2899	157
定襄县安宝锻压有限公司	2437	1938	2537	20

18-1 **续表5**

单位：万元

单位详细名称	主营业务收　入	资　产总　计	工　业总产值	从业人员年平均人数(人)
山西宏昊锻业有限公司	2385	2258	2371	50
定襄县三友锻造厂	2347	622	2745	38
山西中标法兰锻业有限公司	2327	1768	2327	25
山西富兴通重型环锻件有限公司	2323	9144	2330	126
定襄县昕坤法兰锻造有限公司	2322	1605	2322	68
定襄县永欣锻造有限公司	2302	2192	2108	56
忻州市神力锻压有限公司	2300	868	2146	25
定襄县永合锻造有限公司	2280	1946	4185	22
山西天兰锅炉有限公司	2180	3515	2245	160
定襄县晋锋锻件有限公司	2150	1925	1994	50
山西金迈特金属铸锻制品有限公司	2089	2870	2052	75
定襄县旺隆法兰有限公司	2067	601	2050	60
定襄县宇特法兰有限公司	2062	2588	1906	96
定襄县鑫生锻造厂	2036	571	2028	25
忻州华茂精密铸造有限公司	2027	125638	2303	1034
山西双和锻压有限公司	2013	1196	2218	62
山西建宇锻造有限公司	1999	1699	2301	45
定襄县新昌锻压有限公司	1965	1897	1965	56
定襄县龙门锻压有限公司	1954	1236	2136	35
定襄县宝光铁业制造有限公司	1953	897	1953	68
定襄县兴旺法兰锻造有限公司	1791	1058	2002	18
定襄县实达锻造有限公司	1620	1185	630	33
定襄县中兴锻造机械有限公司	1605	642	1878	22
定襄县机械锻造有限公司	1546	831	1590	35
定襄县汇通锻造有限公司	1518	1948	1523	29
山西中工重型锻压有限公司	1499	7690	1592	80
原平天创液压有限公司	1483	1256	1086	35
河曲县钢花机械制造有限公司	1414	1998	1434	60
山西省定襄宏大法兰有限公司	1315	792	1149	17
山西中亚神力铸造有限公司	1260	35628	1500	120
定襄县鑫源锻造有限公司	1246	815	1458	25
定襄县林泉机械加工有限公司	1207	1200	1174	20
定襄县崔家庄兴业锻造厂	1143	644	898	30
繁峙县憨山冶金机械有限公司	1077	2010	1077	100
定襄县恒祥锻造有限公司	936	1443	900	45
定襄县金光机械厂	659	500	667	30

18-1 续表6

单位：万元

单位详细名称	主营业务收入	资产总计	工业总产值	从业人员年平均人数(人)
铝电企业				
山西鲁能晋北铝业有限责任公司	267814	1107059	292701	3252
山西鲁能河曲发电有限公司	188217	421310	201853	912
山西同华电力有限公司	81448	483952	81448	2538
黄河万家寨水利枢纽有限公司	62510	367998	58230	740
五台云海镁业有限公司	61069	71719	77706	1100
忻州广宇煤电有限公司	43727	163559	53473	213
保德县神东发电有限责任公司	22016	116966	28457	279
山西天桥水电有限公司	11570	36727	11569	571
山西云光风电有限责任公司神池霸业梁风电厂	3746	83121	3746	11
偏关县大乘电冶有限公司	2992	17164	2992	131
忻州长城钨钼有限公司	2573	2039	2446	153
山西省静乐县发电厂	2429	6829	905	590
静乐县热力有限公司	2118	4533	2592	98
原平市超腾供热有限公司	2029	7891	4189	87
河曲县飞达有色金属铸造厂	1202	439	150	35
静乐县集中供热有限公司	991	1998	991	24
山西华鹿热电有限公司	915	13565	1748	83
其他企业				
山西禹王煤炭气化有限公司	221065	192310	198271	927
代县龙丰冶金有限责任公司	45013	13711	43383	384
山西忻州通用机械有限责任公司	40327	33185	39347	907
山西紫金矿业有限公司	36160	26818	35740	696
原平市天然气有限责任公司	27096	17041		135
山西天柱山化工有限公司	25761	143666	25415	1308
山西同德化工股份有限公司	25056	57812	26857	766
山西云马焦化有限责任公司	23746	31391	35720	595
山西忻益铁合金有限公司	23707	10456	24794	487
原平市泰宝密封件有限公司	22204	27102	25519	285
偏关县晋电化工有限公司	21363	16442	20728	275
山西五台山化工有限公司	19679	66865	6414	1319
山西侨友化工股份有限公司	18964	63558	7131	180
原平钢铁有限公司	17010	17156	24499	1080
山西奥菲特冶炼有限公司	14896	10655	10645	182
山西省原平市化工有限责任公司	14204	10439	17125	353
山西红鑫淀粉有限公司	13621	34028	20956	512

18-1　**续表7**

单位：万元

单位详细名称	主营业务收入	资产总计	工业总产值	从业人员年平均人数(人)
山西云河纺织集团有限责任公司	12814	15555	12588	2731
五寨县同业实业有限公司	12813	3212	12813	60
山西纪元玉米产业有限公司	11367	41835	11753	275
五台天河矿业有限公司	11326	2698	11535	108
山西泰尔钢铁有限公司	10651	19278	11323	168
原平市兴胜机械制造有限公司	10095	2930	2004	98
原平市盛源化工有限责任公司	9674	9178	11101	142
山西金洋煅烧高岭土有限公司	8395	11807	7131	214
山西绿野牧业开发有限公司	8026	5148	11151	490
忻州市鑫宇煤炭气化有限公司	6273	2383	8531	360
原平市宇峰起重运输机械有限公司	6012	4538	6691	120
忻州金宇工贸有限公司	5100	7508	4017	120
代县枣林宝瑞球团厂	5022	1178	5457	48
山西福山建筑装饰材料有限公司	4941	14875	4927	287
山西繁荣富化工有限公司	4866	4382	5693	191
山西省河曲县金隆石灰氮厂	4745	2597	4720	120
山西云中制药有限责任公司	4469	18383	5610	302
原平市宝丰机械制造有限公司	4315	2524	5010	96
山西省山地阳光食品有限公司	4190	2786	5732	188
原平盛大实业有限公司	4155	12704	12175	140
繁峙县义联金矿有限公司	4100	12256	4100	330
忻州市三源煤矿机械有限公司	4042	1639	5005	75
忻州市忻府区粮食局粮油加工厂	4036	5045	1005	100
山西高陶瓷业有限公司	4032	6287	5310	600
山西丰园食品有限公司	4013	7446	7199	98
繁峙县鑫宝达矿业有限责任公司	3828	1208	3951	77
原平维达机械制造有限公司	3420	798	3512	90
山西德阳润海铁路轨枕有限公司	3258	2973	3001	120
岢岚县晋湘货物运销有限公司	3237	3765	3077	68
山西燕兴冶金有限公司	3235	2418	5600	93
忻州市四方铁路器材有限公司	3217	5202	3406	70
山西暖神绒毛精品有限公司	3184	8378	3703	150
原平市大林黄河饲料厂	3066	674	3069	15
山西保德县水泥有限公司	2948	2794	1788	150
五寨县双喜鹏程淀粉有限公司	2688	2047	2688	68
山西瑞科绿得建材装饰有限公司	2598	601	2598	107

18-1 续表8

单位：万元

单位详细名称	主营业务收入	资产总计	工业总产值	从业人员年平均人数(人)
繁峙县辛庄金矿	2479	2681	2869	95
山西河滩饲料加工有限公司	2450	5576	2508	24
忻州中士达包装有限公司	2373	1704	1606	38
山西五台山沙棘制品有限公司	2330	4589	2330	60
原平市大鹏化工机械有限公司	2317	2157	2010	90
代县顺峰球团厂	2300	360	2300	43
偏关县穗宝乳酸有限公司	2219	2889	2649	80
繁峙县兴达粉丝有限责任公司	2202	3513	2181	180
代县亿隆球团厂	2156	990	2286	66
五寨县雪龙马铃薯开发有限责任公司	2150	1469	2150	11
代县宏威水泥有限责任公司	2122	2638	2348	106
代县华强矿业有限公司	2111	446	2117	56
神池县绿宇肉业有限责任公司	2085	468	2085	45
忻州鑫洋玻璃制品有限公司	2034	3855	747	66
岢岚芦峰食品有限公司	2031	2543	2410	69
山西嘉龙机电设备制造有限公司	2020	6224	1989	121
山西河曲县众鑫化工有限公司	2016	2771	1857	109
太原市林浩贸易有限公司代县分公司	2002	265	2002	109
五寨县宝石花石材有限公司	2000	369	2000	120
原平平康磷化有限公司	1842	6906	1794	400
忻州市供水公司	1758	7361	1758	283
山西忻州五台山锻压设备厂	1678	1106	1678	100
繁峙县鸿洋钢铁有限责任公司	1559	4541	2585	142
保德县国圆化工有限责任公司	1222	2054	1222	100
偏关县恒泰水泥有限公司	1155	1329	1159	170
原平矿山机械制造有限公司	1125	3429	1918	291
原平阳光煤矿机械制造有限公司	1099	865	1467	31
五台县宏泰水泥有限公司	1096	2921	1356	145
山西省忻州市面粉厂	1083	2749	1308	105
山西省原平崞山水泥有限责任公司	1029	5277	1220	215
保德县彬凯水泥有限公司	980	5449	1363	180
定襄县山田园食品加工有限公司	887	12269	1305	221
忻州市忻府区亿达彩钢瓦厂	785	1097	1200	61
山西桂龙医药有限公司	745	952	1697	240
原平高龙电力设备有限公司	639	1777	868	71
河曲县晋华新型建筑材料有限公司	627	1494	627	90
保德县供水公司	501	1553	600	98

18-2 资质以上建筑业企业基本情况（2010年）

单位：万元

项目（法人）码	项目（单位）名称	工程结算收入	资产合计	建筑业总产值
72594122X	山西恒源路桥建设有限公司	25826	7831	25826
736324921	山西通驰路桥工程有限公司	20306	10072	20306
701097618	忻州市第一建筑工程公司	9893	2228	18359
736335655	山西创世建设工程有限公司	18100	4656	18100
112041413	山西省忻州市供电局送变电工程公司	7537	5944	13154
111862906	忻州市交通局公路工程公司	11952	9498	11952
772545510	山西省忻州市电力建设公司	11736	5637	11737
111953461	忻州市忻府区第四安装工程公司	11411	3295	11411
788515949	山西千鼎建筑安装工程有限公司	11135	3947	11036
111950703	山西皇杰建筑工程有限公司	10112	4978	10920
111902461	繁峙县鑫茂建筑工程公司	10819	2900	10819
111861233	五台县第二建筑有限公司	10770	3873	10770
111894473	五台县晋兴建筑工程有限责任公司	10282	2983	10282
713686348	山西龙典建筑工程有限公司	9955	7767	9956
701099891	五台县东冶建筑工程有限公司	9216	3651	9825
733998816	繁峙县建筑安装工程公司	8654	3733	8654
111896954	五台县城乡建筑安装工程	8600	4489	8600
734032300	山西五台山建筑工程公司	8426	3784	8428
111950324	忻州市晋业建筑安装有限公司	8394	9045	8394
111894887	忻州市忻府区第二建筑安装工程有限公司	8113	6347	8113
111893980	五台县建筑工程总公司	6400	4598	7600
713686997	山西省繁峙县建筑安装工程总公司	7185	2989	7185
111864020	忻州市忻府区第三建筑安装工程公司	6478	4027	6075
112041747	山西汾源路桥有限公司	5633	6599	5633
111890376	定襄县宏道建筑安装工程公司	5402	1527	5402
743544594	忻州市水利工程建筑公司	5353	11304	5353
407120012	山西同创久路建设有限公司	402	1974	5300
783299570	山西润民环保工程设备有限公司	6917	7018	4962

18-2 续表1

单位：万元

项目（法人）码	项目（单位）名称	工程结算收入	资产合计	建筑业总产值
701099592	忻州市永泰建筑工程有限工司	4127	3905	4600
781014172	定襄建筑工程公司	4200	1493	4200
111860556	山西华静建筑工程有限公司	4120	1610	4020
736345124	忻州市忻府区逯源建筑安装工程处	4000	950	4000
112040007	代县信怡路桥建设有限公司	3922	7595	3922
748555022	山西禹东路桥有限公司	3852	15092	3852
734023017	忻州欣电电力工程有限公司	3829	7057	3829
112041237	河曲县北元建筑工程有限公司	3481	4156	3481
112011978	忻州市忻府区顿村建筑安装公司	1561	1638	3331
11204143X	代县雁门公路养建有限责任公司	3130	1698	3130
713687738	山西省五台县建筑安装有限公司	3100	2830	3100
111950279	繁峙县第三建筑安装工程公司	3090	954	3090
112012233	定襄县第二建筑安装公司	3051	1676	3051
757253691	忻州市交通发展有限公司	2573	4151	3001
111921216	五寨县城乡建筑安装有限公司	2400	2377	3000
736333297	山西省原平市方圆建筑安装工程有限责任公司	2982	1369	2982
111921814	山西省繁峙县第二建筑安装工程公司	2932	962	2932
112010887	山西省岢岚县建筑工程公司	2782	837	2782
111894959	河曲县万象建筑工程有限责任公司	2636	1121	2690
725941545	山西省原平市金泉建筑安装有限责任公司	2655	1635	2655
111903966	山西省原平市二轻建筑工程有限公司	2587	1288	2587
11216136X	代县城建建筑安装工程公司	2437	1790	2563
SX5218563	山西省定襄建筑安装工程公司	2510	1445	2510
764663285	代县第一建筑工程公司	2503	1456	2506
76247646X	忻州市忻府区公路工程公司	2492	2518	2456
111922243	山西省原平市宏远建筑工程有限公司	2456	865	2456
715986678	山西省原平市宏泰建筑安装有限公司	2440	1204	2440
111922251	山西省代县第二建筑工程总公司	2430	1652	2430

18–2 续表2

单位：万元

项目（法人）码	项目（单位）名称	工程结算收入	资产合计	建筑业总产值
407121226	保德县兴盛建安有限公司	2150	2348	2214
111896794	山西省山西昌诚电力工程有限公司	2010	1560	2010
734036651	五台县交通局公路工程公司	1764	1650	1764
746031452	山西杨氏古建筑工程有限公司	1350	1274	1351
731928611	忻州市炬源建筑工程有限公司	673	14712	1350
74107594X	河曲县万达建筑工程公司	1252	938	1252
729688866	忻州顺达建筑工程有限公司	1250	2595	1250
790216024	河曲县丰泰建筑有限责任公司	1203	804	1203
731938035	代县雁门市政建设工程有限公司	1193	792	1194
734023244	山西省原平市泰安建筑工程有限公司	113	2881	1147
788522727	忻州市瑞成锅炉安装有限公司	1001	375	1001
783268977	忻州亨旺混凝土有限公司	694	3273	980
759806683	山西省原平市第一建筑公司	836	1056	850
111982879	宁武县宁新建筑工程有限公司	811	751	811
748557888	山西华岩基础工程有限公司	554	960	791
111987573	五寨县建筑工程有限公司	725	727	725
112160340	忻州市建筑安装工程处	716	101	716
781009445	山西省偏关县万家寨建设工程有限公司	580	849	700
734022882	山西省偏关县城关镇中关镇建筑工程队	750	840	680
111983695	代县猛牛安装有限责任公司	1032	703	650
715969050	宁武县北业建筑安装有限公司	599	3130	599
111984970	山西省偏关县建筑工程公司.	568	1111	568
715968023	山西省原平市正新管道煤气工程处	559	514	559
111986087	定襄县市政工程有限公司	548	448	548
736308585	五寨县鑫海建筑工程有限公司	491	838	491
790221499	五寨县建筑安装有限公司	473	891	473
736326628	忻州市国旺混凝土有限公司	460	2222	460
734001272	忻州志远城建工程有限公司	410	3614	410
701093764	山西省原平市海成建筑有限责任公司	343	2032	343

18-2 续表3

单位：万元

项目（法人）码	项目（单位）名称	工程结算收入	资产合计	建筑业总产值
762466376	忻州市新亚装饰工程有限工司	329	267	329
798265082	山西省原平市宏盛建筑装璜有限公司	296	79	296
754069602	忻州市兴盛装饰工程有限公司	120	161	183
748572578	山西省原平市晋昌建筑工程有限公司	110	854	143
73189655X	山西上联防水保温堵漏有限公司	36	168	111
111897033	忻州市忻府区神牛有限责任公司	74	26	74
739316759	山西省忻州智通路桥有限责任公司	59	1224	59
701091478	山西玉通道桥建设有限公司	56	1420	40
60251704X	忻州奇美装饰有限公司	37	39	37
111918041	河曲县晋河装饰工程公司		93	
SX5047071	忻州市忻府区建筑安装工程总公司		1256	
798258325	忻州市煤气工程处			
792247510	忻州市平乐消防工程有限责任公司		88	
779575907	滹沱河水利建筑工程处			
779563228	忻州市中建北方装饰艺术有限公司		300	
751527524	山西中大路桥建设有限责任公司		100	
748574995	忻州市顺新地基处理有限公司		300	
74856747X	山西忻州友谊装饰有限公司		125	
746048836	忻州世佳装饰有限公司		100	
73400457X	山西天安消防自动化设施安装有限公司		220	
731933867	忻州市锅炉设备安装公司		112	
701143258	忻州市市政工程公司		2924	
701140591	山西省忻州市建筑工程总公司		2011	
111891723	忻州市嘉兴装潢有限公司		120	
111880207	忻州市天人防水工程有限公司		241	

18-3 资质以上房地产企业基本情况（2010年）

单位：万元

项目（法人）码	项目（单位）名称	主营业务收入	资产总计	本年完成投资	年末从业人员（人）
111890755	忻州市昌信地产开发公司		754		10
111893999	忻州市综合开发公司	8534	2816		20
111900482	忻州市安泰达房地产开发有限公司	91	4413		12
111984524	原平市城乡建设综合开发公司		888		18
112100284	静乐县宏达房地产开发有限公司	3397	8845	6785	8
407090167	忻州市房地产开发总公司	8	1157		19
407160495	五台县房地产开发公司		901	521	14
660406524	河曲县宏腾房地产开发有限公司	450	700	471	3
660425143	保德县隆强房地产开发有限公司		303	920	
660426904	河曲县鑫光房地产开发有限公司	86	6199	7755	38
660427077	山西省神池县佳诚房地产开发有限公司		500		30
662352013	河曲县同安房地产开发有限公司		578		3
662395144	五寨县海西房地产开发有限公司	2104	3136	1970	40
662397625	代县益民房地产开发有限公司	1358	500	1306	12
664454654	忻州市美好家园房地产开发有限公司		510		18
666602622	忻州市天缘房地产开发有限公司		659		
666641672	定襄县瑞达房地产开发有限公司	866	1500	1970	33
668613026	山西信发房地产开发有限公司	15274	5124	21457	49
668616403	忻州市家乐福房地产开发有限公司		495		8
668623304	忻州华发房地产开发有限公司		4281	2262	18
668633078	忻州市金石房地产开发有限公司		1365		15
670190245	忻州市红玉房地产开发有限公司		516		8
672340059	五寨县创伟房地产开发有限公司	557	753	1000	285
672344340	代县建荣房地产开发有限公司	382	1313	70	128
672346645	山西省五寨县广厦房地产开发有限责任公司	465	636	360	31
674460097	定襄神农百草房地产开发有限公司	564	2004	1911	12

18-3 续表1

单位：万元

项目（法人）码	项目（单位）名称	主营业务收入	资产总计	本年完成投资	年末从业人员（人）
676434079	山西省五寨县天鼎房地产开发有限公司	557	753	900	294
689899326	忻州市同发房地产开发有限公司		1615	623	28
701144496	忻州市宏泰房地产开发公司	2843	55639	4527	16
713628017	山西省忻州市大正房地产开发有限公司		8107	664	9
719898587	山西永兴房地产开发有限公司		886		10
741090939	忻州开发区和信安达房地产开发有限公司	2623	5000	4859	39
746025634	定襄县安业房地产开发有限公司	7688	3457	4380	11
746047075	山西晨源房地产开发公司		11095	2920	29
748564391	代县雁门房地产开发有限公司	869	1580	742	12
748570863	忻州市鹏宇房地产开发有限公司		986	224	4
748597724	忻州市曙光房地产开发有限公司		4519	700	7
757292690	五台县东方房地产开发有限公司	2721	967	220	11
759849018	忻州市宏达房地产开发有限公司		9430	64	14
762460089	忻州市禹鑫房地产开发有限公司		5149	362	28
764651161	山西和平房地产开发有限公司		1766		80
764671576	忻州市雁门房地产有限公司	5035	5807	8500	20
764687519	忻州市伟志达房地产开发有限公司	1026	3803	2486	15
764692860	忻州市华远房地产开发有限公司		3537	10307	7
767114898	忻州市晋业房地产开发有限公司	1269	21829		23
767133394	忻州市晶鑫房地产开发有限公司		510	5925	10
767134469	忻州市国力房地产开发有限公司	33	6407	439	33
767142290	忻州市长商精坪房地产有限公司		997		21
770108077	保德县永胜房地产开发有限公司	69	794	4962	25
770145791	原平市领航房地产开发有限公司		528		3
770145812	原平市永恒房地产开发有限公司		6651		12
770147754	原平市宏宇房地产开发有限公司	1094	535	2870	13

18-3 续表2

单位：万元

项目（法人）码	项目（单位）名称	主营业务收入	资产总计	本年完成投资	年末从业人员（人）
772501542	原平市安原房地产开发有限公司		371		10
772512233	忻州市华洋房地产开发有限公司	7406	4431	14645	56
772514511	原平市恒昌房地产开发有限公司	282	101	1484	26
772521586	代县宏宇房地产开发有限公司		1313		2
772521826	原平市燎原房地产开发有限公司		10183	2160	25
772525026	保德县华苑房地产开发有限公司	725	708	140	185
772526352	忻州市禹豪房地产开发有限公司	4696	14343	5147	15
772533069	山西五洲房地产开发有限公司		961		12
772540349	山西省繁峙县恒源房地产开发有限责任公司	1507	770	1038	20
772541499	代县新星房地产开发有限公司		199		2
772542731	岢岚县福临居乐房地产开发有限公司	157	518	1571	11
772546978	忻州市勇拓房地产开发有限公司		3430	1543	17
775150485	山西省宏达房地产开发有限公司		3148	700	15
775185944	忻州市顺安房地产开发有限公司	297	7469	1200	28
776705681	河曲县华城房地产开发有限公司		1480		18
776726378	代县东兴房地产开发有限公司		212		2
776735709	忻州市宏盛房地产开发有限公司		861		8
778131116	山西安泰达房地产开发有限公司		500		10
779556693	忻州市恒嘉房地产开发有限公司	1930	1061		10
779574920	定襄县昌立房地产开发有限公司	1700	337	1935	16
779597532	忻州市开来房地产开发有限公司	15249	39137		20
781039636	忻州市香江房地产开发有限公司	1150	7602		20
781046289	忻州市中发房地产开发有限公司	1026	11551	5835	23
783274314	忻州市清泰发房地产开发有限公司	5202	9162		26
783276053	忻州市亿达房地产开发有限公司		8742	5371	17
783291616	忻州市金典房地产开发有限公司	1370	3736	2142	21

18-3 续表3

单位：万元

项目（法人）码	项目（单位）名称	主营业务收入	资产总计	本年完成投资	年末从业人员（人）
783294729	忻州市嘉源房地产开发有限公司		1444	830	8
785814230	忻州市宏发房地产开发有限公司		5809	699	16
785822628	山西同乐房地产开发有限公司		1126		19
788509346	忻州市兆盛房地产开发有限公司		500		3
788544301	代县华源房地产开发有限公司		480		2
790208059	忻州市慧远房地产开发有限公司		532		5
790246004	忻州市万家房地产开发有限公司		3707	4823	16
792206241	忻州市华悦房地产开发有限公司		1560	2620	19
792232407	山西省宁武县安泰房地产开发有限公司	766	803	655	10
794205605	保德县乐华房地产开发有限公司	965	977		190
794212290	忻州市忻府区长实房地产开发有限公司		500		3
794235564	五寨县兴业房地产开发有限公司		520		35
796350734	山西华岳房地产开发有限公司		3500		3
796365514	定襄虹桥房地产开发有限公司	7500	5578	4280	40
796383026	山西愉景房地产开发有限公司		11867	3745	29
798281277	山西普阳房地产开发有限公司		1056		2
798283424	忻州市利民房地产开发有限公司		4032	1047	8
11190343X	忻州市开发区利民房地产开发有限公司	976	797		10
66235502X	五台县友好房地产开发有限公司		1041	3200	18
72592362X	忻州市精华房地产开发有限公司		9375	1440	40
74859059X	忻府区汇春房地产开发有限公司		560		0
75729766X	忻州市正道房地产开发有限公司		1769	4600	30
77013067X	忻州市开发区瑞鹏房地产开发有限公司		5323		28
77014502X	河曲县北元中信房地产开发有限责任公司		500		11
77516473X	山西省伟业房地产开发有限公司	1438	7503	2700	12
77672919X	忻州市宏欣房地产开发有限公司		1934		4
79635281X	忻州盛世房地产开发有限公司		2027	333	18